윤리의 미래
"좋은 삶"

윤리의 미래

"좋은 삶"

김인회 저

준평

• 추천사 •

김인회 교수가 삼부작으로 구상하고 있는 책 중 두 번째 책이 "윤리의 미래 – 좋은 삶"이라는 이름으로 모습을 드러냈다.

저자는 그 삼부작 중 첫 번째 책인 "정의의 미래 – 공정"에서 현대사회를 초과잉 · 초격차의 시대로 규정하고, 그로 인한 불평등 · 양극화를 해소하기 위해서는 자본 중심, 국가 중심의 관점을 벗어난 인간 중심의 관점에서 '정의와 공정'을 추구할 것을 강조하고 있다.

이를 뒤이은 이번 책에서는 '정의와 공정'에서 한 발짝 더 나아가 정의와 공정이 궁극적 목표로 삼아야 할 "좋은 삶", 그것도 착하고 친절하고 마음 약한 평범한 시민들의 "행복한 삶"을 가능하게 하기 위해서는 정의와 공정의 근저에 '윤리'가 자리 잡고 있어야 할 것을 강조하면서, 윤리의 여러 측면에 관하여 고찰하고 있다.

저자는 어릴 때부터 주변에 잘 알려진 독서가이다. 그러면서도 그는 사회참여와 실천에서도 지치지 않는 열의를 보이는 사람이다. 변호사로서 민변 활동, 참여정부 시절 청와대 비서관으로 사법개혁 · 검찰개혁에 직접 관여, 대학교수로서 형사법 연구와 강의, 사회개혁 · 사법개혁 등에 관한 많은 저술 활동, 그의 활동 하나하나가 보통사람들이 쉽게 따라

가기 힘든 열의와 끈기로 가득 차 있다.

그의 삼부작은 지천명의 나이를 훌쩍 지나온 저자가 그간의 연구와 실천, 경험과 사색을 우려낸 결정체이다. 그 삼부작을 읽고 나서야 그가 지금껏 어떻게 그렇게 뜨겁게 지치지 않고 현실참여에 개혁에 연구에 저술에 자신을 쏟아부을 수 있었는지 비로소 알 것 같다.

그가 현실을 보는 문제의식, 개혁에 대한 열망, 정의와 공정에 대한 목마름, 그 모든 것의 밑바닥에는 따뜻하고 부드러운 윤리와 도덕, 그리고 궁극적으로는 착하고 평범한 사람들의 행복한 삶에 대한 뜨거운 애정이 자리 잡고 있기 때문에 그가 그렇게 지치지 않고 진지할 수 있었던 것 같다.

이 책은 어렵지 않게 잘 읽힌다. 현대사회의 제반 문제, 개혁 방향, 정의와 공정, 윤리와 도덕, 좋은 삶의 상호 관련성에 대하여 저자가 잘 정리해 주었기 때문일 것이다.

이 책을 통하여, 평범한 사람들의 '좋은 삶'에 대한 저자의 꿈과 희망을 읽고 그 꿈과 희망을 함께 꿈꾸기를 바란다.

그의 세 번째 책이 기대된다.

— 박시환(인하대학교 석좌교수, 전 대법관)

◇◇◇◇

김인회 교수는 공동체의 삶을 행복하게 하는 중요한 요소로 정의와 공정, 그리고 윤리에 대해 깊이 탐구해 왔다. 이번에 저술한《윤리의 미래 – "좋은 삶"》은 그가 최근에 발간한 《정의의 미래 – "공정"》과 함께 공동체 삶의 행복을 위한 그의 학자적, 사회 개혁가적 긴 탐구의 일환에서 나온 역작이다. 우리는 흔히 경제활동에 의한 소득수준의 향상으로 개인의 삶과 국민 생활의 향상을 가늠하는 습관에 젖어있지만 정작 공동체의 삶을 행복하고 윤택하게 하는 것은 이보다 공동체 내의 정의와 윤리를 세우는 일이다. 윤리는 서로에 대한 예의, 존중, 신뢰, 나눔의 습관을 익히게 함으로써, 동물적 이기심을 타고난 인간들이 '함께 살아가는 일'의 불편함을 줄이고, 기쁨을 늘이도록 한다. 김 교수가 이 책을 낸 이유는 이 시대의 어쩔 수 없는 특징인 빠른 기술혁신과 생활형태의 변화를 수용하며 그 과정에서 사회구성원들의 정신적 피해와 혼동을 줄이고 좋은 삶을 발견하며 발전시키는 것을 윤리의 미래 역할이라고 보고 있기 때문이다. 이 책은 혁신과 변화의 시대에 공동체 삶의 행복을 구현하기 위해 오늘날 우리는 무엇을 고민하고 모색해야 하는지를 생각하게 해 준다. 결국, 그가 내리는 결론은 자기 개혁, 사회개혁이다. 이 책을 읽는 과정에서 독자들은 저자가 광범위한 독서와 연구로 탐구한 동서양 철학, 21세기 한국 사회와 세계가 당면한 여러 복합적 현상들에 대한 진단과 미래예측을 위한 풍부한 정보를 덤으로 얻을 수 있다.

— 조윤제(서강대 명예교수, 금융통화위원, 전 주미대사)

로마 시대에도 어른들은 젊은이들이 예의염치를 모르고 세상은 말세라고 개탄했다고 한다. 이런 경향은 요즘 한국에서 자주 볼 수 있다. 어른들은 요즘 신세대는 윤리의식이 약하고 세상은 엉망이라고 개탄해 마지않는다. 이 문제는 영원히 풀 수 없는 난제인지도 모른다. 진보와 보수의 대립보다 더 중요한 것이 윤리, 도덕이 아닌가 하는 생각이 절로 드는 요즘 때맞춰 꼭 필요한 책이 나왔다. 이 책은 매우 시의적절하고 중요하다.

— 이정우(한국장학재단 이사장)

◇◇◇◇

윤리는 이 책에서 논의하듯 공동체를 전제로 하고 있습니다. 때문에 윤리는 대부분 관계關係에 관한 것입니다. 그런데 사람마다 윤리에 관한 생각이 다를 수 있어서 윤리가 함의하는 내용은 공동체에 속한 사람 수만큼 많을 수 있습니다.

우리가 사는 이 시대는, '어떤 이유로' 공동체를 구성하는 중요 요소들이 변화하고 있습니다. 변화의 드러나 특징 중 하나는, 공동체 구성원 개인의 의견이 강렬해지고 독립되어 분산되거나 연합하면서, 우리가 상식이나 지식으로 알고 있는 윤리의 함의를 변경하거나 부정하거나 '함부로' 단정하고 실행하여, 우리 공동체의 구성원들 특히 기성세대의 일부를 당황하게 만들기도 하며 때론 그 '실행'에 관해 많은 사람의 지지를 받고 새로운 윤리라고 주장되기도 합니다.

이러한 변화가 어디에서 기인하는 것인지 생각해보지 않을 수 없습니다. 이 변화에 적응하기 위하여 최소한 '계몽주의적인' 무엇을 벗어나야 하지 않을까 하고 생각을 하지만 지금은 규정하기 어려운 시기인 것 같습니다.

이 시기에 김인회 교수가, 학생 때부터 참여적으로 단련하면서, 실무가로서, 교육자로서, 국가의 경세가로서, 조언자로서 생각해 오며 실천해 온 가치관의 총결로, 미래 3부작의 일부인 '윤리의 미래'를 집필하여 출간하였습니다.

이 책은, 윤리에 관하여 커다란 변혁의 시기를 겪고 있는 이 시대의 요구에 대한 사려 깊은 응답이라고 생각합니다.

특히, 윤리가 나타나는 얼굴(단계)을 다섯 가지로 나누어 설명하고, 정치와 경제 같은 우리 일상생활의 다양한 영역과 윤리의 관계, 각급 공동체의 변혁하는 모습과 윤리의 관계, 그리고 변혁에 처한 공동체 안에서 보다 나은 삶을 살기 위하여 우리의 윤리가 어떻게 변화되어야 하는지(개혁되어야 하는지), 진정으로 우리가 어떻게 변혁되어야 하는지 지향을 보여 주는 것은, 김인회 교수의 성찰과 고민의 탁월한 결과라고 할 수 있습니다.

김인회 교수의 실천적이고 참여적인 삶과 사유의 결과가, 변혁 상황에 놓인 각급 공동체와 그 안에 속한 우리 각 개인의 변화에 구체적으로 실현되는 영향을 미치리라 기대하며 이러한 역작을 우리 사회에 내놓는 노고에 찬사를 보냅니다.

— 문무일(고려대학교 석좌교수, 전 검찰총장)

김인회 교수의《윤리의 미래 – "좋은 삶"》을 대하면서 새삼스러웠던 것은 '윤리'라는 용어를 오랜만에 듣게 되었다는 점이다. 여기에 김인회 교수는 과거적 뉘앙스의 '윤리'라는 말에 잘 어울릴 것 같지 않은 '미래'라는 말까지 덧붙인다. 윤리의 미래……? 왜 이렇게 낯선 제목의 책을 쓰게 된 것일까?

그동안 우리는 무언가를 향해 숨 가쁘게 달려왔다. 그동안의 압축적 성장이 그러했고, 향후 전개될 4차산업혁명도 그러할 것 같다. 하지만 그러한 효율적인 것, 양적인 것만으로 우리는 과연 좋은 삶에 도달할 수 있을까? 오히려 그러한 질주는 우리 삶의 또 다른 측면인 함께 하는 것, 질적인 것을 파괴해 나가는 것은 아닐까?

나는 이 책의 문제의식이 바로 여기에 있다고 생각한다. 윤리를 잊은 채 지금 이대로 간다면 그것은 '좋은 삶'으로 이어지기 어렵다는, 미래의 전망에 대한 김인회 교수의 고민이자 성찰인 것이다. 일전 김인회 교수는 현재 우리 사회의 가장 커다란 화두인 공정에 대해『정의의 미래 – 공정』을 집필한 바 있다.《윤리의 미래 – "좋은 삶"》은 앞 책에 대한 확장이자 보완이다.

— 정해구(전 정책기획위원회 위원장)

급변하는 사회와 이로 인해 발생하는 다양한 현대사회 문제점들은 윤리의 역할 및 중요성을 더욱 강조한다. 본 저서는 이러한 윤리에 대한 깊이 있고 뛰어난 성찰이 돋보인다. 우리가 살아가는 데 있어 윤리를 어떻게 인식하고 함께할 것인가에 대한 다양한 조언과 가치 있는 판단들이 책 속에 녹여져 있다. 윤리를 통한 좋은 삶에 대해 이해할 수 있는 의미 있는 기회가 될 것이다.

— 최정표(KDI 원장)

◇◇◇◇

김인회 교수와의 인연은 거의 20년 전 사법개혁위원회로 거슬러 올라간다. 당시 재야법조인이던 김인회 변호사는 논쟁의 상대방에 서기도 했지만, 그의 치열함과 성실성에 감복하지 않을 수 없었다. 사법개혁에 천착하던 그가 시야를 넓혀 정의와 윤리, 평화의 3부작을 펴내고 있다.

《정의의 미래 — "공정"》에 이은 《윤리의 미래 — "좋은 삶"》을 대하면서 저자의 생각하는 힘과 폭넓은 시야에 또 한 번 놀라게 된다. 그는 단지 추상적 사상으로서의 윤리가 아닌 역사와 현실에 기반을 우리의 윤리론을 풀어낸다.

인류 공동체의 생명과 존속을 위협하는 코로나 시대에 이 책을 통하여 공동체를 유지하는 가치로서의 윤리의 의미를 되돌아보게 된다.

— 홍기태(사법정책연구원 원장)

이 책은 저자의 3부작인 《정의의 미래 — "공정"》, 《윤리의 미래 — "좋은 삶"》, 《평화의 미래 — "인권"》(가제) 중 2번째로 집필한 책이다. 저자는 우리 사회가 좀 더 공정한 사회로 나아가기를 바라면서 검찰, 법원 등 사법개혁에 매진해 왔고, 관련 저서도 여러 권 쓴 적이 있다. 저자는 윤리는 양심, 측은지심 등 마음에서 출발한다고 하면서, 독창적으로 윤리를 정의하고 있다. 특히, 윤리를 정의의 동반자로 규정하면서 정치, 경제를 견제하는 것이 윤리의 역할이라고 하는 주장은 많은 공감을 불러일으킨다. 막스 베버는 "프로테스탄티즘의 윤리와 자본주의 정신"에서 초기 자본주의의 정신적 기제와 문화적 역동성에 주목해 역저를 남겼다. 윤리는 우리의 삶과 행위와 관련되어 있다고 본 점은 베버와 저자가 동일하다고 생각한다. 그러나 베버는 개인주의에 주목했지만, 자본주의 여러 문제점이 노정되고 있는 현대사회에서 저자는 자본 중심 인간관에서 벗어나기 위해서 윤리는 정의, 공정, 개혁과 함께 가야 한다고 주장한다. 그 주장에 적극적으로 동조하면서 개인과 공동체의 좋은 삶에 관심이 있는 독자들에게 이 책을 적극 추천한다.

— 정한중(한국외국어대학교 법학전문대학원장, 변호사)

◇◇◇◇

김인회 교수님의 신작 《윤리의 미래-"좋은 삶"》은 그간 법학도로서 민주주의 투사로서 민변 변호사로서 검찰개혁의 주창자로서 법학 교수로서의 인생행로를 통해 축적한 현실의 지식과 경험, 그리고 무엇보다 적잖은 세월 '지관수행止觀修行'을 통해 터득한 '세속' 불도의 혜안으로 빚어낸 직설화법의 윤리서이다. 그는 우리가 실현해야 할 '좋은 삶'과 '윤리'는 불가분의 관계라고 설파한다. 좋은 삶은 항상 조금 더 좋아질 수 있는 가능성에 열려있으며, 그 가능성은 "이렇게 살아가도 괜찮은가"라는 질문에서 비롯되는데 바로 그 질문을 하도록 인도하는 것이 윤리이기 때문이다. 한마디로《윤리의 미래 – "좋은 삶"》은 우리 시대의 "윤리는 좋은 삶 자체"라는 신선한 메시지를 전파하고 있다.

— 서유경(경희사이버대 후마니타스 학과 교수, 한국NGO학회 회장)

◇◇◇◇

동서양을 넘나드는 고전, 종교 · 사상에 대한 해박한 지식을 바탕으로 21세기 우리 사회에 왜 윤리가 중요한지에 대해 다양한 사례를 통해 설득력있게 접근하고 있으며, 우리 사회의 여러 문제점들에 대해서도 예리한 통찰력으로 윤리적 해법을 제시하고 있다.

주제의 무거움에도 불구하고 문장 곳곳에서 저자의 인간의 삶에 대한 깊은 성찰과 진솔한 고민, 사람에 대한 따뜻한 애정을 엿볼 수 있다.

윤리는 우리 사회를 작동시키는 기본 원리일 뿐만 아니라 정의와 공정, 개혁의 밑바탕이라는 저자의 결론은 공정과 정의가 화두인 요즘 곱씹을 만하다.

정의와 공정을 논하고 싶은 사람에게 이 책과 함께 저자의 '정의의 미래-공정'을 필독하기를 권한다.

— 김명주(기획재정부 국장)

◇◇◇◇

끊임없이 우리 사회의 정의와 공정, 그리고 개혁의 문제를 고민해 온 김인회 교수의 학문이 이제는 윤리의 문제로 이어졌다. 진영논리에 사로잡힌 천박한 언사를 서슴지 않는 일부 정치인과 지식인들에게 세상의 발전을 위한 진지한 고민으로 공유될 수 있기를 바라며, 정의로운 선진 한국을 위한 김인회 교수의 끊임없는 제언과 열정에 경의를 표한다.

— 최강욱(국회의원, 열린민주당 대표)

• 머리말 •

윤리는 사회를 구성하는 기본 요소입니다. 정치, 경제, 사회, 문화 등 모든 요소에 영향을 미칩니다. 개인의 행복과 제도의 운용, 기업과 정부 운영의 바탕이 됩니다. 좋은 삶으로서 윤리는 착하고 친절하고 마음 약한 사람들이 세상을 살아가는 기본자세입니다. 대부분 사람은 거칠고 투박한 지도자보다 따뜻하고 친절하고 교양 있는 지도자를 더 요구합니다. 문제해결 능력도 중요하지만, 문제해결 과정의 부드러움도 중요합니다. 윤리는 능력보다 사람의 태도를 중시합니다. 미래에 행복한 삶을 살기 위해서는 정의 · 공정도 필요하지만, 윤리도 필요합니다. 좋은 삶을 살아야 행복한 삶을 살 수 있습니다. 미래와 윤리라는 주제는 겉으로 보기에는 어울리지 않는 것 같지만 실제로는 매우 가깝습니다.

미래와 윤리에 대한 문제의식으로 이 책을 구상하게 되었습니다. 저는 오랫동안 검찰개혁을 주제로 우리 사회의 정의와 공정에 대해 고민해왔습니다. 그 결과 정의와 공정, 윤리, 평화 등은 우리 사회의 미래와 깊은 관계가 있음을 깨달았습니다. 그 간의 고민을 담아 주로 미래와 정의를 주제로 『정의의 미래 "공정" - 엘리트부패 동맹과 검찰개혁』이라는 책을 냈습니다. 이 책은 "정의의 미래"에 이은 두 번째 미래에 대한 철학적, 인문학적 구상입니다.

이 책에서 저는 문제의식을 다음과 같은 순서로 전개했습니다.

제1장은 정의의 동반자로서 윤리를 살펴봅니다. 정의와 윤리는 모두 개인과 공동체의 좋은 삶, 좋은 환경을 만드는 핵심요소입니다. 거의 비슷한 것을 지향하지만 두 가치는 차이가 있습니다. 정의와 윤리를 서로 비교함으로써 정의와 윤리를 잘 이해할 수 있습니다. 정의와 윤리의 차이점과 공통점은 윤리의 중요성을 부각시킬 것입니다.

제2장은 윤리가 과연 무엇인지를 살펴봅니다. 윤리의 본질을 알아야 현대사회와 미래 전망에서 윤리의 쓰임새를 알 수 있습니다. 윤리는 생각보다 훨씬 다양합니다. 사람들의 삶에 깊숙하게 관여합니다. 사람의 행동을 바꾸고 그 결과 개인의 인생을 바꿉니다. 사람들과 공동체가 다양한 만큼 좋은 삶도 다양하고, 윤리도 다양합니다. 이것을 윤리의 여러 얼굴이라고 할 수도 있고 윤리의 여러 단계라고도 할 수 있습니다. 윤리는 단순한 개념이 아니라 사람의 삶을 좌우하는 매우 폭넓은 가치임을 기억할 필요가 있습니다.

제3장은 윤리의 역할이 무엇인지 살펴봅니다. 윤리는 경제, 과학, 정치, 법률 등과 함께 사람과 공동체, 세계를 움직이는 실존하는 힘입니다. 윤리 없는 삶은 상상하기 어렵습니다. 사람들은 모두 좋은 삶을 추구합니다. 좋은 삶은 윤리가 있을 때 비로소 만들 수 있습니다. 세계를 움직이는 경제, 과학, 정치, 법률 등과 윤리가 어떤 차이가 있는지, 그리고 윤리가 이들 가치에 어떤 영향을 미치는지를 살펴봄으로써 윤리에 대한

이해를 더욱 높일 수 있습니다.

제4장은 미래사회 윤리의 모습을 살펴봅니다. 미래사회는 윤리에게도 새로운 도전입니다. 이미 현대사회에서 윤리는 위기에 빠져 있습니다. 미래사회에서 윤리는 더 위기에 빠질 것입니다. 그렇지만 없어지지는 않을 것입니다. 미래사회 전망에서 윤리에 영향을 미치는 것으로는 여러 가지가 있겠지만 특히 중요한 것으로는 공동체 붕괴, 단기주의 유행, 초과잉과 불평등 증가, 전문가 윤리 확장, 인구 감소, 세계화에 따른 세계시민 윤리 등장을 생각할 수 있습니다. 모두 윤리의 변신을 요구하는 중요한 요소입니다. 이 장에서 우리는 미래사회 윤리의 방향성을 알 수 있게 됩니다.

제5장은 미래사회 전망에서 필수적인 윤리를 확보하고 발전시킬 방법을 모색합니다. 윤리를 제대로 세우려면 먼저 "윤리는 좋은 삶"이라는 인식이 필요합니다. 그리고 한국인의 윤리적 자질을 살펴보아야 합니다. 이러한 자질을 바탕으로 사회적으로 공정을 확보하고 개혁을 추진한다면 윤리가 확립될 것입니다. 개혁 없는 윤리는 공허하고 윤리 없는 개혁은 더 공허합니다.

이 책을 집필하는 동안 많은 분들의 도움을 받았습니다. 감사의 말씀은 전작 『정의의 미래 "공정"』에서 전했으므로 생략합니다. 양해 부탁드립니다. 다만 한승헌 변호사님께는 감사의 말씀을 드리고 싶습니다. 『정의의 미래 "공정"』 출간 이후 한승헌 변호사님은 직접 축하말씀을 해주셨습니다. 좋은 삶의 표상인 한승헌 변호사님의 격려는 이 책을 쓰는 동안 큰 힘이 되었습니다.

어려운 출판 사정에도 불구하고 이 책의 구상을 공유하고 함께 의견은 나누고 출판까지 해 주신 준평의 진병춘 선생님께 감사의 말씀을 전합니다. 이 책의 초고를 읽고 교정을 보고 의견을 준 친구 한성환에게도 감사를 전합니다. 그리고 역시 초고를 보고 특히 여성문제, 성문제에 대해 조언을 해준 김지미 변호사에게도 고마움을 표합니다. 물론 책의 내용에 대한 책임은 전적으로 저에게 있습니다.

덧붙이고 싶은 것은 순수하게 제 생각이라고 생각했던 것도 이미 선학들이 생각한 것일 수 있어 인용에 부족함이 있다는 점입니다. 당연히 저의 생각도 누군가의 생각에 따라 촉발된 것이므로 순수한 저의 생각이 아닙니다. 이점은 저의 한계이면서 단점입니다. 저에게 영향을 준 수많은 책을 인용하지 못한 점에 관해 책의 저자들에게 감사의 말씀과 함께 양해의 말씀을 올립니다.

2020. 11

김인회

· 차례 ·

제4장 | 현대사회와 윤리

제5장 | 윤리 정립의 출발점

제 1 장

정의의 동반자, 윤리

ETHICS

윤리는 정의와 비슷하면서도 다릅니다. 윤리는 생활의 가장 깊은 곳에서 사람들에게 영향을 미칩니다. 인간의 마음과 깊은 관련이 있습니다. 좋은 공동체에서 좋은 삶을 살기 위한 가장 기본적인 조건이라는 점에서도 윤리는 정의와 다릅니다. 정의는 사람 사이의 관계를 공식적으로 비감정적으로 제도적으로 다룹니다. 법률이 이를 대표합니다.

윤리는 정의가 등장하기 이전에 정의가 등장할 필요가 없는 삶을 이야기합니다. 정의가 필요한 것은 틀림없지만 정의가 등장할 필요가 없는 개인과 공동체라면 '정의가 강물처럼 흐르는 공동체'보다 훨씬 더 좋지 않을까요. 윤리는 정의가 강물처럼 흐르는 공동체라도 더 부드러운 관계가 되도록 합니다. 사람의 자세와 태도를 만듭니다. 윤리는 바로 이 점에서 시작됩니다. 정의와 윤리의 차이점부터 생각해 봅니다.

CHAPTER 1

정의와 윤리의 차이점

1. 차가운 정의, 따뜻한 윤리

'정의'하면 어떤 그림이 가장 먼저 떠오르나요?

아마 정의의 여신상을 상상하는 분들이 많이 있을 것입니다. 그런데 이 여신상은 가만히 보면 매우 위협적입니다. 정의의 여신상은 세 가지 키워드로 구성되어 있습니다. 저울은 정확한 사실판단을 상징합니다. 칼은 저울의 결과대로 정의를 실현하는 도구입니다. 정의의 여신은 눈을 가리고 있는데 이것은 저울 이외에는 어떤 것도 반영하지 않겠다는 것을 의미합니다. 결국, 정의의 여신상은 개인 사정을 시시콜콜 따지거나 봐주지 않고 저울의 결과대로 칼을 휘두르는 사람을 상징합니다.

정의의 여신상에서 핵심은 강제력입니다. 칼로 대변되는 강제력은 사랑이나 자비를 허용하지 않습니다. 그래서 그만큼 효과적이기도 합니다. 강제력은 제도로 표현됩니다. 제도는 규칙과 기구로 나타납니다. 규칙은 구체적으로 법률로 등장합니다. 기구는 공권력, 즉 검찰, 경찰, 법원, 정보기구, 군 등으로 나타납니다. 사람을 구속하고 장소를 수색하고 물건을 압수하고 심지어 사람을 사형시키거나 벌금을 물릴 수도 있습니다. 차갑고 비정한 느낌입니다.

정의는 제도이므로 개혁의 대상입니다. 내용적으로는 항상 부족하고 형식적으로는 눈에 보이는 법률이나 기구의 형태를 띠고 있기 때문입니다. 개인과 떨어져 존재하므로 객관적으로 좋고 나쁨을 판단할 수 있고 서로 비교도 할 수 있습니다. 제도는 사회 전반에 큰 영향을 미치기 때문에 개혁을 하면 큰 변화를 가져올 수 있습니다. 정의의 개혁은 더욱 큰 영향을 미칩니다.

윤리는 정의에 비하여 따뜻한 이미지를 가지고 있습니다. 사람들 사이의 관계에 집중하기 때문입니다. 동양의 윤리 이미지는 부모와 자식의 관계에서 비롯됩니다. 자식을 사랑하는 부모, 부모에 효를 다하는 자식이 기본 이미지입니다. 여기에서 윤리는 확장되어 나갑니다. 형제자매 윤리, 부부간 윤리, 친구 간 윤리, 임금과 신하 윤리, 스승과 제자 윤리로 확장됩니다. 이 관계에서는 따뜻함이 기본입니다. 관계가 친밀하기 때문입니다. 친밀한 관계이므로 자신의 많은 것을 상대방에게 의존합니다. 사랑으로 맺어진 관계입니다.

서로 다투더라도 사랑을 바탕으로 다툽니다. 부모가 자녀를 꾸짖거나 선생이 학생을 나무랄 때는 엄격함도 있습니다. 그렇지만 그 엄격함은 사랑을 바탕으로 한 엄격함입니다. 눈을 가리고 칼을 휘두르는 엄격함, 무자비함, 차가움은 아닙니다.

윤리는 개혁의 대상이 되기 어렵습니다. 사람 관계, 특히 가족이나 가까운 공동체에서 형성된 관계를 외부에서 강제로 개혁할 수는 없습니다. 윤리는 개혁의 대상이 아니라 교육의 대상입니다. 윤리가 교육과 가깝다고 생각하니 벌써 따분해지는 느낌도 있습니다. 개혁만큼의 박력, 절박함은 없습니다. 교육으로는 세상을 바꾸는 것에 한계가 있습니다. 하지만 그러므로 더 근본적이라고 할 수 있습니다.

윤리는 정의보다는 따뜻하지만 그 내부에 잔인한 성격도 가지고 있습니다. 효孝와 충忠을 위하여 누군가는 희생해야 하는데 그 희생의 대상이 약자인 경우가 대부분입니다. 중국 원나라 시대 곽거경이 쓴 『이십사효』라는 책에는 가난했던 곽거가 어머니를 살리기 위해 아들을 땅에 묻으려고 했다는 고사가 있습니다(김덕균, 2010). 효도를 제대로 하려면 아들을 죽일 수도 있음을 보여주려고 한 모양입니다. 이때 논리는 부모는 다시 만날 수 없지만, 자식은 다시 낳으면 된다는 것입니다. 효가 극도로 발전하면 이런 모양이 됩니다.

자식의 처지에서 이 고사를 읽으면 어떤 느낌이 들겠습니까? 중국의 유명한 문인이자 혁명가인 루쉰은 이 고사를 읽고 이렇게 표현했습니다. "나는 그 아이가 불쌍해서 손에 땀을 쥐었다. 나는 효자가 되라는 가르침을 따르지 않게 되었고 혹시 아버지가 효자가 되려는 것이 아닌가 가슴을 졸였다."(다케우치 미노루, 2015). 효도가 약자인 아들을 죽이는 것으로 나타나는 것입니다.

춘추전국시대에 오자서라는 사람이 있었습니다. 유명한 복수의 화신입니다. 초나라 사람이었던 오자서는 아버지와 형의 복수를 하려고 오나라의 장수가 되어 초나라를 공격합니다. 그러나 복수의 대상인 초왕 평왕은 이미 죽은 지 오래였습니다. 오자서는 평왕의 무덤을 파헤치고 관을 쪼개어 평왕의 시체에 쇠 채찍질을 300번 합니다. 너무 잔인한 이야기입니다. 이를 두고 명나라 말기의 사상가 이탁오는 "절효絶孝"라고 말합니다. 이탁오는 오자서가 효도로 하늘을 놀라게 하고 땅을 흔들었다고 평가했습니다.

절효는 효도가 끝까지 갔다는 의미로서 최고의 칭찬입니다. 최고의 효가 이렇게 잔인할 수도 있는 것입니다(진순신, 1995a). 윤리가 극단화되면 이런 모습을 보입니다.

2. 개인을 중시하는 정의, 공동체를 중시하는 윤리

정의는 개인에서 출발합니다.

정의가 개인을 출발점으로 하는 것은 정의의 출발점이 권리이기 때문입니다. 권리는 개인에게 주어져 있습니다. 기업이나 단체와 같은 조직도 권리가 있다고 하지만 본질적인 권리는 없습니다. 기업과 단체는 확장된 개인으로 볼 수 있습니다. 권리를 다루는 정의는 개인을 중심으로 판단하고 결정을 집행합니다.

공동체에 인정되는 권리가 없는 것은 아닙니다. 민족의 자결권이나 지역 주민의 발전권, 인류의 환경권 등도 있습니다. 그러나 이들 권리는 완전한 권리가 아닙니다. 완전한 권리란 권리가 침해되었을 때 사법부 혹은 이와 유사한 기관에 신청하여 구제를 받을 수 있는 권리를 말합니다. 자결권, 발전권, 환경권 등은 매우 중요한 권리이기는 하지만 국내외적으로 재판을 통하여 보호받기에는 아직 충분하지 않습니다. 이들 권리가 아직 충분한 권리가 아닌 것은 이들 문제를 해결할 만한 구체적인 방법이 없다는 것을 의미하기도 합니다.

정의가 개인에 초점을 맞춘다면 윤리는 공동체에 초점을 둡니다.

윤리가 물론 개인을 외면하는 것은 아닙니다. 개인도 고려하지만, 공동체의 유지와 존속에 주된 관심을 가집니다. 윤리의 출발점은 개인의 양심이지만 윤리는 공동체가 좀 더 부드럽게 움직이는 데 관심을 기울입니다.

윤리는 착하고 친절하고 마음 약한 사람들이 평화롭고 안전하게 사는 규칙입니다. 사람들이 좋은 삶을 유지할 수 있는 환경을 만드는 것이 윤리입니다. 이런 분위기는 개인과 개인이 만나는 지점, 공동체에서 생겨납니다. 윤리적인 삶은 자신에게도 좋은 삶이고 타인에게도 좋은 삶입니다. 윤리의 덕목을 생각해보면 이런 현실을 정확하게 알 수 있습니다. 윤리는 대부분 금지 규범으로 되어있는데 이것은 윤리가 다른 사람을 배려한다는 것을 말합니다.

대표적인 윤리 규범으로 불교의 4 계율이 있습니다. 불살생不殺生, 불투도不偸盜, 불사음不邪婬, 불망어不妄語가 그것입니다. 불살생은 생명 있는 것을 죽이지 말 것, 불투도는 훔치는 것을 포함하여 주지 않은 것을 가지지 말 것, 불사음은 배우자가 아닌 사람과 삿된 음행을 하지 말 것, 불망어는 거짓말을 하지 말 것입니다. 모두 자신을 위한 것이기도 하지만 타인을 위한 것이고 공동체가 제대로 유지될 수 있도록 하는 것들입니다. 윤리는 공동체에 더 많은 관심을 가집니다.

3. 국지적인 정의, 보편적인 윤리

정의와 윤리는 적용 범위에서도 차이가 있습니다. 정의는 상대적으로 국내적이며 특수한 경우가 많습니다. 이에 비해 윤리는 세계적이고 보편적인 경우가 많습니다.

특수성은 국가의 상황을 반영하고 시대와 계급에 따라 원칙을 조정하는 기능을 합니다. 정의는 주로 법률로 표현됩니다. 비슷한 문제를 해결하는데 각국은 서로 다른 법률체계를 선택하는 경우가 많이 있습니다.

예를 들어 자가용으로 영업하는 "우버" 플랫폼 사업에 대하여 합법성을 인정할 것인가를 두고 여러 나라는 상반된 태도를 보입니다. 한국은 "우버" 정도도 아니고 렌터카 사업을 확장한 "타다"에 대해서도 불법 조치를 할 정도로 강한 법률을 가지고 있습니다.

최근 통과된 『고위공직자범죄수사처 설치 및 운용에 관한 법률』이 있습니다. 이 법률은 한국의 특별한 사정을 반영한 법률로써 보편성과 특수성을 함께 가지고 있습니다. 보편성이란 고위공직자들의 부패 및 권한남용 범죄에 대한 수사의 필요성입니다. 이 부분은 세계 모든 나라 공통입니다. 정경유착, 권력형 비리가 반칙과 특권을 조장하고 부패를 낳는 근본 원인이기 때문입니다. 정경유착, 권력형 비리는 엘리트부패 카르텔이 저지르는 범죄입니다. 엘리트부패 카르텔이 굳어져 정경유착, 권력형 비리를 계속 저지른다면 사회의 부가 체계적, 조직적으로 불법,

부당하게 이전됩니다. 근로대중은 자신이 한 노동보다 적은 몫을 가져가고 엘리트부패 카르텔에 속한 권력자들은 자신의 성과보다 많은 몫을 가져갑니다.

권력형 비리에 대해 어떻게 대응할 것인가는 나라마다 다릅니다. 나라마다 역사, 문화, 정치 수준, 수사기관에 대한 신뢰, 시민의 참여 정도, 권력형 비리에 대한 수사와 처벌 경험들이 다르므로 대응방식에서 차이를 보입니다. 이것이 특수성입니다.

정의의 또 다른 특징은 계급, 인종, 민족, 성에 따라 달리 적용될 수 있다는 점입니다. 평등에 관한 인식이 철저한 지금 계급, 인종, 민족, 성에 따라 정의가 달리 적용된다는 점은 쉽게 이해하기 어렵습니다. 그러나 별로 오래된 이야기도 아닙니다. 중세시대에는 귀족과 평민, 노비가 가지는 정의에 대한 관념은 서로 달랐습니다. 적용되는 법이 달랐습니다. 귀족은 평민이나 노비에 대하여 직접 체벌을 가할 수 있었습니다. 사적인 재판과 처벌도 할 수 있었습니다. 근대 시민혁명으로 계급은 공식적으로 사라졌지만, 그 흔적은 남아 있습니다.

대표적인 사례가 바로 재벌이나 자본가에 대한 관대한 처벌입니다. 재벌이나 자본가들도 시민들과 평등하므로 같은 범죄에 대해서는 같은 처벌을 받아야 합니다. 동일범죄, 동일처벌이라는 원칙이 적용되어야 합니다. 그래야 평등이 실현되고, 평등이 실현되어야 정의가 구현됩니다. 그렇지만 재벌이나 거대 자본가는 좀처럼 처벌을 받지 않습니다. 재벌이 범죄를 저지르면 피해는 막대합니다. 국정에 개입하면 국정농단이 되고, 고위공직자와 결탁하면 정경유착이 됩니다. 이 과정을 통해 국가와 공동체의 부를 전용합니다. 일반 시민의 범죄와 비교하면 피해 규모는 천문학적입니다. 그러나 처벌은 일반 시민의 범죄보다 가벼운 경우가 대부분입니다.

인종차별은 인종별로 정의가 달리 적용되는 사례입니다. 미국의 민권운동, 인종차별철폐투쟁의 역사는 정의의 당파성과 편향성을 보여줍니다. 1955년 12월 1일, 로저 파크스는 버스에 탔고 흑인용 좌석에 앉았습니다. 이후 버스에 사람들이 계속 타면서 버스는 복잡해졌고 일부 승객은 서서 가야 할 처지가 되었습니다. 백인용 자리가 다 차자 백인 승객은 먼저 타 흑인 자리에 앉아있던 흑인에게 자리를 비키라고 요구했습니다. 버스에 탄 흑인들은 백인의 자리 양보 요구에 응했습니다. 그러나 로저 파크스는 용기를 내어 백인의 요구를 거절했습니다. 이에 버스 운전자는 경찰을 부르고 로저 파크스를 체포하도록 하였습니다. 경찰은 그녀를 체포했고 그녀는 저녁에 풀려났습니다. 로저 파크스는 몽고메리시 조례 6장 11절의 분리에 관한 법을 위반한 혐의로 기소되었습니다. 몽고메리시 조례는 버스에 백인용 좌석과 흑인용 좌석을 따로 마련하고, 흑인은 흑인용 좌석에 앉을 수 있으나 백인이 승차하여 백인용 좌석이 없을 때 자리에 앉은 흑인에게 좌석 양보를 요구할 수 있고 흑인은 이에 응해야 한다고 규정하고 있었습니다. 흑인들은 즉시 결집하여 항의했고, 이 항의는 곧바로 전국으로 퍼졌습니다. 유명한 마틴 루터 킹 목사도 이 사건을 계기로 등장하게 됩니다.

이 사건에서 눈여겨볼 것은 불과 60여 년 전에 인종별로 다른 법률이 적용되고 있었다는 점입니다. 인종은 계급보다 과학적 근거가 더 없습니다. 인종은 누스바움의 말대로 혐오에 근거하고 있는데 피부색에는 혐오할 만한 것이 없기 때문입니다. 다만 흑색이 주로 어둠을 상징하고 백색이 밝음을 상징한다는 추상적인 인식, 그것도 논리적 근거는 없는 인식만이 있을 뿐입니다. 그런데 놀랍게도 피부색에 따른 구분과 차별이 1950년대 미국에서는 정의였습니다. 이처럼 정의는 인종에 따라 달리 적용될 수 있습니다. 흑인들의 인권운동과 이를 이끈 마틴 루터 킹 목사와 말콤 엑스의 희생이 없었다면 인종에 근거한 차별적 정의는 더 오래갔을 것입니다.

민족적 차별은 뿌리가 더 깊습니다. 민족주의에 기반을 둔 민족적 차별은 지금도 세계 곳곳에 남아 있습니다. 한국, 중국, 일본에도 민족주의가 강하게 남아 있습니다. 최근 한일간 갈등도 그 뿌리에는 민족주의가 있습니다. 그런데 사실 민족주의도 곰곰이 생각해보면 특별한 근거가 없습니다.

세상 사람들은 모두 자기 고향을 사랑합니다. 고향이 민족은 아닙니다. 고향은 기껏 해야 백여 명의 사람과 하루에 걸어서 왕복할 수 있는 정도의 공간을 의미합니다. 실제로 마주치는 감각적이고 감정적인 대상입니다. 그런데 민족에게는 이것이 없습니다. 수천만의 사람들을 같은 어머니의 배에서 나온 동포라고 불러도 사실 99%는 일면식도 없는 사람들입니다. 영토는 몇 시간 걸려 KTX나 비행기를 타고 가야 끝에 도달할 수 있을 정도로 넓습니다. 그동안 만나는 많은 사람과 풍경을 모두 사랑할 수는 없습니다. 그냥 스쳐 지나가는 곳을 사랑하는 것은 힘든 일입니다.

민족이란 근대국가 형성 당시 의식적으로 만들어낸 허구입니다. 민족주의라는 허구가 없었다면 근대국가를 만들 수 없었을 것입니다. 고대국가는 신화라는 허구를 바탕으로 만들 수 있지만, 근대국가는 신화에 기반할 수 없습니다. 민족주의는 식민지의 민족해방투쟁과 근대국가 건설과정에서 핵심적인 역할을 합니다. 수백만 명의 사람들을 동원할 수 있는 것은 허구의 이야기 뿐입니다(유발 하라리, 2015).

민족주의가 한국과 같은 식민지의 민족해방운동과 근대국가 건설에 큰 역할을 한 것은 틀림없으나 단점도 있습니다. 배타주의의 문제입니다. 최근 한국은 외국인도 많아지고 많이 개방되어 다양성이 증가했습니다. 민주주의와 인권도 발전했습니다. 그 결과 배타주의는 많이 약화되었습니다. 하지만 여전히 민족주의의 잔재는 남아 있습니다. 민족주의의 배타성, 차별성은 경계해야 합니다. 정의가 민족별로 달리 적용될 수 있기 때문입니다.

윤리는 정의보다 훨씬 보편적입니다. 국가, 지역을 뛰어넘고, 시대를 뛰어넘고 계급을 뛰어넘는 성격을 보여줍니다. 물론 세상 모든 것은 시대와 환경의 산물이라 한계는 있습니다. 그렇지만 법률로 표현되는 정의보다는 훨씬 보편적입니다. 윤리는 정의와 가까우므로 자신의 보편성으로 정의의 보편성을 유도하고 확장합니다.

윤리의 대표적인 입장으로 공리주의와 칸트주의가 있습니다. 공리주의는 결과론이라고도 합니다. "최대 다수의 최대 행복"이라는 단순한 원리에서 출발하는 공리주의는 국가, 지역, 시대, 계급과 인종을 뛰어넘습니다. 심지어 종의 차이까지도 뛰어넘을 수 있습니다. 공리주의를 주장한 벤덤은 사람의 행복은 개인별로 같다고 보았습니다. 이것은 개인들이 본질에서 평등하다는 점을 말하는 것으로 계급사회였던 당시로서는 매우 파격적인 발상입니다. 지금은 모두 이를 자연스럽게 받아들이고 있지만 말입니다.

칸트주의는 의무론입니다. 결과가 좋다고 행위의 도덕성이 보장되지 않는다는 것에서 출발합니다. 사실 결과는 온갖 원인이 결합해서 발생하므로 결과만 가지고는 도덕성, 선의를 확인할 수 없습니다. 칸트는 선한 의지가 있어야 선한 행동이 나온다고 봅니다. 칸트주의 역시 보편성을 지향합니다. "그대가 하고자 꾀하고 있는 것이 동시에 누구에게나 통용될 수 있도록 행하라!"는 명제는 강력한 보편성을 가집니다. 어느 시대에 놓고 보더라도 통용됩니다. 공자도 "기소불욕 물시어인己所不欲 勿施於人", 즉 "자신이 원하지 않는 것은 남에게 시키지 말라"고 했습니다.

동양의 윤리도 보편성을 갖습니다. 동양 윤리의 대표인 삼강오륜은 부모와 자녀, 남편과 부인, 임금과 신하, 형제자매, 친구 사이의 관계를 규정합니다. 이 관계는 인류 역사를 통하여 보편성을 가지고 있습니다. 다만 임금과 신하의 관계는 다른 것으로 바뀌었습니다. 조직과 구성원의 관계로 바뀌면서 훨씬 더 자유로워졌습니다만 근본적인 형태는 유사합니다.

보편성이라는 특징이 장점만은 아닙니다.

첫째, 보편성은 추상성을 가지고 있습니다. 그래서 언제나 맞는 말이지만 지금의 문제를 해결하는데 무력할 수 있습니다. 정교하고 구체적인 내용으로 뒷받침되지 않으면 무용지물이지요.

둘째, 오래된 보편성은 보수성을 가지고 있습니다. 고대 노예제에서 시작하여 중세 봉건시대에 정착한 원리가 아직 지속되는 경향이 있습니다. 이렇게 되면 새로운 내용이 없어 지적인 탐구의 대상, 실천적 행동의 모범이 되기 어렵습니다. 근대시민혁명, 사회주의 혁명, 현대 정보통신 혁명, 과학혁명 이후의 행동 원리로 자리 잡기는 더욱 어렵습니다. 오히려 혁명의 성과를 무시하고 과거 회귀적인 경향을 띠기도 합니다. 과거가 훨씬 좋았다는 식으로 결론을 내릴 가능성이 있습니다. 이런 면에서 윤리는 아무래도 기성세대의 것이라고 할 수 있습니다.

4. 세속적인 정의, 영적인 윤리

정의와 윤리는 모두 세속적입니다. 영적인 측면은 본질이 아닙니다. 양자 모두 사람들이 공동체를 구성하여 살아가는 과정에서 발생하는 갈등을 해결하거나 줄이는 역할을 합니다. 그렇지만 정의와 윤리는 세속성에서 조금 다릅니다.

정의는 세속적이지만 윤리는 영적인 측면을 일부 가지고 있습니다. 정의는 분배 원칙이면서 인과응보 원칙입니다. 서로 공평하게 주고받는 관계를 지향합니다. 거래할 때에도 공평하게 교환하고, 다른 사람에게 손해를 끼쳤을 때도 공평하게 처벌하거나 배상하는 것을 지향합니다.

정의는 현실에서 벌어지는 사람 사이의 관계를 다루기 때문에 제도로 표현됩니다. 제도는 철저히 세속적입니다. 정의와 공정을 체현하는 제도는 종교나 국적과 관계없습니다. 불교나 기독교, 이슬람교를 믿는다고 하여 재판을 받지 않을 수는 없습니다. 종교가 다르다고 하여 손해를 입었을 때 민사재판으로 배상을 받는 것 이외에 다른 방법은 없습니다. 범죄를 저질렀다면 국가에 의한 처벌을 받아야 합니다. 처벌의 권한을 국가에 양도하지 않은 폭력집단이라면 몰라도 국가가 지배하는 곳에서는 국가의 재판권과 처벌권은 존중받습니다. 정의는 세속적입니다.

윤리는 세속적이기는 하지만 영적인 삶과 관련이 있습니다. 윤리는 사람 사이의 관계를 좋게 만드는 데 노력합니다. 그 과정을 통하여 자신도 좋은 사람이 됩니다. 윤리는 모든 사람이 좋은 삶을 누리도록 합니다.

좋은 삶에는 항상 영적인 측면이 있습니다. 좋은 삶이란 곧 행복한 삶이고, 인간에게 고통이 없는 행복한 삶이란 영적으로 충만한 삶과 떨어질 수 없습니다. 모든 종교가 달성하고자 하는 목표 중의 하나가 바로 행복한 삶입니다. 윤리는 좋은 삶을 통하여 행복에 도달하려고 합니다.

윤리는 세속의 세계와 영적인 세계의 중간쯤에 있습니다. 세속에서 영적인 세계로 넘어가기 위해서는 윤리적으로 생활해야 합니다. 윤리적 삶이 영적 생활의 출발점입니다. 자신의 마음을 다스리는 것에서 시작하기 때문입니다. 대부분의 종교가 윤리적 생활을 종교의 계율로 삼는 이유입니다. 다른 사람의 이익을 위해 본인을 희생해야 한다는 이타주의는 윤리적인 삶이 영적인 삶의 출발점이라는 점을 잘 보여줍니다.

윤리가 영적인 측면을 가지고 있다는 것은 그만큼 고상하다는 것을 의미합니다만 약점도 있습니다.

첫째, 윤리는 개인의 양심에서 출발합니다. 윤리는 조직이나 집단을 문제 삼지 않습니다. 윤리적인 개인은 있을 수 있어도 윤리적인 기업, 윤리적인 국가는 없습니다. 다만 CEO나 국가의 지도자가 윤리적인 경우가 있을 뿐입니다. 노동자나 국민이 윤리적인 경우가 있을 뿐입니다. 윤리적인 기업, 윤리적인 국가는 사람이 윤리적인데 따른 부수적인 결과입니다.

국내적으로는 정의와 공정을 이야기하고 윤리를 강조하는 국가 지도자도 한 발짝만 바깥으로 나가면 국익을 이야기합니다. 국익 앞에서는 모든 것을 희생할 수 있다고 주장합니다. 갑자기 이익 최우선주의가 됩니다. 이것을 또 사람 대부분은 자연스럽게 받아들입니다. 국가는 과거보다 훨씬 윤리적으로 행동하지만, 국가 자체가 윤리적일 수는 없습니다.

기업도 이와 다르지 않습니다. 윤리적인 기업은 없지만, 윤리적인 CEO, 윤리적인 직원은 있습니다. 기업이 사회의 영향을 받아 윤리적으로 행동하는 것처럼 보이지만 실제로는 윤리적인 CEO나 직원이 윤리를 지휘하고 윤리적으로 행동하고 있습니다.

국가 차원에서 윤리적인 지도자나 시민, 기업 차원에서 윤리적인 CEO나 직원을 가진다는 것은 큰 행운입니다. 그렇지 않다면 국가는 독재국가, 무능 국가, 잔인한 국가가 될 것입니다. 기업은 오로지 이윤만 추구하는 잔인한 기업이 될 것입니다. 하지만 국가와 기업 자체를 윤리적으로 만들 방법은 없습니다. 국가와 기업은 제도를 통하여 공정하게 행동할 뿐입니다. 국가와 기업 같은 조직, 집단에는 윤리가 직접 적용될 수는 없습니다(앙드레 콩트 스퐁빌, 2010).

둘째, 윤리는 제도화하기 어렵습니다. 제도는 규칙과 기구로 구성됩니다. 규칙과 기구는 강제성을 바탕으로 합니다. 법률은 개인이 그 법률에 동의하는 것과 관계없이 강제성이 있습니다. 그런데 윤리는 강제성이 없습니다.

윤리는 내면의 양심, 자발성을 중시하므로 강제성이 있을 수 없습니다. 물론 해당 집단에 가입하면 그 집단의 윤리는 지켜야 합니다. 종교집단도 계율이 있고 신도는 그 계율을 지켜야 합니다. 집단의 윤리, 계율을 지키지 않으면 불이익이 있습니다. 하지만 최고의 불이익은 추방일 뿐입니다. 종교의 강제성은 개인이 자발적으로 그 집단에 가입했다는 사실에 있습니다. 일종의 집단과 개인의 계약인 것이지요.

강제성이 없는 윤리는 제도화할 수 없습니다. 제도화할 수 없으면 구체성을 가질 수 없고 널리 퍼질 수도 없습니다. 구체성이 없으니 윤리는 항상 모호한 느낌을 줍니다.

셋째, 윤리는 집단화, 조직화하기 힘듭니다. 윤리는 내면의 양심, 자발성을 중시하므로 개인적입니다. 이것은 윤리를 바탕으로 세상을 바꾸기 어렵다는 것을 말합니다. 세상을 바꾸는 것은 조직된 힘, 조직된 대중입니다. 조직되지 않은 대중은 권력을 망하게 할 수는 있지만 새로운 국가를 만들 수는 없습니다. 윤리는 조직의 구성원리가 아니므로 대중을 조직할 수 없습니다. 대중을 조직하는 것은 정치입니다. 윤리를 바탕으로 한 정치는 비윤리적인 정치보다 낫지만, 윤리가 정치의 역할을 대신할 수는 없습니다.

윤리의 비집단적 속성은 윤리를 체계적으로 교육하는 데 어려움을 초래합니다. 윤리는 일률적으로 정할 수 없으므로 조직적으로 교육할 수 없습니다. 그런데 윤리를 진작시키는 중요한 방법의 하나는 바로 교육입니다. 윤리와 교육은 모순의 관계에 있습니다. 윤리가 공식교육, 체계적 교육과 친하지 않으니 교육을 통해 윤리를 진작시키는데 어려움이 따릅니다.

CHAPTER 2

정의와 윤리의 공통점

정의와 윤리의 차이는 의외로 커 보입니다. 그렇지만 공통점도 당연히 있습니다. 인간의 고통을 줄이고 행복을 증진한다는 점에서 같은 목표를 가지고 있습니다. 정의와 윤리의 공통점을 살펴봅니다.

1. 자본 중심 인간관에서 벗어남

정의와 윤리의 가장 큰 공통점은 바로 '자본 중심 인간관'에서 벗어나 있다는 점입니다. 자본 중심 인간관은 자본주의 경제와 현대 과학기술을 뒷받침하는 인간관입니다. 파편적이고 부분적으로 인간을 파악하는 견해입니다.

자본 중심 인간관은 경제를 가장 중심에 놓기 때문에 합리적이며 이기적인 인간을 이상적인 인간으로 여깁니다. 자신의 이익이 최우선이므로 다른 사람의 행복이나 이익은 관심의 대상이 아닙니다. 아니 다른 사람의 행복, 이익을 희생하면서까지 자신의 이익을 추구하려고 합니다. 극단적인 이기주의를 강조합니다. 극단적인 이기주의로 무장하지 않으면 바보 취급당하는 것이 세상이라고 가르칩니다.

자본 중심 인간관은 정의와 공정이라는 가치와 갈등 관계에 있습니다. 자본 중심 인간관은 경제발전을 위해 모든 것을 희생시킵니다. 인간에게 필수적인 정의와 공정도 희생시킵니다. 정의와 공정이 희생되면 사회적 신뢰라는 공적 가치가 없어지고 사회는 갈등상태로 돌입합니다. 현대사회에서 정의와 공정이 약해지고 있는 것은 경제적 관점에서 모든 것을 해석하기 때문입니다. 자본 중심 인간관은 인간과 사회를 지탱하고 보호하는 주요 가치들과 충돌할 가능성을 안고 있으며 실제로 충돌하고 있습니다.

정의는 개인과 개인 사이의 관계를 규율합니다. 일상적일 때에는 재화의 분배 원칙을 정하고, 불행한 사태가 발생했을 때 이를 구제하는 원칙과 절차를 정합니다. 자본 중심 인간관의 입장에서 불필요한 것이 정의입니다. 시장에 근거한 자본주의 경제법칙 자체가 정의롭고 공정하므로 따로 정의와 공정은 필요 없다고 봅니다. 특히 사회적 약자를 보호하고 배려하는 것은 불필요할 뿐 아니라 해롭다고까지 봅니다. 현실에서 많은 자본가가 자선을 베푸는 것은 사실이지만 자본 중심 인간관은 자본을 축적하는 인간을 최고의 인간으로 제시합니다. 자선은 전혀 하지 않고 모든 자본을 재생산에 투자하는 인간이 최고의 인간입니다. 자선과 같은 행위는 자본 중심 인간관이 아닌 윤리적인 삶에서 비롯됩니다.

윤리는 개인과 개인의 관계를 규정하면서 공동체의 안정을 꾀합니다. 공동체의 안정을 꾀하므로 각자에게 일정한 의무를 부담시킵니다. 이 부담은 상호 평등한 것으로 가정합니다. 동양의 기본 윤리인 삼강오륜을 생각해보면 자식에 대한 부모, 신하에 대한 임금, 부인에 대한 남편, 동생에 대한 형이나 누나의 의무도 가벼운 것이 아닙니다. 이 중에서 가장 무거운 것은 부모의 의무이지만 임금의 의무도 가볍지 않습니다. 임금이 만일 자신의 의무를 다하지 않으면 역성혁명으로 임금을 바꿀 수도 있다고 맹자는 주장합니다.

봉건시대의 윤리는 주로 아랫사람들의 의무를 강조하고 있어 기존 체제를 옹호하는 것으로 많이 이해됩니다. 그렇지만 맹자는 역성혁명 사상을 통해 윗사람들의 의무를 강조했습니다. 윤리는 공동체와 구성원의 상호관계를 중시하므로 자본 중심 인간관, 경제 제일 인간관과 맞지 않습니다. 자본 중심 인간관은 파편적이고 개인화된 개인, 공동체나 타인으로부터 완전히 단절된 개인을 원합니다.

2. 상호보완적 관계

정의와 윤리의 차이점과 공통점은 정의와 윤리가 서로 보완하는 관계임을 보여줍니다. 인간의 고통을 줄이고 행복을 늘리는 목표는 같지만, 그 방법이 다릅니다. 경제 역시 인간의 고통을 줄이고 행복을 늘리려고 합니다. 하지만 태생적으로 행복과 불행을 함께 가져오는 한계가 있습니다. 물질적 풍요와 함께 괴로움을 낳습니다. 확대되는 불평등, 격차는 고통을 더 많이 낳고 있습니다.

정의와 윤리는 경제 중심의 미래비전, 권력 중심의 미래비전을 견제하고 제한합니다. 경제와 권력이 미래비전의 중요한 부분인 것은 틀림없지만 전부가 아니라는 점을 명확히 합니다. 미래사회에서 경제와 정치 권력은 더 강해질 것입니다. 초과잉사회를 만들 만큼 높은 생산성은 더욱 경제 중심의 사회를 만들 것입니다. 모든 사람이 경제에 최우선의 관심을 두고 공동체도 경제성장에 최우선의 가치를 둘 것입니다. 정부는 경제발전에 천문학적인 돈을 투입할 것입니다. 정보통신혁명, 생명공학 발전은 경제발전을 더욱 추동할 것입니다. 상상하지 못한 기술이 나와 상상하지 못할 정도의 경제발전을 이룰 수도 있습니다.

그렇지만 경제 중심의 미래비전만 있다면 불충분합니다. 아니 많은 해악을 낳을 것입니다. 경제발전 성과가 극소수 사람에게 돌아갈 것이고 생태계와 환경에 막대한 피해를 줄 것입니다. 미래 세대에게 많은 부담을 넘기게 될 것입니다. 경제 중심의 미래비전은 다른 미래비전으로 보충되어야 합니다.

정치 권력의 힘은 더욱 커질 것입니다. 동원할 수 있는 자원이 더 많아지고 대중들의 참여도 더욱 늘어날 것입니다. 정보통신혁명을 바탕으로 엄청난 정보가 거의 무상으로 자동으로 국가에 모일 것입니다. 정보의 집중으로 독재가 등장할 가능성도 있습니다. 민주주의 방식, 구체적으로는 분산된 정보를 바탕으로 다양한 계층이 참가하여 토론과 협상을 통하여 문제를 해결하는 절차는 현실에 적합하지 않을 수 있습니다.

현실이 너무 빨리 변하기 때문에 빠른 의사결정이 필요합니다. 모든 사람이 24시간 네트워크에 접속하여 빠른 의사결정과 행동을 하므로 시간이 오래 걸리고 갈등을 유발하는 과정은 배척될 수도 있습니다. 과거 로마가 공화정을 버리고 황제가 지배하는 제정帝政을 선택했듯이 말입니다.

정치 권력은 공동체의 역할을 대신해야 한다는 요청을 받고 있습니다. 전통적인 공동체가 붕괴했고 가장 기본적인 공동체인 가족마저 붕괴하고 있는 지금, 공동체의 순기능을 할 수 있는 곳은 국가뿐입니다.

대표적인 사례가 돌봄 노동입니다. 돌봄 노동은 전통적으로 가족의 역할이었습니다만 이제 가족에서 분리되고 있습니다. 가족으로부터 분리된 돌봄 노동은 국가라는 공동체가 대신 할 수밖에 없습니다. 다른 공동체는 없으니까요. 이렇게 국가는 가족이 해 왔던 일까지 하게 되었습니다. 의료보험과 같은 가족의 건강을 책임지는 시스템은 이미 완성했습니다. 국가의 역할은 더욱 늘어날 것입니다. 공동체의 역할을 대신해달라는 대중들의 요구가 있기 때문입니다.

국가의 영역이 넓어지면 개인의 자유와 행복은 한편으로는 위협받으면서 한편으로는 확장됩니다. 정치 권력이 거대해지면 거대해질수록 개인의 사생활을 침해하는 정도 역시 높아집니다. 개인이 24시간 네트워크에 접속해 있다는 사실은 개인의 모든 생활을 정치 권력 또는 기업이 기록, 기억하고 있다는 것을 의미합니다. 기록된 모든 것은 분석될 수 있고 분석된 것은 타인을 지배하는 데 이용됩니다. 모든 기록을 분석할만한 기술, 알고리즘을 정치 권력과 기업은 가지고 있습니다. 개인을 전면적으로 지배할 가능성이 있습니다. 정보통신혁명으로 자유로워진 것 같지만 자유가 증가한 만큼 자유가 위험에 빠졌습니다.

경제와 정치 권력의 확대로 인한 자유의 증가와 통제의 위험은 동전의 양면입니다. 좋은 점만 취하고 나쁜 점을 버리는 것은 불가능합니다. 같이 확대될 뿐입니다. 다른 차원의 가치로 경제와 정치 권력을 통제해야 합니다.

그 역할을 하는 것이 정의와 윤리입니다. 정의와 윤리는 경제와 정치 권력의 바깥에서 경제와 정치 권력을 통제합니다. 이를 통하여 개인의 자유를 지키는 역할도 합니다.

정의와 공정은 제도로서 사람들 사이의 관계를 공평하게 만들어 욕망의 충돌과 폭발, 억압과 착취를 교정합니다. 이 정도도 좋은 사회입니다. 하지만 따뜻한 사회라고 하기에는 조금 부족합니다. 윤리는 여기에서 한 발 더 나갑니다. 상대방에 대한 배려를 바탕으로 착하고 친절하고 마음 약한 사람들이 사는 따뜻한 사회를 지향합니다. 윤리는 정의, 공정과 함께 좋은 삶을 보장하는 핵심 역할을 합니다.

3. 미래예측과 지식, 정보, 윤리

미래 전망, 미래예측에서 정의와 공정, 윤리를 말하는 것은 기존 미래 전망, 미래예측이 사실상 실패했기 때문입니다. 과학기술에 의존해서 미래를 예측했지만, 결과는 실패였습니다. 변화의 방향, 속도도 제대로 모르고 그 속에서 활동하는 사람도 제대로 이해하지 못했기 때문입니다.

변화는 필연적으로 혼돈을 초래하고 질서를 흔듭니다. 변화를 통제하는 것은 불가능합니다. 문제는 변화를 허용하고 추진하면서도 변화로 인하여 발생하는 물질적, 정신적 피해를 최소화하고 좋은 공동체의 붕괴를 막는 것입니다. 변화의 와중에서도 좋은 삶을 발견하고 발전시키는 것입니다. 여기에 정의와 공정, 그리고 윤리의 역할이 있습니다. 정의와 공정, 윤리는 변화의 와중에서 혼동을 줄이는 역할을 합니다.

자본 중심 인간관은 경제성장을 궁극적인 목표로 하고 경제성장을 위해 자본과 노동, 정보와 지식의 흐름을 어떻게 할 것인가에 집중합니다. 사회적 약자는 고려하지 않습니다. 자본 중심 인간관에 의한 미래예측과 미래비전 설계는 쉽게 이해되는데 이것은 비교적 단순하기 때문입니다. 인간의 존엄성을 보장하거나 인간의 행복과 안전, 평화와 복지를 목표나 고려요소로 삼지 않기 때문입니다. 방정식으로 본다면 경제 하나만 주요 변수로 보는 1차 방정식과 유사합니다.

그렇다고 자본 중심 인간관의 미래예측이 쉽다는 것은 아닙니다. 경제라는 이름으로 수많은 요소가 고려됩니다. 자본, 노동, 금융이라는 큰 개념도 있지만, 조금 작은 개념인 제조업만 하더라도 종류가 수없이 많고 발전 정도도 모두 다릅니다. 농업이나 서비스업, 자영업은 말할 것도 없습니다. 개방의 정도에 따라 국내 요인 이외에 세계의 변화도 고려해야 합니다. 이 모든 것을 다 반영하는 것은 매우 어려운 일입니다.

여기에 더해 정치, 정의, 공정, 복지, 윤리, 환경, 생태계, 의료 등 수많은 요소도 간접적, 부분적으로 반영됩니다. 경제의 배경으로서 반영됩니다. 그렇지만 결정적으로 경제를 좌우할 영향력은 없습니다. 그래서 자본 중심 인간관의 미래예측은 상대적으로 단순합니다.

국가 중심 인간관은 인간의 존엄성을 보장하는 데 초점을 둡니다. 경제 성장을 바탕으로 하면서도 기회의 균등 보장, 최저생활 보장 등 평등에도 많은 관심을 기울입니다. 공정한 분배를 위하여 기회의 균등과 과정의 공정을 강조합니다. 이 과정에서 강자의 횡포는 상대적으로 약화합니다. 복지를 통하여 부의 재분배를 꾀합니다. 복지는 인간의 존엄성을 보장하면서도 사회 불평등을 완화하는 핵심요소입니다.

현대 대부분 국가는 복지가 국가의 핵심적인 역할임을 자각하고 있습니다. 복지의 역사가 오래된 선진국은 복지개혁을 추진 중입니다. 선진국의 복지개혁 정책은 복지를 더 많은 사람이, 더 오래 누리게 하는 것입니다. 20세 직장 취업, 60세 은퇴, 70세 사망이라는 공식에 따라 마련된 복지체계는 100세 시대에 재편해야 합니다.

국가 중심 인간관은 경제성장에 더하여 민주주의, 정의, 공정, 분배 등이 있는 미래를 상상합니다. 미래비전 설계에서도 경제, 민주주의, 정의, 공정, 분배 등을 중요한 요소로 고려합니다. 미래비전은 1차 방정식이 아니라 이제 2차, 3차 방정식이 됩니다. 목표들 사이의 상관관계, 고려요소들 사이의 상관관계 등을 모두 고려해야 합니다. 어려운 고차 방정식입니다. 여기에 더해 이들 고려요소가 모두 숫자로 표시되지 않는 문제점이 있습니다. 숫자로 표시되지 않으면 명쾌하게 이해되지 않습니다. 명쾌하게 이해되지 않으면 상관관계를 표현할 수 없거나 추상적으로만 표현됩니다.

국가 중심 인간관의 미래비전 설계가 어렵기는 하지만 그렇다고 불가능한 것은 아닙니다. 노무현 대통령의 참여정부는 『비전 2030』을 만들었고 문재인 정부의 정책기획위원회는 『미래비전 2045』를 만들었습니다. 이들 미래비전은 경제성장을 바탕에 두지만, 정치, 민주주의, 분배 등도 고려하고 있습니다. 다만 정의와 공정, 윤리 등이 전면에 반영되지 않은 점은 아쉬운 부분입니다.

사람 중심 인간관은 목표가 더 큽니다. 사람 중심 인간관은 사람의 행복을 목표로 합니다. 최상의 가치로 '인간다운 생활', '사람 사는 세상'을 지향합니다. 경제성장, 민주주의, 사회복지, 사회평등을 무시하지 않으면서 더 높은 목표로 사람의 행복을 제시합니다. 다른 목표들은 사람의 행복에 얼마나 이바지하는지를 기준으로 평가합니다. 고려요소로는 경제, 정치, 민주주의, 정의, 공정, 분배 등에 더하여 윤리, 가치까지 포함합니다. 이렇게 되면 고차 방정식이 되어버립니다. 미래비전 설계 자체가 매우 어려운 단계로 들어갑니다. 정의, 공정, 윤리, 가치, 행복 등을 주요 목표로 하는 미래비전이 없는 것은 경제 중심 사고방식 때문이기도 하지만 이들 요소를 고려한 미래비전 설계가 워낙 어렵기 때문이기도 합니다.

사람 중심 인간관의 문제의식은 다음과 같습니다. "경제적으로 풍족한 현재도 행복하지 않는데 경제를 더 발전시킨 미래가 더 행복할 것이라고 단언할 수 있겠는가." 물질적 풍요를 누리고 있음에도 과거보다 더 행복해졌다고, 지금 행복하다고 장담할 수 없는 것이 현재의 상태입니다. 미래에 경제가 성장한다고 행복이 증가한다고 자신 있게 말할 수 없습니다. 그래서 정의, 공정, 윤리, 가치, 행복과 같은 가치가 더 필요합니다.

정의와 공정이 있는 사회와 없는 사회는 질적으로 다릅니다. 윤리도 같습니다. 윤리적인 삶이 있는 사회와 그렇지 않은 사회는 완전히 다른 사회입니다. 같은 제도를 두고 있으면서도 나라마다 그 효과가 다른 것은 정의, 공정, 윤리 가치에 차이가 있기 때문입니다.

한국과 일본은 거의 유사한 사법제도를 가지고 있습니다. 일본을 거쳐 법을 수입한 한국은 독일이나 프랑스와 유사한 사법제도를 가지고 있습니다. 한국의 일부 사법 시스템은 미국과도 유사합니다. 국민참여재판은 미국의 배심제를 한국의 상황에 맞게 변형시킨 것입니다. 이처럼 제도 자체는 비슷합니다.

그러나 제도의 효과, 현실은 서로 다릅니다. 독일과 한국은 검찰 제도가 비슷하다고 알려져 있습니다. 수사의 주재자, 최종 책임자로 검사를 규정하고 있다는 점에서 같습니다. 하지만 검사의 실제 역할은 다르고 검사에 대한 사회적 신뢰도 다릅니다. 검찰개혁을 요구하는 한국의 사정을 다른 나라는 이해할 수 없습니다. 검찰개혁, 경찰개혁 등 공권력 개혁을 말할 정도로 권한 남용을 직접 경험하지 않았기 때문입니다. 대부분의 나라에서 수사권과 기소권은 분리되어 있고 수사권은 경찰이 갖는 것이 원칙입니다.

정의, 공정, 윤리는 제도에 큰 영향을 미칩니다. 하지만 모두 반영되는 것은 아닙니다. 정의와 공정은 부분적으로만 제도화됩니다. 정의와 공정은 여전히 추상적인 가치로 남습니다. 윤리는 제도화가 더욱 어렵습니다. 그렇지만 모든 제도의 운용에 큰 영향을 미칩니다. 좋은 윤리가 있는 사회와 나쁜 윤리가 있는 사회는 차이가 있습니다. 개인도 같습니다. 좋은 삶으로서 윤리를 갖출 때 개인은 행복해질 수 있습니다.

정의, 공정과 같이 윤리도 미래비전에 당연히 반영되어야 합니다. 미래를 더 행복하게 만들기 위해서, 그리고 윤리적인 사회에서 편안하게 살아가기 위해서 미래비전 설계에 윤리를 반영해야 합니다. 미래예측이 어렵다고, 미래전략을 설계하는데 계량화, 도식화할 수 없다고 하더라도 피할 수 없습니다. 미래예측, 미래전략 설계에 윤리 역시 핵심적인 고려사항입니다. 그렇게 하려면 윤리가 어떤 것인지, 그리고 윤리가 어떤 역할을 하는지 살펴보아야 합니다.

제 2 장

윤리란 무엇인가?

ETHICS

윤리가 무엇인지를 알면 윤리적인 삶, 좋은 삶을 살 수 있습니다. 미래예측에도 반영할 수 있습니다. 윤리는 단일한 개념이 아닙니다. 여러 얼굴, 여러 단계를 가지고 있습니다. 좋은 삶이 여러 얼굴을 가지고 있듯이 말입니다. 좋은 삶으로서 윤리는 "무엇"이라는 명사로서 존재하는 것이 아니라 "어떻게 한다."라는 동사로 존재합니다. 윤리는 다른 개념과 비교하면서 그 내용을 탐구할 수 있습니다. 윤리와 가장 가까운 개념은 도덕입니다. 도덕은 윤리와 비슷하면서도 약간 다릅니다. 그리고 윤리의 역할이 무엇인지 알아야 합니다. 개인의 삶에 윤리가 어떤 역할을 하는지 이해함으로써 윤리를 더 정확히 이해할 수 있습니다. 법률만 준수하면 윤리적인지, 상대방을 존중하기만 하면 윤리적인지, 내면의 완성까지 달성해야 윤리적인지를 생각하는 과정에서 윤리의 본질에 다가설 수 있습니다. 윤리에는 개인윤리와 조직윤리가 있습니다. 윤리는 개인에서 출발하지만, 기업윤리, 국가윤리, 세계윤리가 등장하고 있습니다. 조직이 윤리적일 수 있는지도 쟁점 중의 하나입니다.

CHAPTER 1

도덕과 윤리

1. 분리를 통한 명확화

윤리는 동양인에게는 익숙합니다. 유교 문화권은 윤리를 거의 통치의 핵심 가치로까지 높였습니다. 그 영향은 아직도 남아 있습니다. 국회의 인사청문회를 보면 윤리가 얼마나 중요한 것인지를 새삼 느낍니다. 그래서 우리는 대부분 윤리를 잘 알고 있다고 생각합니다. 여기에서부터 조심해야 합니다. 잘 안다고 생각하는 윤리가 무엇인지 따져보아야 합니다.

우리가 대부분 잘 안다고 생각하는 윤리는 대단히 봉건적이고 보수적인 윤리입니다. 교과서에서 동양의 전통사상이라고 배우는 윤리는 봉건적 윤리입니다. 현실은 이미 봉건시대를 벗어난 지 한참 되었습니다. 이것이 현대인들이 윤리를 꺼리는 원인 중 하나입니다. 윤리 교육을 하면 할수록 윤리를 꺼리는 현상이 벌어지는 이유입니다.

윤리적인 삶은 단기적으로 자신의 이익을 양보하라고 가르칩니다. 봉건시대는 말할 것도 없고 현대 윤리도 이를 강조합니다. 윤리의 이러한 특징은 현대인에게 반감을 불러일으킵니다. 이기심을 숭상하고 이기심이야말로 성공의 핵심이라고 찬양하는 현대사회에서 이런 윤리적인 삶은 배척되기 일쑤입니다. 누구나 바보는 되기 싫어합니다.

윤리가 무엇인지 정확하게 설명하는 것은 어렵습니다. 국어사전은 윤리를 '사람으로서 마땅히 행하거나 지켜야 할 도리'라고 설명하지만, 그 내용을 따져보면 쉽게 확정할 수 없습니다. 사람이 지켜야 할 도리가 어디 한둘입니까? 동양의 삼강오륜 말고도 사람으로서 마땅히 행하거나 지켜야 할 도리는 수없이 많이 있습니다.

기업가는 좋은 상품을 생산해야 하고 소비자는 좋은 물건을 골라서 소비해야 합니다. 노동자는 정당한 월급을 받는 대신 성실하게 일해야 하고, 자본가는 노동자를 혹사하지 않아야 합니다. 학생은 선생의 강의를 충실히 들어야 하고 선생은 학생들에게 충실한 강의를 해야 합니다. 서로 사랑하면 더욱 좋고요. 정치인은 사람들의 문제를 해결해줘야 하고 주권자는 정치인을 따르면서 또 감시해야 합니다. 정의와 관련된 행동이 윤리적인 행동일 수 있고 일상생활의 도덕이 윤리인 것 같기도 합니다.

윤리는 참으로 여러 가지 얼굴을 가지고 있습니다. 이중 어떤 것은 제도로 흡수해야 하고 어떤 것은 더 높은 가치인 사랑과 자비에 양보해야 합니다. 어떤 분야의 윤리는 독립하여 발전하기도 합니다. 법조윤리, 의료윤리, 공학윤리, 생명과학윤리 등 전문가윤리 역시 필요합니다.

너무 광범위하고 추상적인 윤리는 구체적인 현실에서 적용할 수 없습니다. 현실은 항상 이론보다 복잡하고 미묘합니다. 모든 탐구는 분할에서 시작합니다. 분할하여 그 내용을 명확히 한 다음 이를 확장하고 연결합니다. 윤리에 관한 탐구도 이와 같습니다. 윤리의 실체는 다른 가치들과 비교하면서 찾아갈 수 있습니다. 윤리와 유사한 가치로는 정의와 도덕이 있습니다. 이 중 정의와 윤리의 차이점과 공통점에 대해서는 앞에서 살펴보았습니다. 도덕과 윤리의 공통점과 차이점을 살펴볼 때입니다.

2. 도덕과 윤리의 뿌리

도덕과 윤리는 뿌리가 같습니다. 말의 쓰임도 사실상 같습니다. 국어사전은 도덕을 '인간이 지켜야 할 도리나 바람직한 행동 규범'이라고 정의합니다. 같은 국어사전은 윤리를 '사람으로서 마땅히 행하거나 지켜야 할 도리'라고 정의합니다. 표현만 약간 다르고 완전히 같은 말입니다. 도덕과 윤리는 구분할 수 없을 정도로 비슷합니다. 도덕과 윤리 모두 '같은 무리 사이에 인정된 아름다운 삶의 방식, 같은 무리 안에 스며들어 있는 삶의 방식에서의 법도 또는 규칙'이라는 의미입니다(핫토리 겐지 · 이토 타카오, 2016).

서양의 어원을 따져보면 더욱 그렇습니다. 윤리ethics의 어원은 고대 그리스 시대까지 거슬러 올라갑니다. 그리스에는 원래 새나 짐승의 둥지, 소굴을 의미하는 '에토스ethos'라는 말이 있었고 이 말이 인간의 주거를 가리키는 말이 되었습니다. 이후 뜻이 변해서 도시국가의 관습을 의미하게 되었고 이 관습이 몸에 배어 형성된 시민의 인격이나 품성이 éthos라는 말로 표현되었습니다. 이 용어의 형용사형ethickos이 윤리ethics라는 말의 뿌리입니다.

그러면 도덕moral의 어원은 어떨까요? 그리스말을 라틴어로 번역하면서 발생한 것이 moral입니다. 즉 그리스말 'ethos'는 라틴어 'mos'로, 'éthos'는 'mores(mos의 복수형)'으로 번역되었습니다. 그리고 이 말의 형용사로서 moralis라는 말이 만들어졌는데 이것이 도덕moral의 어원입니다(핫토리 겐지 · 이토 타카오, 2016). 이처럼 어원에서 보면 윤리와 도덕은 완전히 같은 말입니다.

도덕과 윤리는 같은 의미로 출발했습니다. 그러나 용어 자체가 다르므로 언어 사용과정에서 서로 다른 내용을 가지기 시작했습니다. 특히 동양은 도덕과 윤리라는 용어만으로는 공통점, 공통의 뿌리를 알 수 없으므로 서로 다르다는 인상을 강하게 풍깁니다. 하지만 같은 사물을 대상으로 하므로 근본적인 동일성은 벗어날 수 없습니다.

3. 개인보다 공동체 중심의 도덕과 윤리

도덕과 윤리의 첫 번째 공통점은 어원에서 알 수 있듯이 개인보다는 사회, 공동체를 더 중시한다는 점입니다. 어원과 국어사전에서도 확인할 수 있듯이 도덕과 윤리는 개인 자체보다는 개인과 개인 사이의 관계, 공동체에 집중합니다.

이것은 도덕과 윤리가 개인주의 발생 이전에 탄생했다는 점에 기인합니다. 인류는 집단을 이루고 살아가면서 먼저 집단주의, 공동체 우선주의를 채택합니다. 개인이 생존해야 하는 것은 당연하지만 개인이 생존하기 위해서라도 공동체가 우선 살아남아야 합니다. 가혹한 자연환경에 대응하려면 개인으로는 불충분했습니다. 고대 노예제부터 중세 봉건시대까지 집단주의, 공동체 우선주의가 중심이었고 이때 도덕과 윤리는 탄생하고 발전합니다.

근대 들어서 개인주의가 발전하자 도덕과 윤리는 위기를 맞습니다. 개인의 감정이 중요하고 개인이 세상의 옳고 그름, 참과 거짓을 결정하는 최후의 잣대라고 한다면 공동체를 강조하는 도덕과 윤리는 설 자리가 없게 됩니다. 근대 시민혁명 이후 도덕과 윤리가 위기에 처한 것은 이 때문입니다. 그런데도 도덕과 윤리가 없어지지 않는 것은 아무리 개인주의가 극단으로 가더라도 사람은 공동체의 일원으로 존재하는 사회적 존재이기 때문입니다.

공동체는 개인의 정체성을 강제하는 힘을 가지고 있습니다. 개인은 공동체를 구성하지만, 개인을 만드는 것은 공동체입니다. 같은 민족이라고 하더라도 과거 봉건제 시절의 개인과 현대 민주사회의 개인은 정체성이 판이합니다. 같은 시대라고 하더라도 속한 공동체가 다르면 완전히 다른 정체성을 가집니다.

구체적으로 우리나라를 살펴봅시다. 한국인들이 가지고 있는 정체성

중 민주주의 의식과 민족주의 의식은 한국인들 공통의 역사적 경험, 공동체의 경험에 의지하고 있습니다. 한국인들의 민주주의 의식은 1960년의 4 · 19 혁명, 1987년의 6월 항쟁, 2016년의 촛불혁명이라는 한국의 자랑스러우면서도 독특한 경험에서 비롯된 것입니다.

최근 대일 관계에서 드러난 한국인의 민족주의 의식은 일제 강점기를 거치고 일제 잔재 청산과정에서 형성된 것입니다. 해방 후 대한민국 건설은 민족주의를 바탕으로 한 민주공화국 철학에 따른 것입니다. 한국 경제의 발전과정 역시 민족주의 의식 발전과 깊은 관계가 있습니다. 해방 이후 한국은 국가 발전이 민족 발전이라고 강조해왔습니다. 우리는 민족주의 의식을 강화하면서 성장해 왔습니다. 이러한 공동의 경험, 공동체 형성의 경험은 개인을 거의 지배합니다.

개인의 독자적인 정체성은 공동체가 제공한 굵직한 정체성에 약간의 변형을 가한 경우가 대부분입니다. 물론 공동체의 정체성에서 벗어나려는 시도도 있습니다. 하지만 그 시도는 곧잘 비판과 비난의 대상이 됩니다. 개인은 생존을 위해서, 그리고 삶의 가치를 확인하기 위해서라도 공동체의 정체성을 체화합니다. 체화된 공동체의 정체성 중에서 핵심에 있는 것이 도덕과 윤리입니다.

양심적 병역거부, 대체복무제의 현실이 이러한 이치를 잘 설명합니다. 대부분 청년은 양심적 병역거부가 인정되지만 입대합니다. 이들이 입대하는 것은 양심이 부족해서가 아니라 공동체가 제공한 민족주의, 민주주의라는 정체성을 가지고 있기 때문입니다. 국가와 민족, 민주주의를 위해 자신의 일부를 희생할 각오를 하는 것입니다. 여기에 더해 대부분 청년이 입대하는 현실도 한몫합니다. 그렇다고 양심적 병역거부를 선택하는 청년들이 공동체를 위하여 희생하겠다는 생각이 없는 것은 아닙니다. 다만 방법에 차이가 있을 뿐입니다.

4. 관습과 전통에 기반한 도덕과 윤리

도덕과 윤리의 두 번째 공통점은 관습, 전통, 습관, 익숙함에 근거하고 있다는 것입니다. 어원에서 살펴본 바와 같이 도덕과 윤리는 사회생활의 관습, 나아가 사회생활의 관습을 몸에 익혀 형성된 시민의 인격이나 품성을 의미합니다. 관습, 전통, 습관, 익숙함을 체계화한 것이 도덕과 윤리입니다.

과학기술혁명이 인류 생활을 완전히 바꾸어놓기 전, 인류의 지혜는 공동체의 촌장, 장로, 노인이 가지고 있었습니다. 세상에 변화가 없었기 때문입니다. 세상의 온갖 지식은 경험에서만 나왔으므로 노인의 지식이 가장 중요한 것이었습니다. 지식을 의도적으로 축적하고 집중적으로 개발한다는 것은 생각할 수 없었습니다. 과학자 집단도 부족했고 과학을 추동할 자본도 없었고 국가의 과학 지원 시스템도 없었습니다.

변화가 없는 상태에서는 공동체를 규율하는 힘은 자연스럽게 관습, 전통, 습관에서 나옵니다. 지금까지 변화가 없었기 때문에 내년에도, 10년 후에도, 100년 후에도 변화가 없을 것이라고 예상하는 것은 당연합니다. 임금은 바뀌어도 왕조는 바뀌지 않고 왕조는 바뀌어도 통치방식은 바뀌지 않습니다. 왕조가 바뀌어도 백성은 여전히 모두 농사를 짓습니다. 이런 시대에는 관습을 따르는 것이 가장 안전합니다.

이 영향이 남아 지금도 과거에 어떻게 했는지를 따지는 경우가 많이 있습니다. 정치권이나 기업에서도 관례라는 이름으로 과거 전통을 찾아봅니다. 관례가 있다면 쉽게 결정을 내리고 그렇지 않다면 결정을 내리는 데 주저합니다. 관례는 어떤 결정을 하는데 안전판을 제공합니다.

그런데 모든 관례는 처음부터 관례, 관습일 수 없습니다. 누군가가 처음으로 행동하지 않으면 관례, 관습, 전통이 만들어지지 않습니다. 최초의 행위는 사람에 따라 운명이 달라집니다. 성공한 인물, 자랑스러운 인물이 한 행위는 관례, 관습으로 이어지고 그렇지 않은 사람의 행위는 일회성 사건으로 종결되어 버립니다. 나쁜 사람, 실패한 사람이 시도한 것은 패륜이 됩니다. 도덕과 윤리는 관례, 관습, 전통, 습관에 기초합니다. 과거에 어떻게 했는지를 따지고 그러한 사례가 있다면 그 사례는 규범이 되어 사람들을 구속합니다.

현대사회에서 발생하는 도덕과 윤리의 위기는 바로 이 지점에서 발생합니다. 도덕과 윤리는 관습, 전통, 습관에 뿌리를 두고 있는데 현대사회는 관습, 전통, 습관에 하나의 중요성도 부여하지 않습니다. 오히려 관습, 전통, 습관을 파괴해 버립니다. 현대사회의 가장 큰 특징인 변화는 과거의 유산을 철저히 파괴해 버립니다. 과거의 유산 중 건축물이나 문화유산도 변화를 위해서라면 파괴를 주저하지 않습니다. 일부 보존하는 건축물이나 문화유산도 물론 있습니다. 이들 문화유산은 모두 관광자원이 되기 때문에 살아남습니다. 쓰임이 없는 전통, 경제적 가치가 없는 관습은 철저히 비판되고 제거됩니다. 합리성이라는 이름으로 말입니다.

관습, 전통, 습관에서 출발한 도덕과 윤리는 여러 가지 특징이 있습니다. 그중 하나는 보수성입니다. 도덕과 윤리는 관습, 전통, 습관에 뿌리를 두고 있으므로 관습, 전통, 습관을 지키는 것이 우선입니다. 변화하는 사회에 대응하기 위해서도 우선 관습, 전통, 습관을 지키고 그다음에 새로운 윤리를 모색합니다. 이러한 보수성은 평상시에는 안정을 제공하지만, 변화의 시기에는 강압적인 태도와 폭력적인 성향으로 나타납니다.

도덕과 윤리는 주로 고대와 중세시대에 완성되었습니다. 우리의 생활 태도나 매너, 에티켓, 예절은 대부분 중세 봉건시대에 완성되었습니다. 동서양 모두 같습니다. 따라서 현재의 도덕과 윤리에는 사회적 약자에 대한 억압적인 내용이 남아 있습니다. 남자는 귀하고 여자는 천하다는 남존여비 사상이 대표적입니다. 늙은이와 젊은이 사이에 질서가 있어야 한다는 장유유서도 그렇습니다. 앞에서 본 바와 같이 자식을 땅에 묻으면서까지 부모에게 효도하려는 행위를 칭송하는 효자 이야기도 같습니다.

내용만 억압적인 것이 아닙니다. 소통하는 방식도 강압적이고 폭력적인 경우가 많습니다. 합리적인 논리보다 관습, 전통, 습관을 강조하려고 하니 설득이 잘 안 됩니다. 무조건 나이를 앞세우거나 옛날에는 이랬다는 식으로 표현합니다. 어떤 경우에는 폭력을 행사하기도 합니다. 이런 방식은 현대사회에서 설득력이 없습니다. 억압적인 내용과 폭력적인 표현방식은 서로 상승작용을 일으켜 점점 고립됩니다.

도덕과 윤리의 보수성은 도덕과 윤리를 지탱하는 물질적 기초가 없어져도 계속 유지되는 특징을 보입니다. 봉건제가 붕괴한 지 오래되었어도 봉건주의 윤리는 여전히 남아 있습니다. 문제는 현대사회에 영향을 미치는 도덕과 윤리 중에는 억압적인 것도 있지만 사람들에게 좋은 삶을 호소하는 내용도 있다는 점입니다.

고대와 중세시대에도 선각자들은 인간의 본질을 탐구했고 뛰어난 통찰을 남겼습니다. 여전히 보편성을 갖는 통찰들이 도덕과 윤리에는 포함되어 있습니다. 인간의 본질에 대한 진지한 모색은 인본주의라는 전통을 남겨주었습니다. 도덕과 윤리에는 양면이 있습니다. 현대사회에서 도덕과 윤리는 여전히 사람과 공동체에 대한 탁월한 통찰을 줍니다. 이것 역시 도덕과 윤리를 둘러싼 혼동의 한 요소입니다.

5. 개인의 양심에서 출발하는 도덕과 윤리

도덕과 윤리의 세 번째 공통점은 그 출발점이 개인의 양심이라는 것입니다. 주관적이고 내밀하며 개인적인 성격을 가지고 있습니다. 도덕과 윤리는 경제, 과학, 정의, 종교보다 훨씬 개인적입니다.

저는 운전할 때 오늘 10대의 차량에 양보할 것을 결심하고 운전을 시작합니다. 이때 10대의 차량에 양보할 것인가 말 것인가를 결정하는 것은 나 자신입니다. 양보로 느끼는 양심의 편안함, 만족감 역시 나의 것입니다. 양보를 하지 않고 새치기를 당했다고 생각할 수도 있습니다. 새치기를 당했다면 분노가 발생할 것입니다. 이처럼 같은 현상을 보고 편안함을 느낄 것인가 아니면 분노를 느낄 것인가는 완전히 개인의 것입니다. 다른 사람의 것이 될 수 없습니다. 도덕과 윤리는 개인적이고 감정적이고 내밀한 것입니다.

경제와 과학은 객관적, 공개적입니다. 경제와 과학이 좋아하는 것은 단연 숫자입니다. 숫자는 누가 보아도 명백하고 혼동의 여지가 없는 언어입니다. 명백하고 혼동의 여지가 없다는 것은 언제 어디서든 통용될 수 있다는 것을 말합니다. 같은 조건에서 같은 행위를 하면 같은 결과가 나온다는 것을 보장합니다. 모든 사람이 접근할 수 있으므로 또 공개적입니다. 이에 비해 도덕과 윤리는 객관적이지 않고 공개되지 않습니다.

정의는 경제나 과학과 같은 하부구조가 아닙니다. 그런데도 현실에 존재합니다. 이를 유발 하라리는 상호주관적 실체라고 부릅니다(유발 하라리, 2017). 정의를 실현하기 위해서는 권력, 강제력이 있어야 합니다. 권력과 강제력은 법률과 법집행기구, 즉 제도로 나타납니다. 정의는 추상적이지만 법률과 법집행기구는 구체적이고 살아있는 것들입니다. 사회를 움직이는 상부 구조물이 가지고 있는 특징입니다. 과학과 경제만큼 객관적이지는 않지만, 구체적인 존재이고 과학적으로 탐구할 수 있고 또한 누구나 접근할 수 있을 정도로 공개적입니다. 이에 비해 도덕과 윤리는 대부분 제도화할 수 없습니다. 제도화할 수 있는 것들은 정의라는 틀로 바뀌어 제도화됩니다.

종교는 인간의 가장 내밀한 부분인 영적인 측면을 다룹니다. 그래서 가장 주관적이고 은밀하다고 생각됩니다. 하지만 여기에 머물면 종교가 되지 않습니다. 단순히 영적 생활에 머무릅니다. 종교는 영적 생활 이상입니다. 하나의 구조물, 상부 구조물입니다. 매우 세밀한 구조물이면서 거대한 구조물입니다. 가톨릭의 관료체제는 기독교가 세계종교로 되면서 세계를 지배하기 위해 고안된 치밀한 구조물입니다. 종교 역시 세상을 지배하기 위한 체제를 발전시켜 왔습니다. 종교 그 자체는 아니지만,

종교의 구조물은 객관적이고 공개적입니다. 과학적인 분석의 대상이 될 수 있습니다. 모든 가치는 구조물이 되는 순간 과학적 분석의 대상이 됩니다. 이에 비해 도덕과 윤리는 관료체제나 구조물과는 거리가 멉니다.

도덕과 윤리가 개인의 양심에 기초한다는 사실은 도덕과 윤리의 핵심 부분은 제도화할 수 없다는 것을 의미합니다. 도덕과 윤리 부분 중 사회 유지에 중요한 부분은 법률로 제도화됩니다. 개인의 양심의 문제는 법률로 제도화할 수 없습니다. 법률은 도덕과 윤리와 친하면서도 개인의 양심은 문제 삼지 않습니다.

그렇다고 도덕과 윤리가 법률, 제도와 무관한 것은 아닙니다. 도덕과 윤리는 제도의 내용, 구체적으로는 가치를 채웁니다. 도덕과 윤리라는 내용이 없다면 법률과 제도는 형식 논리만이 지배할 것입니다. 좋은 도덕과 윤리가 있어야 좋은 법률과 제도가 탄생합니다. 역으로 좋은 법률과 제도는 좋은 도덕과 윤리를 낳습니다. 법률은 사회생활의 기본 태도를 규정하여 좋은 도덕과 윤리가 나올 수 있는 토대를 제공합니다.

6. 도덕과 윤리의 미세한 차이

도덕과 윤리는 사실상 같습니다. 서양은 어원이 같으므로 말할 것도 없습니다. 동양은 표현은 다르지만, 개인이 공동체 내에서 다른 개인과 함께 불필요한 갈등과 마찰 없이 살아가는 데 필요한 여러 규칙 또는 마음가짐이라는 점에서 의미가 같습니다. 일상생활에서 거의 같은 뜻으로 사용합니다. 국어사전도 그런 의미에서 같은 의미로 설명하고 있습니다.

그런데도 도덕과 윤리는 조금 차이는 있어 보입니다. 오랫동안 언어로 사용되면서 내용이 조금 바뀌었기 때문입니다. 일반적으로 '사회의 규범'이라고 할 때는 '윤리'라는 표현을 많이 사용합니다. '도덕'은 윤리를 존중하는 '개개인의 심성 또는 덕행'을 가리킬 때 사용합니다(박찬구, 2015).

이처럼 미세하지만, 도덕과 윤리는 서로 다른 점이 있습니다. 윤리는 제도에 더 가까운 개념입니다. 이 때문에 사회를 운영하는 원리로써 법률 이외에 관습에 기초한 도리를 말할 때는 주로 윤리라는 용어를 사용합니다. 경제, 과학, 정치, 법률, 사랑, 자비, 영성 등 다른 사회 운영원리와 비교할 때에도 도덕이 아닌 윤리라는 용어를 사용합니다.

이에 비해 도덕은 개인의 양심에 더 치중합니다. 그만큼 도덕은 개인을 대상으로 구체적이고 특별한 상황에 적용됩니다. 윤리는 도덕보다 추상적이며 보편적이어서 전체를 대상으로 적용됩니다. 윤리가 법률만큼은 아니지만, 강제성이 있다는 점도 도덕과의 차이점 중의 하나입니다. 윤리의 보편성과 추상성은 윤리학이 성립할 수 있는 토대입니다. 마을과 지역, 국가와 민족을 뛰어넘는 원칙을 마련하려면 보편성, 추상성이 필수적입니다. 우리가 이야기하고 있는 사회 운영 원리로서 윤리 역시 보편성과 추상성을 가지고 있습니다.

추상성과 보편성이 강조되면 강조될수록 윤리는 정의에 가까워집니다. 양심, 내면, 심성, 덕행에서 멀어지고 외부의 행위를 강조하게 됩니다. 윤리와 정의가 가까워지는 것은 윤리의 제도적 특성에 비추어 보면 이해됩니다. 외부의 행위에 관심을 좀 더 가지기 때문입니다.

그런데 도덕은 정의와 가까워지면 곤란합니다. 왜냐하면, 인간의 양심, 내면, 심성을 정의가 강제하기 때문입니다. 사생활도 외부에서 강제합니다. 인간의 양심, 내면, 심성은 개인에게 속한 것으로서 다른 사람이 강제할 수 없는 부분입니다. 인간의 양심, 내면, 심성은 인간 존엄성의 출발점이고 개인주의의 뿌리, 인본주의의 출발점입니다. 이를 외부에서 강제하는 것은 일종의 폭력입니다.

인간의 양심, 내면, 심성은 뜬구름, 아지랑이, 물거품 같습니다. 나에게는 나의 것, 나, 자아라고 할 만한 것이 없습니다. 모든 것은 찰나 간에 생겼다가 없어질 뿐입니다. 나란 존재는 행위의 쌓임이고 그 쌓임이 계속 변하기 때문에 나는 변하지 않은 채로 있을 수 없습니다. 변화하는 존재를 실체라고 볼 수는 없습니다. 인간의 양심, 내면, 심성을 일종의 알고리즘으로 볼 수도 있습니다. 호르몬과 인간 신경망의 연결로 발생하는 허상이라고 볼 수도 있습니다. 이것은 현대 생명과학이 보는 인간의 본질입니나. 현대 생명과학의 관점이 삭막하기는 하지만 인간의 양심, 내면, 심성이 실체가 없고 항상 변한다는 것은 타당한 주장입니다.

그렇다고 인간의 양심, 내면, 심성을 외부에서 강제하는 것은 완전히 다른 이야기입니다. 외부에서 강제하는 것은 인간의 존엄성과 본질을 침해하는 폭력으로 허용될 수 없습니다. 정의는 의외로 폭력적인 측면이 있어 정의의 이름으로 공격할 때에는 잔인하기까지 합니다. 예를 들어 가해자에게 끝까지 반성과 사과를 요구하는 경우가 있습니다. 가해자가 재판을 받고 형벌을 다 받았어도 반성과 사과를 요구하는 경우가 있습니다. 이때 동원되는 가치가 바로 정의입니다. 하지만 가해자도 양심과 내면을 가지고 있으므로 형벌을 넘어 반성과 사과를 강요하는 것은 하나의 폭력입니다. 사회의 복귀를 막는 것은 정당한 형벌을 넘어서는 과도한 응징일 뿐입니다.

7. 가까우면서도 먼 정의와 도덕

정의의 내용을 풍성하게 만드는 핵심요소는 도덕과 윤리입니다. 정의는 도덕과 윤리가 함께 하지 않으면 너무 차갑고 또 잔인해질 수 있습니다. 정의가 인간적인 얼굴을 할 수 있는 것은 도덕과 윤리가 있기 때문입니다. 그러나 정의와 도덕이 너무 가까우면 좋지 않은 결과가 생길 수 있습니다.

구체적인 예를 통하여 도덕과 정의의 관계를 살펴봅시다. 현재 가장 논쟁적인 주제는 도덕과 성적 지향 문제일 것입니다. 성 혁명, 성 평등은 한국에서도 진행 중이며 성 평등은 뜨거운 주제입니다. 여성 차별주의에 저항하는 운동인 미투 운동도 활발하게 벌어지고 있습니다.

남성과 여성이 평등해야 한다는 사상은 지금은 당연하지만 불과 수십 년 전만 하더라도 공식적으로 인정받지 못한 불온한 사상이었습니다. 남녀차별이 사라지고 있기는 하지만 공식적, 비공식적으로 아직도 사회 곳곳에 많이 남아 있습니다.

여기에 더 어려운 문제가 부가됩니다. 성적 지향의 문제가 그것입니다.

지금은 제법 많은 사람이 성적 지향에 대해 자유롭게 생각합니다. 개인이 결정하거나 혹은 개인에게 속한 문제라고 봅니다. 개인의 프라이버시 혹은 내밀한 영역에 속하는 것으로 생각합니다. 남에게 간섭받아서도, 강요받아서도, 차별받아서도 안 된다고 생각합니다. 이론적 기초는 인간의 존엄과 평등입니다. 이런 생각이 아직 광범위한 것은 아니지만 조금씩 확대되고 있습니다.

하지만 불과 십여 년 전만 하더라도 공동체가 개인의 성적 지향을 결정했습니다. 지금도 그 경향이 많이 남아 있습니다. 그래서 성적 지향이 다른 게이나 레즈비언은 공동체에서 억압을 당했고 당하고 있습니다. 종교라는 이름으로, 결혼이라는 관습으로, 도덕이라는 가치로 성적 지향은 억압당합니다. 공동체가 개인의 성적 지향에 호의적인 무관심으로 대했거나 존중했다면 성소수자들은 자신의 정체성을 숨기지 않았을 것입니다. 그러나 공동체가 성적 지향이 다른 사람에게 보인 것은 호의적인 무관심이 아니라 공격적인 혐오 감정이었습니다.

개인의 성적 지향이 공동체에서 억압당한 것은 혐오에 기반한 공동체의 가치판단, 도덕이 작용했기 때문입니다. "개인의 성적 지향, 혹은 성해방은 대다수 사람의 행위와 다른 행위를 하는 것이다. 다른 행위는 자연스럽지 않고 기괴할 뿐이다. 기괴한 행위는 혐오를 불러일으킨다, 혐오를 불러일으키는 것은 도덕적으로 잘못된 것이다, 도덕적으로 잘못된 것은 금지되어야 한다, 금지하려면 강제성이 있는 법률이 있어야 한다, 건전한 성도덕은 따로 있다, 건전한 성도덕을 정의라고 무장시켜 성적 지향의 자유화를 막아야 한다."고 생각합니다. 여기에서 도덕은 가치판단, 정의라는 틀을 통해 개인의 성적 지향, 성 해방을 억압하는 도구로 등장합니다.

성 해방 주장은 매우 매력적이고 강한 설득력을 지니고 있습니다. 하지만 도덕과 마찰을 일으키는 단점이 있습니다. 이 때문에 아직 성의 해방이 사회에서 전면적으로 받아들여지지 않고 있습니다. 성 해방과 성 문란은 직관적으로 가깝게 느껴집니다. 성의 문란은 곧 혐오의 감정으로 발전합니다. 전통적인 성도덕에는 성 해방과 성 문란에 대한 혐오 감정이 포함되어 있습니다.

공동체의 성에 대한 관념이 도덕에 기초한다는 것은 법률의 음란성 개념에서 잘 드러납니다. 법률의 음란성 개념은 도덕이 법률에 개입하는 대표적인 사례인데 여기에는 도덕과 감정의 문제가 표현되어 있습니다. 음란성에 대한 법률상 정의는 "보통사람의 정상적인 성적 수치심과 선량한 성적 도의관념을 현저하게 침해하는데 객관적으로 적합한 것"(한상훈 · 안성조, 2018) 또는 "사회 통념상 일반 보통사람의 성욕을 자극하여 성적 흥분을 유발하고 정상적인 성적 수치심을 해하여 성적 도의관념에 반하는 것"(대법원 2008.3.13. 선고 2006도3558 판결)이라고 규정됩니다.

성범죄의 규정은 다른 범죄와 다릅니다. 침해를 당한 것은 개인의 구체적인 법률상의 이익(범죄로는 살인, 상해, 절도 등)이나 안전(범죄로는 방화, 업무방해 등)이 아니라 공동체의 성적 도의관념입니다. 도덕이라는 용어를 사용하고 있고 그 도덕의 뿌리가 성적 수치심이라는 감정임을 솔직하게 인정하고 있습니다. 성적 수치심은 달리 말하면 혐오의 감정입니다.

어떤 행위가 타인의 감정을 침해했다고 범죄가 된다는 것은 이상한 논리입니다. 보통 내가 하는 많은 행위가 타인의 감정을 침해하기 때문입니다. 감정을 침해당한 사람의 수가 많다고 범죄가 되는 것도 아닙니다. 공개 토론에서 수많은 사람이 보고 있는 가운데 상대방을 공격하면 공격받는 상대방은 물론 상대방에 동조하는 수많은 사람의 감정은 상처를 받습니다. 그러나 이는 범죄가 되지 않습니다. 단순한 감정 침해만으로는 범죄가 될 수 없습니다. 범죄가 되려면 구체적으로 법률상의 이익 또는 안전이 침해되어야 합니다. 형법이 보호하는 것은 법적으로 보호할 필요가 있는 이익, 즉 법익입니다. 추상적인 도덕관념, 감정을 침해하는 것만으로는 범죄가 될 수는 없습니다.

그런데 음란성을 기반으로 한 성범죄에는 구체적인 법률상의 이익 침해라는 조건이 필요 없습니다. 감정침해, 즉 혐오만으로도 범죄가 됩니다. 이러한 범죄개념은 매우 위험한 범죄개념입니다. 범죄가 무한 확대될 위험이 있기 때문입니다. 원칙적으로 형법은 감정침해를 다루지 않습니다. 감정은 사람의 안전이나 이익이 침해되면 발생하는 부산물이기 때문입니다. 공개 토론 과정에서 불편함 또는 혐오라는 감정이 발생할 수 있습니다. 하지만 사람의 안전이나 이익에 대한 침해는 없습니다. 이때 만일 감정의 침해를 범죄라고 규정한다면 사람의 안전이나 이익에 대한 침해 없는 행위를 범죄라고 규정하게 됩니다.

음란성에 근거한 성범죄에 대해서는 많은 비판이 있습니다. 감정에 대한 처벌이 아닌가 하는 의문입니다. 실제로 간통의 경우 이유는 다르지만 위헌결정을 받아 범죄가 아니게 되었습니다.

음란성 개념과 음란범죄 개념이 가능한 것은 도덕이라는 이름의 전통과 역사 때문입니다. 물론 강간과 강제추행은 상대방의 의사를 제압하는 폭행과 협박이 개입되고 결정적으로 성적 자기 결정권을 침해하는 것이기 때문에 범죄임이 틀림없습니다. 직장 내 성희롱 역시 불법행위입니다. 지금의 논의는 음란성과 관련된 범죄에 한정한 논의입니다.

음란성이라는 법적 개념은 성적 도의관념이라는 전통과 감정을 강화, 확산시킵니다. 음란성 개념은 감정을 포함하고 있는데 이 감정은 기본적으로 혐오라는 관념에 기초합니다. 혐오 개념은 개인의 독특한 성적 취향, 성적 행위, 성적 감정을 비정상적이라고 보고 이를 차별합니다.

성을 도덕에 따라 판단하면 성에 관한 옳고 그름의 문제를 일부 사람들이 독점하는 현상을 낳습니다. 도덕의 문제이기 때문에 도덕적으로 문제없는 사람들이 도덕에 관한 문제를 결정해야 한다는 논리가 자연히 나타납니다. 이렇게 되면 성은 해방되지 않습니다.

성에 대한 독점은 오히려 처벌과 혐오, 수치심 등의 감정을 확대합니다. 혐오와 수치심 등의 감정이 확대되어야 성에 대한 독점적인 권리를 유지할 수 있습니다.

국가 또는 특정 계급, 특정인들이 도덕이라는 이름으로 정의와 공정을 지배하면 도덕의 바깥에 있거나 도덕에 관심이 없는 계층은 최하위 계층으로 전락하게 됩니다. 기존의 도덕을 강요하므로 기존 도덕의 관점에서 비도덕적으로 살아왔다고 규정된 계층은 차별받을 수밖에 없습니다. 이들은 목소리를 낼 수도 없습니다. 서양 중세 때 숲속에 살던 여자들이 여기에 해당합니다. 사회에서 소외되었던 이들은 마녀로 취급되어 사냥의 대상이 되어버렸습니다.

도덕을 추구하면서 우리는 좋은 사회, 정의사회를 이야기합니다. 하지만 최소한 성에 관한 한 성적인 문제로 억압을 받아온 사람들의 성을 계속 억압하는 결과를 낳을 수 있습니다. 성의 해방을 이야기하면서 오히려 가장 취약한 성소수자를 소외시키고 탄압하는 구조를 온존하고 강화하는 역설적인 결과가 생깁니다.

정의와 공정은 객관적인 제도이므로 인간의 양심, 내면, 심성, 덕성을 중시하는 도덕과는 차이가 있습니다. 도덕이 개입하면 정의와 공정이 왜곡될 수 있습니다. 도덕은 정의와 공정에 내용을 제공하고 더 개입하지 않아야 합니다. 만일 도덕이 지나치게 개입하면 도덕의 힘으로 정의와 공정에 변형을 가합니다. 이때 발생하는 변형에는 자유를 억압하는 경향이 있습니다. 정의와 공정에 개입할 수 있는 가치는 오로지 인간의 존엄성과 평등일 뿐, 다른 것은 개입하지 않는 것이 좋습니다.

도덕에는 정의도 포함되어 있지만, 공동체가 오랫동안 쌓아온 전통과 관습도 포함되어 있습니다. 도덕은 전통, 관습에 근거하기 때문에, 공동체를 우선하고 개인을 억압하는 성격이 있습니다. 도덕을 강조하여 좋은 삶, 높은 수준의 삶을 추구하려고 하지만 결과는 오히려 인간의 평범한 삶을 간섭하고 억압하는 구조가 됩니다.

도덕을 앞세우면 첫째, 정의와 공정의 내용을 폐쇄적으로 만들고 둘째, 특정 계급이 정의와 공정을 독점하고, 셋째, 결과적으로 개인의 자유를 침해하는 결과를 낳을 가능성이 있습니다. 다원화 사회에서 도덕을 바탕으로 정의와 공정의 내용을 구상할 수는 없습니다.

CHAPTER 2

윤리의 다양한 얼굴들

1. 윤리의 자연스러움

윤리는 외부의 행위를 기준으로 하지만 느낌, 연민, 양심, 자비, 가치 등 내면의 생각이 바탕이 됩니다. 윤리는 내면의 성숙을 지향합니다. 착하고 친절하고 마음 약한 사람들이 행복하게 살기 위해서는 내면적인 성찰이 필요합니다. 겉으로 드러난 행위도 중요하지만, 행위를 아름답게 만드는 것은 내면의 모습입니다. 내면의 성찰이 없다면 행위의 아름다움은 정확하게 평가할 수 없습니다. 윤리는 외부 행위에서 시작하지만, 인간의 내부를 지향합니다.

내면으로 향하는 윤리는 마음, 느낌을 중시합니다. 윤리가 중시하는 마음에는 상대방의 아픔에 대한 슬픔, 연민, 동정, 자비심 등이 있습니다. 착하고 친절하고 마음 약한 사람들이 다른 사람을 만날 때 처음으로 느끼는 마음입니다. 윤리의 출발점으로 삼기에 이보다 더 적절한 마음은 없습니다. 슬픔, 연민, 동정, 자비심 등은 매우 자연스러운 마음입니다. 어머니가 아기에게 가지는 마음, 부모가 자식에게 가지는 마음이 여기에 해당합니다. 윤리의 출발점이 마음이므로 윤리는 인간에게 극히 자연스러운 것입니다. 이 점은 특히 동양사상에서 잘 드러납니다.

맹자가 측은지심이라고 불렀던 것은 바로 이 마음을 말하는 것으로 생각됩니다. 맹자는 사단으로 측은지심을 들고 이를 인仁의 출발점으로 삼았습니다. 측은지심의 예로 들었던 사례는 너무나 유명한 '우물에 빠질 것 같은 어린이'의 비유입니다.

> 만약 지금 어떤 사람이 문득 한 어린아이가 우물 속으로 빠지게 되는 것을 보게 된다면 누구나 깜짝 놀라며 측은하게 여기는 마음을 가지게 된다. 그렇게 되는 것은 어린아이의 부모와 교분을 맺기 위해서가 아니고 마을 사람과 친구들로부터 어린아이를 구했다는 칭찬을 듣기 위해서도 아니며 어린아이의 울부짖는 소리가 싫어서 그렇게 한 것도 아니다. 이것을 통하여 볼 때 측은하게 여기는 마음이 없다면 사람이 아니고 부끄러워하는 마음이 없다면 사람이 아니며 사양하는 마음이 없다면 사람이 아니고 옳고 그름을 판단하는 마음이 없다면 사람이 아니다. 측은하게 여기는 마음은 인仁의 단서이고 부끄러워하는 마음은 의義의 단서이며, 사양하는 마음은 예禮의 단서이고 시비를 가리는 마음은 지智의 단서이다(맹자, 공손추 상, 2011).

맹자가 말하는 우물에 빠지는 어린아이 사례에서 보듯이 윤리의 출발점은 바로 사람이 자연스럽게 가지는 마음, 느낌입니다. 윤리란 이처럼 자연스러운 것입니다. 그렇지만 윤리는 마음에만 머무르지 않습니다. 마음은 개인의 것일 뿐, 윤리가 될 수 없습니다. 개인의 차이를 뛰어넘고 공동체의 규범으로 되려면 더 높은 차원으로 발전해야 합니다.

맹자도 마음은 단서일 뿐 더 높은 차원으로 발전해야 한다고 강조하고 있습니다. 마음은 불안정하고 순식간에 생겨났다 사라지는 물거품과 같기 때문입니다. 윤리가 사회의 규범으로 작용하려면 최소한 안정되어야 하고 안정되려면 개인의 차원을 뛰어넘어 집단의 논리가 되어야 합니다. 윤리는 측은하게 느끼는 슬픔, 연민, 동정, 자비의 마음을 뛰어넘어 질서와 가치를 지향하고 나아가 내적 완성도 추구합니다. 특히 사회공동체의 질서를 통하여 착하고 친절하고 마음 약한 사람들이 편하게 살 수 있는 길을 모색합니다. 사회의 규범으로 도약하고자 합니다. 개인의 내면에도 영향을 미쳐 착하고 친절하게 사는 것이 결코 나쁜 삶이 아니라 좋은 삶이라고 알려줍니다.

마음을 출발점으로 하는 윤리는 가족 단위, 마을 단위까지는 영향력이 있습니다. 이 단위까지는 감정을 생생하게 공유할 수 있습니다. 그 너머의 단위가 되면 감정을 생생하게 공유하기 힘듭니다. 기업, 지역, 민족, 국가 단위는 체험에 근거한 감정을 공유할 수 없습니다. 이때에는 기업, 지역, 민족, 국가 단위의 체험을 허구라도 만들어야 합니다. 새로운 감정을 불러일으켜야 합니다. 그리고 인류는 최소한 지역, 민족, 국가 단위의 감정을 불러일으키는 데 성공했습니다. 지역주의, 민족주의, 국가

주의를 탄생시켰고 엄청난 충성심을 불러일으켰습니다. 지역, 민족, 국가를 위해 죽음을 불사하는 사람들이 나올 정도입니다. 그러나 이들 조직은 감정을 공유하는 개인에게 보상을 주지 않습니다. 일방적인 짝사랑에 가깝습니다.

기업과 개인의 관계는 감정을 공유하지 않는 관계의 실상을 가장 잘 보여줍니다. 노동자는 기업에서 가장 많은 시간을 보내고 직장 동료와 가족보다 더 많은 것을 공유해도 쉽게 감정적으로 동화되지 않습니다. 기업은 너무 이익 지향, 목적 지향, 임시적인 조직입니다. 이 한계를 정확히 아는 것이 중요합니다. 기업, 직장은 어디까지나 임시적인 조직이므로 서로의 필요가 다했을 때는 깨끗하게 헤어지는 것이 좋습니다. 관계를 맺고 있을 동안에는 서로 정성을 다하여 자신의 의무를 다해야 합니다. 그러나 집착해서는 안됩니다. 인연이 다해 관계가 끝나면 깨끗하게 정리하는 것이 필요합니다. 깨끗하게 헤어지지 않고 오히려 가족과 같은 보살핌을 요구하는 것은 서로에 대한 과도한 요구입니다.

윤리는 보편적 가치를 가져야 합니다. 마음이란 매우 개인적이므로 이를 경험하지 못한 다른 사람은 설득할 수 없습니다. 세월호 사건을 겪은 한국인들에게 세월호라는 말이 주는 감정적 충격은 다른 나라 사람들은 알 수 없습니다. 마음을 출발점으로 하는 윤리는 보편적 가치를 가져야 사회규범의 역할을 합니다. 최소한 자비와 사랑이라는 보다 크고 넓고 보편적인 가치가 필요하며 나아가 영적인 성숙도 필요합니다. 맹자는 측은지심을 바탕으로 '인', 수오지심을 바탕으로 '의', 사양지심을 바탕으로 '예', 시비지심을 바탕으로 '지'라는 사단을 이론화했습니다.

마음을 바탕으로 한 보편적 가치의 정식화입니다.

윤리는 마음과 깊은 관계가 있으므로 정의나 공정보다 사람에게 훨씬 가깝습니다. 윤리는 문제가 생기지 않도록 개인과 개인, 개인과 사회, 사회와 사회를 조절하려고 합니다. 무엇보다도 착하고 친절하고 마음 약한 사람들이 잘 살 방법을 고민합니다. 발생한 문제를 공정하게 해결하는 것보다 문제가 생겨나지 않도록 하는 것이 훨씬 좋은 것은 말할 것도 없습니다.

정의와 공정은 이미 발생했거나 발생할 수 있는 문제를 해결하기 위한 기준을 마련하고 이를 힘으로 관철한다는 이미지가 있습니다. 문제의 발생은 피할 수 없는 것이라고 봅니다. 정의와 공정은 인간의 DNA에 포함된 진화의 결과이기는 하지만 매우 많은 논의를 거쳐야 하고 합의에 도달하기도 쉽지 않습니다. 모두는 아니지만, 대다수가 합의해야 하고 대다수가 신뢰해야 하고 최종적으로 문제를 해결해야 하는 등 여러 조건을 충족시켜야 합니다. 하지만 윤리는 마음에 의지하고 자연스러움에 의존하기 때문에 쉽게 수용할 수 있는 장점이 있습니다. 윤리의 자연스러움. 이것은 윤리가 가지고 있는 가장 큰 장점입니다.

2. 1단계 – 법률 준수, 범죄행위 금지

윤리는 생각하면 생각할수록 참으로 다양합니다. 윤리를 한마디로 정의하기는 쉽지 않으니 다양하게 접근할 필요가 있습니다. 윤리의 여러 모습, 단계를 통하여 윤리의 본질을 접근해 봅시다. 단계라고 하여 낮은 단계에서 높은 단계로 일방통행식으로 발전하는 것은 아닙니다. 보통한 사물이 일상생활과 가까울 때 낮은 단계라고 부릅니다. 단계라는 말이 어색하다면 윤리의 여러 얼굴이라고 이해해도 좋겠습니다.

윤리의 첫 번째 단계는 법률을 준수하는 것입니다. 법률 준수 중에서 중요한 것은 범죄를 저지르지 않는 것입니다. 윤리의 가장 기초 단계이고 출발점입니다. 윤리는 사회의 규범, 즉 공동체에서 생활하는데 필요한 기준이므로 그 출발점은 남에게 피해를 끼치지 않는 것입니다.

법률 준수, 범죄행위 금지가 윤리의 중요 덕목이라고 하기에는 뭔가 부족해 보입니다. 너무 단순하고 명백합니다. 별다른 감동도 없습니다. 그러나 갈수록 중요해지고 있습니다. 이것만이라도 지키면 윤리적인 사회가 될 정도로 심각한 덕목이 되어버렸습니다. 사회에 반윤리적 범죄가 창궐하고 법률을 우습게 보는 풍조가 만연해졌기 때문입니다.

혼란스러운 세상에서 당장 문제를 일으키는 것은 외부로 표현되는 행위이지 내부의 양심이 아닙니다. 착하고 친절하고 마음 약한 사람들이 안심하고 살아가는데 당장 필요한 것은 인간 내부의 양심이 아니라 다른 사람들의 행동, 타인의 이익과 복지를 침해하지 않는 행동입니다.

현대의 범죄가 개인의 이익과 복지에 회복 불가능한 피해를 준다는 사실은 법률 준수의 중요성을 강조하는 첫 번째 요소입니다. 현대사회의 특징 중 초연결성이 있습니다. 이것은 개인이 자신의 이익과 복지를 타인에게 더 많이 의존한다는 것을 말합니다. 현대인은 과거보다 외부에 더 많이 의존합니다. 풍요롭지만 그 풍요로움은 다른 사람에게서 오는 것입니다.

한편 개인주의 사회에서 피해는 온전히 개인이 극복해야 합니다. 가족은 도움이 되지만 가족에게만 의존할 수는 없습니다.

국가가 범죄피해자에게 물적인 도움을 줄 수는 있습니다. 사회가 성금을 모아 줄 수도 있습니다. 그러나 이런 경우는 극히 예외적입니다. 범죄로 인한 재산상 손실, 정신적 고통, 사회적 고립 등 모든 피해를 자신이 직접 극복해야 합니다. 대부분의 개인은 이런 경험이 없을 뿐 아니라 동원할 수 있는 자원도 없습니다. 가족의 도움을 받아야 하는데 가족은 이미 붕괴해 버린 지 오래입니다.

현대의 개인은 과거의 개인보다 훨씬 풍요롭지만, 현실의 어려움을 극복하는 능력은 훨씬 떨어집니다. 의존성이 높기 때문입니다. 최근 범죄피해자들의 목소리가 경향적으로 높아지는 것은 피해가 막심한 데다 피해회복의 방법을 모르고 피해회복도 되지 않기 때문입니다. 현대의 개인은 주체적이고 자립적인 것 같지만 실제로는 괴로움과 슬픔을 제대로 해결하지 못할 정도로 주체적이지 못합니다. 현대사회에서 범죄로 인한 피해는 개인이 극복하기 힘들 정도로 심각합니다. 법률 준수, 범죄행위 금지는 그에 비례하여 중요해집니다.

현대사회에서 법률 준수, 범죄행위 금지 윤리가 중요해지는 두 번째 이유는 새로운 행위자가 등장했기 때문입니다. 현대 윤리는 개인의 차원을 넘어 기업, 단체 등의 조직윤리로 확대되고 있습니다. 윤리가 확대되고 있다는 것은 윤리로 통제해야 할 대상이 증가했다는 것을 말합니다. 사회를 움직이는 중요한 행위자로 기업, 단체, 국가가 등장한 것입니다.

기업 등 조직은 두 가지 측면에서 개인과 다릅니다. 첫째, 기업 등 조직은 공동체와 개인에게 엄청나게 큰 영향을 미칩니다. 기업 등 조직은 개인에 비해 수많은 사람과 관계를 맺고 이들에게 결정적인 영향을 미칩니다. 기업 등 조직이 크면 클수록 그 영향력은 막대합니다. 최근 수많은 사람에게 치명적인 영향을 미친 가습기 사태, 라돈 침대 사태를 생각해보면 기업이 얼마나 많은 사람에게 얼마나 큰 영향을 미치는지 알 수 있습니다. 기업이 만든 제품으로 수많은 사람이 생명을 잃거나 생명의 위협을 받았습니다.

정보를 다루는 기업이 정보를 유출한다면 피해자가 수백만 명이 됩니다. 기업이 폐수나 방사능을 흘려보내거나 환경을 파괴하는 제품을 생산하면 그 영향은 국경을 넘고 시간도 뛰어넘습니다. 그 고통은 육체적 고통에 머무르지 않고 정신적, 심리적 고통에까지 이릅니다. 기업 등 조직의 비윤리적 행위, 즉 법률 미준수와 범죄행위는 수많은 사람의 생명과 안전을 위협합니다. 법률만 준수해도 기업은 기업윤리의 절반 이상을 한 것과 같다고 할 수 있습니다.

둘째, 기업 등 조직은 개인과 달리 생존이 본질적이고 유일한 목적이므로 생존을 위해서는 무엇이든 하려는 속성을 가지고 있습니다. 기업이 생존을 위하여 할 수 있는 행위에는 당연히 윤리를 무시하는 행위, 범죄행위도 포함됩니다.

조직 자체는 윤리와 관련이 없습니다. 최근 한국에서 벌어진 국정농단 사태나 검찰의 행태를 살펴봅시다. 국정농단 사태에서 대통령은 비윤리적인 행위를 했고 청와대 직원들은 이를 뒷받침했습니다. 그렇지만 청와대 자체가 비윤리적인 것은 아니었습니다. 비윤리적인 인물들이 청와대를 구성하고 있었습니다.

검찰은 조직의 운명을 걸고 검찰개혁에 저항했습니다. 검찰의 저항 중 대표적인 사례는 검사들의 노무현 대통령에 대한 모멸적이고 잔혹한 수사였습니다. 범죄를 저지르거나 비윤리적인 행위를 한 청와대 비서관과 검사들을 단죄할 수는 있지만, 청와대와 검찰 자체를 없앨 수는 없습니다. 청와대와 검찰을 없앨 것인가 아니면 개혁할 것인가는 윤리와 관련 없는 정부조직개혁의 논리에 따라 이루어집니다. 조직과 윤리는 별개입니다.

조직은 생존을 목적으로 할 뿐 윤리와 무관하므로 비윤리적인 목적에 동원될 수 있습니다. 비윤리적인 검사들이 윤리와 무관한 검찰조직을 동원해 노무현 대통령을 수사한 것처럼 말입니다. 그 대신 조직은 조직의 구성원이 비윤리적인 행위를 할 수 있는 충분한 명분을 제공해 줄 수 있습니다. 조직의 생존이라는 명분을 줍니다. 그래서 조직의 개혁이 필요합니다. 조직이 좋은 방향으로 개혁되면 구성원들이 윤리적으로 행동할 가능성이 높아집니다.

조직은 생존이 최우선이기 때문에 구성원의 반윤리적 행위를 용인하거나 부추길 가능성이 큽니다. 기업, 조직과 같은 새로운 행위자의 등장으로 법률 준수, 범죄행위 금지 윤리가 점점 더 중요해지고 있습니다.

현대사회에서 법률 준수, 범죄행위 금지가 더 중요해지는 세 번째 이유는 부패 때문입니다. 부패는 반칙과 특권을 낳고 공정성을 파괴합니다. 기회의 평등, 과정의 공정은 부패로 위기에 처합니다. 기회의 평등, 과정의 공정이 사라지면 사회적 신뢰 역시 없어집니다. 공정한 경쟁, 공정한 판정, 공정한 해결 절차가 보장되지 않는데 어떻게 다른 사람을 믿을 수 있겠습니까.

부패는 범죄행위입니다. 법률위반 행위이며 윤리의 가장 초보적인 단계를 지키지 않는 것입니다. 부패는 그 자체로 문제이며 추방되어야 합니다. 그렇다고 일상생활에서 서로 우호적인 관계에서 주고받는 예의를 부패라고 예민하게 보고 흥분할 필요는 없습니다. 이런 우호적인 관계는 인간 생활을 부드럽게 만드는 윤활유 같은 역할을 합니다. 법적으로도 이런 관계는 허용됩니다. 친구 사이의 사소한 음식 대접이나 주례 선생에 대해 비싸지 않은 답례는 문화의 일부이기도 합니다.

개인 차원의 탈세나 청탁, 급행료 지급이나 편의 제공 등은 과거에도 있었고 지금도 있으며 앞으로도 완전히 없애기 어렵습니다. 이들 부패에 대해서는 이미 충분한 대책이 수립되어 있습니다. 문제 될 만한 행위는 법률로 빠짐없이 처벌하고 있습니다. 수사체계도 오랫동안 정비, 발전되어 왔습니다. 처벌도 일관성 있게 이루어져 왔습니다. 이들 부패에 대해서는 지금처럼 대처하면 충분합니다.

문제는 권력을 이용한 부패입니다. 정경유착, 권력형 비리는 국가의 부, 시민의 재산을 특정 개인, 기득권자에게 몰아주어 불평등을 심화시키고 공정성을 파괴합니다. 국가를 위기로 몰아넣습니다.

지금 사회와 국가를 위협하는 권력형 비리, 엘리트 카르텔 부패는 대규모라는 점에서, 기득권 세력들의 부패라는 점에서 다른 부패와 다릅니다. 개인 차원의 탈세나 청탁 등 부패와는 구조가 다릅니다. 수많은 사람이 조직의 형태로 개입되어 있습니다. 현재의 조직을 활용하기도 하고 필요하다면 조직을 만들기도 합니다. 대규모이고 조직적이며 효율적입니다.

현대사회의 엘리트 카르텔 부패는 윤리보다 더 적극적인 법적 대응이 필요합니다. 법적 대응이란 국가적인 반부패정책 마련, 신종 부패에 대한 과학적 분석, 부패행위의 범죄화와 형벌의 상향, 새로운 수사기구 도입, 새로운 재판 절차 마련, 새로운 양형기준 등을 포함합니다. 특히 국가적인 반부패정책이 필요합니다. 이에 부응하는 조직이 국가청렴위원회와 이에 속한 고위공직자범죄수사처입니다. 신종 부패에 대한 대응에 국가 역량을 투입하는 것은 세계적인 현상입니다.

엘리트 카르텔 부패에 대한 법적 대응과 함께 윤리 역시 필요합니다. 엘리트 카르텔에게 윤리는 별로 설득력이 없지만 윤리를 포기할 이유는 없습니다. 이들도 좋은 삶, 윤리적인 삶을 사는 것이 좋다는 것은 잘 알고 있습니다. 이들이 윤리적으로 좋은 삶을 살면 부패가 줄어들 가능성이 있습니다. 무엇보다도 법적 대응은 윤리에 기반할 때 강한 정당성을 가지고 상대를 설득할 수 있습니다.

윤리의 가장 낮은 단계인 법률 준수, 구체적으로 규칙의 준수는 특히 전문가 윤리에서 잘 드러납니다. 전문가 윤리란 종교인 윤리, 법조인 윤리, 의료인 윤리 등을 말합니다. 전문가 윤리는 여러 특징이 있으나 그 중 두드러지는 점이 바로 자율성입니다. 전문가들은 해당 분야의 전문성을 바탕으로 자신들의 행위를 규율하는 윤리 규칙을 자율적으로 정할 수 있고 자율적으로 정해진 윤리 규칙을 지키면 충분하다는 것이 자율성의 원리입니다. 전문가의 자율성 주장은 종교인, 법조인, 의료인을 넘어서서 교육자, 과학자, 엔지니어, 기술자 등으로 확대되고 있습니다.

종교인, 법조인, 의료인의 자율성 윤리를 살펴보면 윤리의 현 단계를 더 쉽게 이해할 수 있습니다. 전문가 윤리의 가장 큰 특징은 개별적으로는 반윤리적인데 전체적으로는 윤리적인 경우가 발생한다는 점입니다. 변호사는 의뢰인의 비밀을 지켜야 할 의무가 있습니다. 그래야 의뢰인이 자신이 가진 모든 정보를 변호사에게 제공하여 정확한 법률 조언을 들을 수 있습니다. 사법절차를 지탱하는 큰 원칙 중의 하나입니다.

전문가 윤리는 규칙을 강조합니다. 의료윤리에도 비슷한 사례가 많이 있습니다. 인공호흡기는 하나밖에 없는데 두 명의 위급한 환자가 응급실로 왔습니다. 한 명은 노인이고 한 명은 어린이일 때 어떻게 해야 하나요? 암이 발견되었는데 이를 환자에게 직접 전달하는 것이 바람직할까요, 가족에게만 알리는 것이 바람직할까요?

종교인도 같습니다. 종교인이 고해성사를 받았는데 그 내용이 흉악한 범죄에 관한 것이거나 전염병에 대한 것이면 이를 경찰이나 보건당국에 연락해야 할까요? 어떤 선택을 하더라도 비난은 있습니다. 이때 구제해 주는 것이 바로 규칙입니다. 여기의 규칙은 물론 최저한의 규칙입니다. 이 규칙을 지키면 비난을 받지 않도록 해 줍니다. 그렇지만 최선의 결과는 아닙니다. 최상의 결과는 다시 논의해 보아야 합니다.

규칙이 강조되는 이유는 당장 사법제도, 의료제도, 종교제도가 무너지지 않고 제대로 운용되어야 하기 때문입니다. 규칙 만능주의인 것 같습니다만 그래도 규칙은 없는 것보다는 있는 것이 좋습니다.

3. 2단계 – 예의, 공손, 품위

윤리의 두 번째 단계 혹은 두 번째 얼굴은 예의, 공손, 품위입니다. 예의, 공손, 품위는 다른 사람과 접촉할 때의 태도입니다.

예의가 있을 때 사람들의 관계는 훨씬 부드러워지고 세상은 잘 돌아갑니다. 사회는 사람들이 서로에게 정중하고 도움을 주고자 할 때, 안전과 예의범절, 공정한 경기 규칙, 상호성에 관한 길고 긴 암묵적 원칙 목록을 따를 때 잘 돌아갑니다(누스바움, 2016). 누스바움이 말하는 암묵적 원칙 목록의 첫 번째가 바로 예의, 공손, 품위입니다.

만일 예의, 공손, 품위가 없다면 서로 만날 때마다 충돌이 발생합니다. 거친 말이 오고 가기 때문입니다. 본심을 순간순간 다 드러내 보이는 것보다 위험한 일은 없을 것입니다. 만날 때마다 충돌과 다툼이 발생하면 그 충돌과 다툼을 해결하느라고 에너지를 다 써버립니다. 이런 상태에서는 신뢰가 생겨날 수 없습니다. 상대방이 공격적이면 서로 거래를 하거나 대화를 할 만한 평화적인 분위기, 신뢰가 생길 수 없습니다. 물론 자신이 공격적인 경우도 같습니다.

예의, 공손, 품위는 역사가 시작되면서 강조되어온 태도입니다. 사람들이 모여 살면 당연히 요청되는 기본 태도입니다. 그런데 최근 놀랍게도 이 당연한 덕목이 위험에 처해있습니다. 사회 갈등은 심해졌고 표현은 독해졌습니다. 특히 정보통신혁명으로 등장한 익명의 댓글들은 노골적이고 자극적이며 파괴적입니다. 마치 사람의 마음을 아프게 하려고 치열하게 노력하는 것이 아닌지, 각고의 노력으로 새로운 욕을 만들고 있는 것이 아닌지 의심스러울 정도입니다.

사회적 갈등이 심해지면 예의, 공손, 품위는 사라집니다. 갈등이 심해지면 문제를 문제로 보지 않고 문제의 배후에 있는 사람을 문제와 동일시합니다. 문제가 자신에게 고통을 주면 줄수록 문제의 배후에 있는 사람들을 악마화합니다. 문제와 사람을 구분해야 문제는 해결하고 사람에게 존엄성을 보장할 수 있습니다. 그렇지만 이 과정은 그리 쉽지 않습니다. 논리적으로나 감정적으로나. 그래서 가장 손쉬운 해결방법을 찾아 문제를 일으킨 사람을 없애려고 합니다. 사람이 없어지면 문제도 없어진다고 생각합니다. 그래야만 자신이 당하는 고통, 지위 격하를 해소할 수 있다고 생각합니다. 하지만 실제로는 그렇지 않습니다.

혐오범죄를 예를 들어 살펴봅시다. 혐오범죄로 피해가 발생했다면 혐오범죄를 없애거나 줄이는 방법을 찾아야 합니다. 이를 위해서는 혐오범죄가 발생하는 사회적 조건, 환경, 분위기를 우선 고쳐야 합니다. 혐오범죄에 대한 경각심을 높이는 교육도 필요합니다. 수사 및 재판 절차도 새롭게 고쳐야 하고 형벌도 그 특성에 맞게 고쳐야 합니다. 이런 식으로 생각하는 것이 순리입니다.

그런데 대뜸 혐오범죄를 저지른 범죄자를 강하게 처벌해야 한다고 주장하는 사람이 있습니다. 하나의 방법이기는 하지만 문제에 대한 올바른 해답은 아닙니다. 지금 혐오범죄를 저지른 사람을 사회에서 격리한다고 하여 혐오범죄가 줄어들까요? 혐오범죄자를 양산하는 사회적 조건, 환경, 분위기를 그대로 둔 채 혐오범죄가 줄어들기를 바라는 것은 마치 성황당에 맑은 우물물을 떠놓고 우리 아들 출세시켜달라고 비는 것과 같이 비과학적인 태도입니다.

범죄와 범죄인은 엄밀히 구분되고 실제로 구분해야 합니다. 그러나 현실에서는 감정이 앞서기 때문에 범죄와 범죄인을 구분하지 않습니다. 범죄가 발생하면 범죄인에 대한 엄벌을 주장하는 목소리가 높아집니다. 복수의 감정이 흘러넘치고 상대방의 지위 격하, 괴롭히기가 속 시원한 대책처럼 보입니다. 차분하게 생각해보면 범죄자를 완전히 제거한다고 해서 자신의 고통은 줄어들지 않습니다. 피해자가 살아 돌아오지도 않고 희생자가 회복되는 것도 아니고 복수심이 사라지는 것도 아닙니다. 이것은 혐오범죄에 대한 과학적인 대책이 아닙니다. 직접적인 피해자는 이런 감정에 빠지기 쉽습니다. 나름의 정당성이 있습니다. 물론 복수심을 갖지 않는 것이 최상입니다만 복수심을 버리는 것은 쉬운 일이 아닙니다. 그런데 자칭 전문가나 정치인들이 나서서 복수를 주장하는 것은 지나친 일입니다. 전문가들은 오히려 피해자가 복수의 감정에서 빨리 벗어날 수 있도록 도와주어야 합니다.

갈등과 사회적 태도의 관계, 즉 갈등이 높아지면 사회적 태도인 예의, 공손, 품위가 사라지는 현실을 가장 잘 보여주는 사례는 한국의 정치일 것입니다. 정치는 투쟁과 타협이라는 이중의 속성을 가지고 있습니다.

정치의 이중적 속성은 정치의 특징에서 비롯됩니다. 정치는 사회에서 발생한 갈등을 공적 절차를 통하여 해결하는 과정입니다. 정치는 갈등을 해결하기 위해 투쟁, 대화, 타협을 동원합니다. 이중 대화와 타협이 더 본질적입니다. 투쟁만으로는 상대방을 설득하고 상대방과 함께 미래를 설계할 수 없습니다. 투쟁이 극도로 발전하면 전쟁 또는 독재가 되어버립니다. 평화의 시기, 민주사회에서는 대화와 타협, 협상과 조정이 더 중요합니다.

현대 민주 국가에서 한 정당이 90%가 넘는 지지를 받는 선거는 없습니다. 사회가 그만큼 복잡해졌고 계층과 계급이 분화되었기 때문입니다. 현대 민주사회에서는 집권 정당이 일방적으로 자신의 정책만을 그대로 시행할 수 없습니다. 야당이 최소한 30~40%의 국민의 지지를 받고 있기 때문입니다. 집권 여당은 야당을 파트너로 해야만 자신의 정책을 펼 수 있습니다. 이때 필요한 것이 대화와 타협, 협상과 조정입니다. 상대 정당은 선거 때는 적이지만 선거가 끝나면 대화와 타협을 통하여 미래지향적인 정책을 함께 펴야 하는 동반자입니다. 대화와 타협을 해야 하는 것이 현대의 정치입니다.

하지만 최근 한국 정치에는 투쟁만 있고 대화와 타협은 사라졌습니다. 정치가 갈등을 평화적으로 해소해야 함에도 오히려 갈등과 분노를 생산하는 지경에 이르렀습니다. 없는 갈등도 만들어냅니다. 작은 갈등은 크게 만들고 큰 갈등은 극한 대립으로 확대합니다. 갈등과 분노 정치의 출발은 상대에 대한 욕설, 비아냥, 무시입니다. 예의, 공손, 품위가 사라지면서 그 자리를 욕설, 비아냥, 무시가 차지합니다. 욕설, 비아냥, 무시 때문에 신뢰라는 기초가 없고 대화가 되지 않습니다.

욕설은 자신에게 먼저 상처를 남깁니다. 욕설을 듣는 사람은 상처를 받을 수도 있고 받지 않을 수 있습니다. 욕설을 받아들이지 않으면 상처를 받지 않습니다. 하지만 욕설을 한 사람은 욕설의 주인이기 때문에, 욕설하는 순간만이 아니라 욕설이 기억되는 동안 영원히 상처를 받습니다. 불경에 이런 말씀이 있습니다. 욕설에 대한 대응으로 이보다 더 좋은

대응을 저는 본 적이 없습니다(일아 편역, 2013).

어느 때 부처님은 라자가하의 죽림정사에 계셨다. 그때 브라흐민 악꼬사까 바라드와자는 바라드와자 가문의 브라흐민이 부처님께 출가했다는 소문을 듣고 화가 나고 불쾌하여 부처님을 찾아가 거칠고 상스러운 말투로 욕설을 퍼부었다. 부처님은 그의 말을 다 듣고 난 후 말씀하셨다.

"브라흐민이여, 그대의 친구나 동료나 친척이나 손님들이 당신을 방문하러 옵니까?"

"가끔 그들이 방문하러 옵니다."

"그러면 당신은 그들에게 다과나 음식을 대접합니까?"

"어떤 때는 대접합니다."

"만일 그들이 그 음식을 받지 않는다면 그 음식은 누구의 것입니까?"

"그들이 음식을 받지 않으면 그것은 나의 것입니다."

"그와 마찬가지로 브라흐민이여, 그대는 욕하지 않는 나를 욕하고 꾸짖지 않는 나를 꾸짖고 악담하지 않는 나에게 악담을 하였소. 이것들을 나는 받지 않았소. 그러니 그것은 모두 당신 것이요. 브라흐민, 욕하는 사람에게 욕하고 꾸짖는 사람에게 꾸짖고 악담하는 사람에게 악담하는 사람은 마치 음식을 서로 나누어 먹고 서로 주고받는 것과 같소. 나는 당신의 음식을 함께 먹지 않으며 주고받지도 않소. 그러니 브라흐민이여, 그것은 모두 당신의 것이요."

그 후 브라흐민 악꼬사까 바라드와자는 부처님께 출가하여 부지런히 수행 정진하여 아라한이 되었다.

욕설은 자신에게 기억이라는 형태로 남거나 혹 기억하지 못하더라도 무의식의 형태로 남습니다. 발생한 모든 것은 저절로 사라지는 법이 없습니다. 어디엔가 흔적을 남깁니다. 욕설하면 자신에게 흔적을 남깁니다. 그러면 다음에 더 쉽게, 더 심하게 욕을 하게 됩니다. 욕을 계속하면 무의식에 남아 있는 욕설의 흔적이 계속 깊어집니다. 욕을 시작하고 이에 대해 둔감해지면 어느덧 심한 욕을 하는 자신을 발견하게 됩니다. 근거 없는 욕이나 비판도 하다 보면 마치 사실에 근거한 것인 양 착각합니다.

상대방에 대한 극단적인 표현은 삼가야 합니다. 정치에도 예의, 공손, 품위가 필요합니다. 건전한 상식을 가진 모든 사람에게 예의, 공손, 품위가 필요한데 정치인이라고 예외일 리 있겠습니까. 이런 말을 할 정도로 우리 정치의 수준은 심각합니다. 욕설은 강한 투쟁이 아닙니다. 그냥 욕설일 뿐입니다. 무식은 강직함이 아니고 무례 역시 선명함이 아닙니다. 그냥 무식함과 무례함일 뿐입니다.

현대사회에서 예의, 공손, 품위의 실종을 초래하는 또 다른 요인은 의사 표현의 익명성과 자극성입니다. 이 요인은 정보통신혁명으로 촉발된 것입니다. 최근 컴퓨터나 스마트폰 등을 활용한 의사 표현이 폭발적으로 증가하고 있습니다. 인터넷에 기반한 디지털 세상은 세상의 모든 것을 디지털로 저장하고 연결했습니다. 디지털 의사 표현은 이미 충분히 증가했지만, 앞으로도 더 늘어날 것입니다.

익명성은 인터넷 공간의 주요 특징입니다. 익명성은 정보를 자유롭게 생산하고 또 유통하는 좋은 면이 있습니다. 하지만 표현 주체의 책임감을 약화시키는 단점이 있습니다. 익명성은 필자와 독자 모두에게 적용됩니다. 익명성 때문에 누가 쓴 것인지 쉽게 알 수 없고 누가 읽을 것인지도 알 수 없습니다. 필자는 익명성의 이익을 철저히 누립니다. 이 과정에서 상대방에 대한 배려는 사라지고 불필요한 비난과 욕설이 등장합니다. 독자 역시 책임감 있게 글을 읽지 못하고 이상한 형식으로 반응합니다. 이상한 댓글이 여기에 해당합니다.

표현 주체의 책임감이 약화되면 예의, 공손, 품위는 사라집니다. 누가 읽을 것인가에 대해 고민하지 않기 때문에 상대에 대한 배려도 사라집니다. 상대방이 어떤 사람인지 생각하지 않습니다. SNS를 통하여 의사를 표현할 때 자신이 마주하는 것은 조그마한 기계일 뿐입니다. 직접 만나서 대화하는 것은 말할 것도 없고 전화로 대화하는 것과도 천양지차입니다. 사람을 대상으로 표현을 한다고 하지만 손으로 감각을 느끼는 대상은 컴퓨터나 스마트폰과 같은 기계일 뿐입니다. 상대의 감정을 생각할 계기가 생기지 않습니다.

SNS 표현은 자극적입니다. SNS의 표현은 빨리 사라지는 특징이 있습니다. 같은 내용의 표현이 너무 많기 때문입니다. 그래서 관심을 끌려고 자극적인 표현을 사용합니다. 사람들은 자신이 SNS에 글을 올리고 다른 사람의 반응을 기대합니다. '좋아요'가 몇 명인지에 따라 기분이 좌우됩니다. 사실 SNS에 글을 올리는 것과 관계없이, '좋아요'가 몇 명인지에 관계없이 자신의 처지나 상황은 이전과 똑같은 데에도 그렇게 생각합니다. 이 생각이 바로 SNS를 지탱하는 가장 기본적인 요소입니다.

엄청나게 많은 정보가 '좋아요'를 기다리고 있습니다. 자신의 정보 이외에 수백만 사람들의 정보가 '좋아요'를 기다리고 있습니다. 이 살벌한 경쟁에서 살아남아 '좋아요'를 더 많이, 더 오래 받으려면 자극적인 표현을 사용하지 않을 수 없습니다. SNS 세상에서 평범해서는 다른 정보에 밀려 '좋아요'를 받을 수 없습니다. '좋아요'를 받기 위해 자극적인 표현을 마구 양산합니다. '좋아요'를 통하여 즐거움을 얻는 이상 자극적인 표현을 피할 방법은 없습니다.

SNS에서 감정을 전달하고, 웹상에서 글을 쓸 때는 차분히 앉아서 자기 생각을 정리할 여유가 없습니다. 이점 역시 자극적인 표현을 낳는 원인 중의 하나입니다. 짧은 문장에 생각을 표현해야 하므로 자극적인 표현을 더욱 선호합니다. 격식과 예의를 갖춘 긴 호흡의 글은 SNS에서 찾아볼 수 없습니다. SNS상에서 잊히지 않기 위해서는 계속 자극적인 정보를 올려야 합니다.

과거 편지를 쓸 때와는 완전히 다른 시대입니다. 편지를 쓰려면 일단 내용을 정리해야 합니다. 그다음 편지지에 글을 씁니다. 글을 쓰는 것은 쉬운 일이 아니므로 편지지를 여러 장 버리기도 합니다. 그다음 정성스럽게 편지봉투에 넣고 우체통까지 들고 갑니다. 그러면서도 계속 생각합니다. 할 말은 다 했는가, 내용이 무례한 것은 아닌가, 꼭 편지를 보내야 하는가 생각합니다. 마지막 순간에 편지를 부치지 않기도 합니다. 이 모든 어려움을 거쳐서 겨우 편지를 보냅니다. 편지에 정성이 담겨 있는 것은 이 때문입니다. 편지를 가볍게 받아들일 수 없는 이유입니다. SNS에서는 이런 과정이 모두 생략됩니다. 상대방에 관한 생각도 없이 그냥 기계에 자신이 하고 싶은 말을 그대로 해 버리고 바로 보내기 버튼을 눌러버립니다.

SNS를 보는 사람은 칭찬보다는 비난, 욕설에 더 많은 자극을 받습니다. 칭찬이 백만 개 있어도 비난, 욕설이 한 개라도 있으면 실망합니다. 이것은 비난, 욕설이 분노라는 감정을 자극하기 때문입니다. 인간을 괴롭히는 3가지 요소가 있습니다. 무엇인가를 얻기를 바라는 탐욕, 무엇인가를 반대하고 배척하는 분노, 진리를 보지 못하는 어리석음이라는 세 가지 요소가 괴로움, 고통을 낳습니다.

SNS의 표현은 분노라는 감정을 촉발합니다. 아무리 칭찬이 많더라도 분노를 대신할 수 없습니다. 분노만큼 자극적인 것은 없습니다. 비난, 욕설의 댓글을 보고 첫 번째 화살을 맞은 사람은 그것에 분노하면서 두 번째 화살을 맞습니다.

4. 3단계 - 존중, 공감, 신뢰

윤리의 세 번째 단계는 존중, 공감, 신뢰입니다. 이 단계에서 윤리는 비약합니다. 비약은 두 가지 측면에서 일어납니다. 하나는 타인에 대한 태도라는 측면이고 다른 하나는 공동체의 존속과 발전이라는 측면입니다.

이 단계에서 윤리는 먼저 타인에 대한 무관심에서 벗어나 존중이나 공감이라는 적극적인 마음과 태도를 드러냅니다. 자신의 태도만 신경쓰는 자세에서 벗어나 상대방의 처지에 대한 존중과 공감을 표합니다. 상대방의 세계가 있다는 사실을 인정하고 이를 존중하는 것입니다. 이것은 '일인일우주一人一宇宙', 즉 한 사람의 삶은 하나의 우주를 담고 있다는 것을 인정하고 존중하는 것을 말합니다(요코야마 코이츠, 2016). 존중과 공감은 타인의 존재를 전제로 합니다. 존중과 공감은 타인에 대한 태도라는 측면으로 윤리가 발전함을 보여줍니다.

존중과 공감은 신뢰를 낳습니다. 신뢰는 상대방과 무엇인가 각자에게 중요한 것을 주고받을 때 생겨납니다. 존중과 공감은 사람에게 중요한 이익과 복지를 존중하고 이를 수용하는 것을 말합니다. 존중과 공감을 서로 주고받으면 신뢰가 생겨나고 신뢰가 생겨나면 소통이 발생합니다. 신뢰는 다른 관점에서 보면 사회적 자본입니다. 부드러운 관계 속에서 더 많은 소통, 대화, 거래가 생깁니다. 윤리는 이제 사회공동체의 유지, 발전에 필요한 덕목이 됩니다.

첫 단계의 윤리, 즉 법률 준수와 범죄행위 금지는 타인의 복지, 행복을 고려하지 않습니다. 자신이 범죄를 저지르지 않고 법률만 준수하면 충분합니다. 관심은 자신에게만 향합니다. 상대방은 자신이 침해해서는 안 되는 존재로만 등장할 뿐입니다. 물론 상대방에 대해서도 같은 수준의 태도를 요구합니다. 이러한 윤리의식을 가진 사람은 상대방에 대해서는 무관심할 뿐 아니라 상대방의 욕구나 감정을 무시하기도 합니다. 자신과 상대방이 서로 해악만 끼치지 않으면 충분하다고 생각합니다. 이때에도 표면적인 평화는 찾아옵니다. 하지만 내면의 평화, 지속적인 평화와 안정은 아직 멀었습니다.

윤리의 두 번째 단계인 예의, 공손, 품위는 상대방에 대한 태도라는 점에서 상대방을 고려하기는 합니다. 최소한 냉정함에서는 벗어납니다.

다만 겉으로 드러난 태도만을 고려할 뿐, 내적 감정이나 심리까지 고려하지는 않습니다. 겉으로 친절하고 상냥한 관계이면 충분하다고 봅니다. 이 상태에서는 상대방에 대한 존중과 공감, 신뢰가 생겨날 기반이 마련되지만 그렇다고 저절로 존중, 공감, 신뢰가 생겨나는 것은 아닙니다.

세 번째 단계의 윤리 중 존중, 공감은 상대방의 태도와 감정, 관점을 인정하고 이를 자기 행위의 주요 요소로 고려합니다. 상대방에 대한 존중과 공감은 상대방 처지에 대한 이해와 감정 이입, 상상력이 없다면 불가능합니다. 상상력은 상대방의 처지에 대한 공감 능력을 높이는 데 도움을 줍니다. 상대방의 처지를 이해할 수 있는 '상상력'은 인간관계 발전의 필수 요소입니다. 만일 상상력이 없다면 인간은 서로 연결될 수 없는 '일인일우주'로, 독자적으로만 존재할 것입니다. 서로 영향을 미치는 관계가 아니지요. 그러나 인간은 원래 서로 영향을 미치는 존재이고 연결된 존재입니다. 이것이 있으므로 저것이 있고 저것이 있으므로 이것이 있습니다. 상대방이 있으므로 내가 있고 내가 있으므로 상대가 있습니다.

상대방 처지에 대한 이해, 일인일우주에 대한 상상력은 상대방을 무조건 믿고 존중하라는 것이 아닙니다. 인간의 본질에 대한 통찰력에 기초해 상대방의 처지를 이해하고 상대가 고통에서 벗어나도록 도와주라는 것입니다. 나와 너를 차별하고 구분하지 말고 나와 네가 서로 연결되어 있다는 사실, 통합적으로 존재한다는 사실을 이해하라는 것입니다.

상대방에 대한 이해, 상상력에서 중요한 역할을 하는 것은 인간의 존엄성과 평등입니다. 모든 인간은 존엄하고 평등하다는 사상은 상대방을 자신과 같은 인간으로 보게 만듭니다. 나와 상대방을 다르게 보는 분별심에서 벗어나 상대방도 자신만큼 존중받아야 하는 존재로 보게 됩니다. 인간의 존엄성은 존중과 공감의 기초입니다.

인간이 왜 존엄한가에 대해서는 여러 설명이 있습니다. 자신이 존중받기 위해서는 먼저 상대방을 존중해야 하므로 인간의 존엄성이 중요하다는 설명도 있고, 인간이 이성을 가지고 있으므로 존엄하다는 주장도 있습니다. 신이 인간을 만들었으므로 존엄하다는 주장도 있습니다. 인간과 인간이 서로 연결되어 있고 인간과 다른 모든 사물이 인연법에 따라 서로 의존하고 있으므로 존재하는 모든 것에 대한 존중이 인간에 대한 존엄으로 나타난다는 설명도 있습니다.

인간의 존엄성이 보편성을 획득한 것은 근대시민혁명 이후입니다. 인류 역사에 비추어 보면 극히 최근의 일입니다. 그 이전에는 왕족이나 귀족 등 몇몇 인간들만 존엄했습니다. 고대 노예사회, 중세 봉건사회도 인본주의를 발견하고 발전시켜온 것은 사실이지만 이때 존엄한 인간은 일부의 인간이었습니다.

시민혁명 이후 인간의 존엄성이 적용되는 범위가 혈통 기반의 귀족에서 재산 기반의 부자에게로 확대되었습니다. 최소한 봉건적 족쇄는 사라졌습니다. 이론적으로 누구나 열심히 일하여 돈을 모으면 존엄해질 수 있는 사회가 되었습니다. 봉건제에서는 아무리 돈을 많이 모아도 피가 고귀하지 못하면 존엄성이 부정되었습니다. 봉건제의 족쇄가 사라지고 누구나 자유로워질 수 있고 누구나 존엄해질 수 있는 사회가 시민혁명으로 탄생하는 듯했습니다.

하지만 현실은 그렇지 못했습니다. 여전히 많은 수의 사람들은 존엄성을 보장받지 못했습니다. 사회적 약자가 여기에 해당합니다. 노동자, 여성, 어린이, 장애인, 유색인, 성소수자, 외국인, 피식민지인, 토착민 등이 그들이었습니다. 이들에 대한 존엄성 부정은 오늘날 많이 완화되었지만, 아직 남아 있습니다. 최근 사회적 약자에 관한 관심이 증가하면서 인간의 존엄성이 확대되고 있습니다.

역사가 진보하면서 인간의 존엄성에 대한 확신은 널리 퍼졌고 이제는 확고부동한 지위를 차지하게 되었습니다. 노동해방, 여성해방, 성 해방 등이 인간의 존엄성을 확대하는 주요 동력입니다.

평등 역시 존중과 공감의 출발점입니다. 인간이 평등하다는 것에 대한 확신은 계급과 계층을 넘어 확대되고 있습니다. 평등은 기본권 중의 기본권으로서 핵심적인 헌법적, 인권법적 가치입니다. 법률상으로도 중요한 가치이지만 정의와 윤리의 핵심 가치입니다. 인간의 평등성이 부정된다면 정의, 공정, 윤리도 성립할 수 없습니다.

이 단계의 윤리는 상대방을 포함한 사회에 대한 신뢰를 반영합니다. 상대방에 대한 신뢰는 상대방과 안전하고 평화로운 거래를 할 수 있게 합니다. 상대방 개인에 대한 신뢰는 곧 사회의 신뢰, 사회의 안전과 평화로 발전합니다. 사회의 안전과 평화는 대표적인 사회적 자본입니다. 어렵게 투자하여 만들려고 해도 잘 만들어지지는 않지만 한번 만들어지면 개인과 사회 활동에 큰 편안함을 주는 것이 바로 신뢰입니다.

사회적 신뢰는 제도만으로는 만들 수 없습니다. 국가나 사회의 문화, 전통, 역사, 시민의식, 분위기 등이 함께 작용하는 것이 사회적 신뢰입니다. 치안 수준만 하더라도 우리의 경찰이나 검찰이 세계 최고라서 높은 치안 수준을 자랑하는 것은 아닙니다. 물론 우리의 경찰이나 검찰의 수준이 높다는 것은 사실입니다. 그렇지만 이것만으로는 높은 치안 수준이 설명되지 않습니다. 치안이라는 사회적 신뢰는 문화, 전통, 역사, 시민의식, 분위기 등이 함께 만드는 것입니다.

사회적 신뢰를 쌓기 위해서는 사회 신뢰의 기반인 제도를 개혁하면서 동시에 사회적 신뢰를 높이는 문화와 전통, 시민의식을 만들어야 합니다. 여기에서 사회적 신뢰를 높이는 문화와 전통은 윤리로 표현될 수 있습니다. 인간에 대한 존중, 공감, 신뢰는 윤리의 내용이므로 윤리를 강화하면 사회적 신뢰를 높일 수 있습니다.

사회적 신뢰는 사회 개혁, 정책 실현을 위한 가장 좋은 수단 중의 하나입니다. 사회적 신뢰가 높으면 정책의 수립과 집행, 평가를 쉽게 할 수 있습니다. 사회적 신뢰가 있다면 새로운 정책을 설명하고 집행하고 서비스를 전달하는 데 큰 어려움이 없습니다. 기본적으로 사회를 개혁하고 정책을 집행하는 주체인 중앙정부, 지방정부, 부처에 대한 신뢰가 높기 때문입니다. 정책집행 과정에서 갈등은 피할 수 없지만, 오해가 줄어들기 때문에 갈등은 줄어듭니다. 갈등이 발생하더라도 대화와 타협을 통해 갈등을 해소할 수 있습니다.

이에 비해 중앙정부, 지방정부, 부처에 대한 신뢰가 낮으면 정책의 수립과 집행은 어려워집니다. 정책의 대상인 시민들은 정책을 끝없이 의심합니다. 이 과정에서 수많은 오해가 발생하고 발생하지 않아도 될 갈등이 생겨납니다. 작은 갈등이 큰 갈등으로 되고 큰 갈등은 충돌로 이어집니다. 오랜 시간과 많은 희생을 겪고 겨우 정책이 결정되고 집행됩니다. 어떤 경우에는 정책이 아예 집행되지 않기도 합니다.

불신은 갈등을 키우고 정책을 반대하는 핵심요소입니다. 시민들이 그 정책으로 인하여 자신들만 희생자가 되는 것이 아닌가, 정책으로 이익을 얻는 사람들이 뒤에서 조종하는 것이 아닌가 하는 음모론적 시각에서 정책을 대합니다. 이런 지경이면 아무리 좋은 정책이라고 하더라도 실행할 수 없습니다.

한국의 사회적 신뢰는 치안을 제외한다면 그리 좋지 않습니다. 특히 정치를 둘러싼 여러 계급, 계층, 세대, 남녀, 지역간의 신뢰 수준은 그리 높지 않습니다. 장기적으로는 높아지겠지만 당분간은 높지 않을 것으로 보입니다. 이것은 새로운 정책의 수립과 집행에 많은 갈등을 겪어야 한다는 것을 말합니다. 현대사회에서 야당은 정부 여당의 새로운 정책을 무조건 의심하고 반대하는 것이 체질화되어 있습니다. 정치는 갈등을 해소하지 않고 오히려 갈등을 만들고 확대 재생산합니다. 사회적 신뢰를 낮추고 있습니다. 이런 상태에서는 새로운 정책을 만들고 집행하려면 따로 사회적 신뢰를 형성하는 절차를 만들어야 하는 부담이 생깁니다. 갈등 관리 기구가 필요한 것이지요.

미래에는 갈등 관리 기구가 일시적 기구가 아니라 항구적인 조직이 될 가능성이 큽니다. 개인은 파편화되고 개인의 이익이 전면화되기 때문에 갈등을 관리하는 기구가 필요합니다. 정치개혁, 선거 개혁, 정부 혁신을 하면 사회적 신뢰가 쌓일 가능성이 있지만, 이것 역시 부분적입니다. 사회적 신뢰와 관련된 윤리의 적극적 역할에 주목해야 합니다.

5. 4단계 - 정체성

윤리의 네 번째 단계 혹은 얼굴은 정체성입니다. 인간의 정체성은 자신을 다른 사람과 구분하게 해 주며 자신을 독립적인 존재로 만듭니다. 정체성은 개인 경험의 축적이면서 지향하는 목표이기도 합니다.

보통 정체성은 단일한 것으로 이해되지만 실제로는 복합적인 개념입니다. 정체성을 형성하는 요소는 자신의 경험 총체, 역사입니다. 따라서 경험과 역사가 단일, 순수하지 않듯이 정체성은 단일하지도, 순수하지도 않습니다. 일반적으로 정체성을 단일, 순수한 것으로 생각하는데 이것은 신화일 뿐입니다. 여러 정체성의 묶음이라는 집합으로 정체성은 존재합니다.

개인은 여러 정체성으로 분열되어 있으면서도 하나의 정체성이라는 이름으로 살아갑니다. 정체성 중 핵심은 사회생활 과정에서 형성됩니다. 인간은 사회적 존재로서 다른 사람과의 관계 속에서 자신의 정체성을 확립해 나갑니다. 이 정체성은 윤리와 깊은 관계가 있습니다.

동양의 유교에서 주장하는 윤리인 삼강오륜三綱五倫은 윤리와 정체성의 관계를 잘 보여줍니다. 동양의 윤리가 수천 년 살아남았다는 사실은 그것이 우리에게 중요한 무엇인가를 알려주고 있다는 것을 의미합니다. 삼강은 군위신강君爲臣綱으로 임금과 신하의 관계를 규정하고, 부위자강父爲子綱으로 아버지와 자식의 관계를 규정하고, 부위부강夫爲婦綱으로 부부 사이의 관계를 규정합니다. 오륜은 부모와 아들, 임금과 신하, 부부, 어르신과 젊은이, 친구 사이의 관계를 규정하는 부자유친父子有親, 군신

유의君臣有義, 부부유별夫婦有別, 장유유서長幼有序, 붕우유신朋友有信을 말합니다.

삼강오륜은 봉건제 하에서 발전한 가치로서 봉건사회 인간관계의 모범을 보여줍니다. 삼강오륜이 인간관계의 모범인 이상 봉건사회에서는 개인은 이를 행동으로 실천해야 하고 나아가 내적으로 자기의 것으로 만들어야 합니다. 개인은 삼강오륜을 자신의 정체성으로 체화하지 않으면 살아남을 수도 없고 남에게 인정도 받지 못하고 나아가 출세할 수도 없습니다. 그래서 봉건시대 선비들은 이를 필사적으로 익혀 자신의 정체성으로 만들었습니다. 사람 사이의 관계가 사람의 됨됨이와 연결되고 사람의 평가 기준이 되었습니다. 삼강오륜은 하나의 질서, 규칙이었고 이 질서, 규칙을 지키느냐 지키지 못하느냐에 따라 생존과 출세가 달려 있었습니다. 삼강오륜의 사례는 윤리가 개인에게 정체성 형성에 영향을 미친다는 사실을 보여줍니다.

윤리가 정체성에 닿아 있다는 것을 증명하는 다른 예로는 윤리에 관한 공리주의와 칸트주의의 대립이 있습니다. 공리주의와 칸트주의는 윤리에 관해서 서로 대립하고 있는데 그 바탕에는 인간상의 대립이 있습니다. 공리주의가 전제하는 인간상이 계산에 밝은 인간이라면 칸트주의가 전제하는 인간상은 의무를 중시하는 인간입니다. 이들 인간상은 일정한 정체성을 전제로 합니다. 정체성을 바탕으로 윤리이론을 전개하고 있는 것입니다. 인간상, 인간의 정체성이 윤리보다 반드시 앞서는 것은 아니지만 윤리에 뒤처지는 것도 아닙니다.

윤리가 정체성 형성에 영향을 미친다는 사실은 미래에 더욱 중요해질 것입니다. 우리 사회는 지금도 정체성 문제로 많은 갈등과 혼란을 겪고 있습니다. 정체성 문제로 인한 갈등은 한편에서는 정체성이 없어서, 다른 한편에서는 정체성이 너무 강해서 생겨납니다.

정체성이 없다면 개인은 자아와 세상에 대한 확신, 주인의식을 가질 수 없습니다. 자아에 대한 확신이 없다면 자신의 행복과 이익의 원천을 자신이 아닌 외부의 물건에서 찾습니다. 외부의 물건에 집착하고 욕심을 부립니다. 사람들이 외부의 물건에 집착하면 갈등이 생길 수밖에 없습니다. 외부의 물건은 제한적이기 때문입니다. 제한된 물건일수록 사람들은 더욱 가지고 싶어 합니다. 외부의 물건에 자신의 행복과 이익이 달려있다고 생각합니다. 이 때문에 물건에 대한 집착이 늘어나고 개인들 사이의 경쟁이 격화됩니다.

정체성 결핍으로 인한 불안감, 고통은 외부의 물건으로 해결할 수 없습니다. 인간이 실존적으로 느끼는 고통은 물건으로 해소할 수 없습니다. 외부의 물건은 오히려 욕심만 부추길 뿐입니다. 욕심은 고통의 근원입니다. 욕심은 절대로 채워지지 않습니다. 부처님의 말씀처럼 히말라야산맥을 모두 금으로 바꾸어도 단 한 명의 욕심도 채울 수 없습니다. 그래서 인류 역사의 모든 철학자는 욕심을 경계했습니다. 욕심을 찬양하지 않고 멀리했습니다. 자본주의 등장 전까지는 말입니다.

현대 자본주의는 욕심을 인정하고 찬양하고 고무하는 시대를 열었습니다. 외부의 물건으로 고통을 해소할 수 있다고, 탐욕을 채우면 괴로움에서 벗어날 수 있다고 광고합니다. 인류역사상 가장 큰 변화입니다.

자본주의는 소비라는 토대 위에 성립된 구조물입니다. 소비를 많이 하면 할수록 자본주의는 발전합니다. 소비하려면 욕심, 탐욕을 찬양해야 합니다. 자본주의는 무한성장, 무한 확대재생산이 목표이자 숙명입니다. 무한성장을 위해서 무한욕심이 필요합니다. 하지만 욕심은 아무리 자본주의라고 하더라도 만족시킬 수 없습니다. 욕심을 채우려고 외부 물건을 차지하더라도 만족감, 행복은 느낄 수 없습니다. 고통에서 벗어날 수 없습니다.

하지만 가지지 않는 것은 더 견딜 수 없습니다. 자본주의 사회에서 아무것도 가지지 않는 자는 아무것도 아닌 자입니다. 이제 자신을 지탱하기 위해서라도 가지려고 노력하고 또 노력합니다. 이것은 열심히 페달을 밟아 넘어지지는 않지만, 여전히 자전거에서 벗어날 수 없는 것과 비슷합니다. 죽으라고 노력해도 현재의 상태에서 벗어날 수 없는 경우가 대부분입니다.

자본주의 사회에서는 물건을 더 많이 만들고 더 많이 소비하지만, 개인의 고통은 오히려 늘어나고 개인 사이의 마찰도 늘어나고 사회 갈등도 확대됩니다. 이때 좋은 윤리가 있다면 개인의 정체성 형성을 도와 개인의 행복과 평화를 보장할 수 있습니다. 사회적으로도 예의, 공손, 품위를 뛰어넘는 평화를 제공할 수 있습니다.

정체성 과잉으로 인한 갈등 역시 심각합니다. 정체성 과잉은 자신만 옳고 다른 사람을 틀렸다는 결론으로 이끕니다. 정체성 과잉은 타인에 대한 무시와 공격으로 나타납니다. 대화와 타협을 통한 미래지향적인 방향 모색을 멀리하고 오히려 대화와 타협의 기초를 파괴합니다.

이에 해당하는 극단적인 예는 종교나 인종주의로 무장한 극단주의자, 근본주의자들입니다. 최근 전쟁과 내전, 테러와 외국인 공격 등으로 나타나는 극단주의자들의 공격은 세계를 위험한 곳으로 만들고 있습니다. 인간의 존엄성과 평등, 자유를 무너뜨리는 극단주의자들의 행위는 정체성 과잉이 낳은 하나의 현상입니다.

과잉 정체성이 기반하고 있는 종교, 이념, 이데올로기는 모두 허구이고 비논리적입니다. 인간의 해방과 행복을 말하는 위대한 종교나 사상이 자기 생각과 다르다고 다른 사람들을 죽일 것을 명한다는 것은 있을 수 없는 일입니다. 조금만 생각해보면 알 수 있는 이치입니다. 자살폭탄테러를 부추기고 죽으면 하늘의 살기 좋은 곳으로 간다는 말도 틀린 말입니다. 만일 독실한 신자가 죽어 하늘의 천당에 갔다면 따로 복수할 필요가 없을 뿐 아니라 천당으로 안내한 사람들에게 고맙다고 해야 합니다. 그러나 현실에서는 어린 소년, 소녀가 두려움에 떨면서 자살폭탄테러를 하고 있습니다. 외부에서 강요된 극단적인 정체성에 의해서 죽음으로 내몰리는 것이지요.

한국의 정치 갈등, 거리의 갈등 역시 대부분 정체성 과잉으로 벌어지는 일입니다. 합리적인 근거가 없는 경우가 많습니다. 아무리 박정희 대통령이 좋고 유신 시대가 좋았다고 하더라도 국정농단 사태를 초래한 박근혜 전 대통령을 복권할 수는 없습니다. 전두환 전 대통령의 제5공화국, 삼청교육대를 부활시킬 수는 더욱 없습니다. 그런데도 몇몇 정치인들은 자신의 주장을 관철하기 위하여 대화와 타협을 거부하고 폭력으로 밀어붙입니다. 사회를 위험한 곳으로 만듭니다. 착하고 친절하고 마음 약한 사람의 행복을 위협합니다.

독단적이고 위험한 과잉 정체성은 인간을 흉기로 만들 수 있습니다. 과잉 정체성을 사회적 관계로 조절하는 역할 역시 윤리의 중요한 역할 중의 하나입니다.

6. 5단계 — 자비와 사랑

윤리의 5단계, 최종 단계는 자비와 사랑 등 영적 가치와 연결되어 있습니다. 윤리를 최대한 내면화한다면 자비와 사랑이라는 영적 가치에 가깝게 갈 수 있습니다. 그렇다고 윤리가 자비와 사랑이라는 영적 가치와 같은 것은 아닙니다. 윤리는 현재의 좋은 삶을 말할 뿐, 초월적인 삶을 지향하지는 않습니다. 자비와 사랑은 영적 가치로서 윤리의 수준을 뛰어넘는 것입니다. 여기에서 영적 가치라고 하여 반드시 특정 종교를 생각할 필요는 없습니다. 종교도 포함하지만, 사람들이 평소 생각하는 높은 가치, 세상을 초월하는 가치면 충분합니다.

원래 인간은 완전히 무신론자일 수 없습니다. 인간은 삶의 가치와 의의를 찾아 헤매는 존재입니다. 바로 이 때문에 호모 사피엔스는 농경시대 이전부터 거대한 집단을 이루었고 우주와 개인의 가치를 추구해왔습니다. 존재의 가치, 의의가 없다면 인간은 하나의 동물에 지나지 않기 때문입니다. 신으로 표현되는 영적인 존재는 오랫동안 인간의 동반자였습니다(나카자와 신이치, 2005a).

윤리적인 사람이 노숙자에게 지갑 안에 든 돈을 준다면, 자비와 사랑을 실천하는 사람은 자선단체를 만들어 노숙자들에게 음식을 제공하고 노숙자들이 도와 인간으로서 살 수 있도록 돕습니다. 자비와 사랑을 실천한 사람으로 마하트마 간디, 테레사 수녀, 마틴 루터 킹 목사, 넬슨 만델라 대통령 등이 현대인들에게 큰 영향을 미쳤습니다. 이분들을 윤리적인 사람이라고 부르지는 않습니다. 윤리적인 삶을 살기는 했지만, 영적 가치를 가진 분들입니다. 윤리와 영적 가치는 이런 차이가 있습니다.

다른 형식과 방법으로 높은 가치를 실현하는 사람도 있습니다. 체 게바라 같은 인물도 여기에 속합니다. 체 게바라로 대표되는 인물들은 심오한 영적 가치보다 사회적 신념, 가치가 두드러져 보입니다. 그렇지만 개인을 훌쩍 뛰어넘어 사회와 인류의 평화와 행복을 위하여 신념대로 산 인생임은 틀림없습니다. 개인을 뛰어넘었다는 점에서 영적 가치의 측면이 있습니다.

자비와 사랑은 영적인 측면을 가지고 있습니다. 윤리 역시 영적인 가치와 긴밀한 관계에 있습니다. 좋은 삶으로서 윤리는 곧 삶의 가치와 의의를 많이 말해 줍니다. 비트겐슈타인은 다음과 같이 말하고 있습니다.

> 윤리학은 무엇이 선한 것인가에 관한 일반적인 탐구라고 말할 수도 있겠지만 그 대신 가치 있는 것, 혹은 참으로 중요한 것은 무엇인지에 대한 탐구라고 말할 수도 있을 것이다. 혹은 윤리학에서 중요한 것은 삶의 의미를 아는 것이고 삶을 살 만한 가치가 있게 만드는 것은 무엇인지를 탐구하는 것이며 또 삶을 사는 올바른 방식이 무엇인지를 연구하는 것이다(박찬구, 2015).

윤리가 무엇이 가치 있는 것인가, 삶의 의의나 가치는 무엇인가를 묻는 순간, 윤리는 영적인 세계와 만나게 됩니다. 원래 윤리는 좋은 삶을 의미합니다. 좋은 삶은 착한 삶이며 의미 있는 삶입니다. 나를 포함하여 모두에게 도움이 되는 착한 삶입니다. 그래서 윤리는 영적인 세계와 바로 연결이 됩니다. 인간 윤리의 대부분은 영적인 세계, 종교와 깊은 관련이 있습니다.

불교의 십선업은 불교인의 윤리이면서 불교의 가치를 대변합니다. 불교는 10가지 선업, 착한 행위를 강조합니다. 10가지 선업이란 3가지 몸으로 짓는 착한 행위, 4가지 말로 짓는 착한 행위, 3가지 뜻으로 짓는 착한 행위를 말합니다. 구체적으로 3가지 몸으로 짓는 선한 행위는 살아있는 생물을 죽이지 않는 불살생不殺生, 주지 않는 것을 취하지 않는 불투도不偸盜, 배우자가 아닌 사람과 부정한 정교를 맺지 않는 불사음不邪淫입니다. 4가지 말로 짓는 선한 행위는 거짓말하지 않는 불망어不妄語, 이간질하지 않는 불양설不兩舌, 남을 헐뜯지 않는 불악구不惡口, 진실이 아닌 쓸데없는 말을 하지 않는 불기어不綺語입니다. 3가지 뜻으로 짓는 선한 행위는 탐욕을 일으키지 않는 불탐욕不貪慾, 성내지 않는 부진애不瞋恚, 그릇된 견해를 일으키지 않는 불사견不邪見입니다. 모두 윤리적인 삶, 좋은 삶입니다. 부처님은 직접 좋은 삶으로서 윤리적인 삶을 이야기합니다. 이런 윤리적인 삶은 높은 가치를 추구하는 영적인 생활의 시작입니다. 불교는 계율을 지키는 지계持戒를 수행의 핵심 중의 하나로 봅니다.

기독교의 십계명 역시 기독교인의 윤리이면서 기독교의 가치를 대변합니다. 기독교의 십계명 중 보편적인 윤리에 해당하는 것은 부모를 공경할 것, 살인하지 말 것, 간음하지 말 것, 도둑질하지 말 것. 거짓 증언을 하지 말 것, 남의 아내를 탐내지 말 것, 남의 재물을 탐내지 말 것 등입니다. 역시 좋은 삶으로서 윤리를 말합니다. 좋은 윤리를 지키면 곧 영적 가치를 실천할 수 있다는 것을 보여줍니다. 윤리는 영적 생활의 출발점입니다.

좋은 삶으로서 윤리를 실천하면 영적인 생활과 가까워집니다. 좋은 삶을 영위하는 동력이 바로 자신과 주변에 대한 통찰에서 나오기 때문입니다. 영적인 생활에는 신의 존재를 받아들이는 삶도 있지만, 신의 존재를 받아들이지 않는 영적인 삶도 있습니다. 불교가 대표적으로 이에 해당합니다. 동양의 유교 역시 영적인 삶에 가깝지만, 신과 가깝지는 않습니다. 신이 존재하지 않더라도 좋은 삶으로서 윤리는 가능합니다.

윤리가 사람 사이의 관계에 치중한다면 자비와 사랑이라는 영적인 세계는 사람과 사람의 관계를 넘어 사람과 자연의 관계, 사람과 우주의 관계까지 확대됩니다. 자비와 사랑이라는 영적인 측면과 윤리의 공통점과 차이점은 여기에 있습니다.

윤리는 자비와 사랑이라는 영적인 측면까지 발전할 가능성을 가지고 있습니다. 사람을 자연과 같은 존재, 우주와 같은 존재로 보는 순간 윤리는 비약할 수 있습니다. 이때 필요한 것은 자신과 타인을 같은 존재로 보는 관점입니다. 서로를 구분하는 분별심을 버리고 모두가 인간으로서 존엄성을 평등하게 가지고 있다는 것을 인식하는 것입니다. 이 경지는 나와 남의 차별이 없는 경지입니다. 이 경지를 불교에서는 부처의 경지,

또는 보살의 경지라고 말합니다. 마하트마 간디는 이 경지를 아힘사, 불살생계를 통하여 달성했습니다. 하지만 이 경지는 윤리만으로는 좀처럼 달성할 수 없는 경지입니다. 영적인 계기가 필요합니다.

윤리는 여러 단계에서 여러 얼굴로 존재하고 작용합니다. 적용 영역이 다르다고도 할 수 있을 것입니다. 좁고 낮은 영역에서 넓고 높은 영역까지 윤리는 각 영역을 서로 왕래하면서 적용되고 또 활용됩니다. 한 영역에만, 한 단계에서만 적용되지 않습니다. 그만큼 윤리의 내용은 풍부하고 입체적입니다.

그런데 윤리를 이렇게 여러 단계로, 혹은 다의적으로 이해하면 문제가 생길 수 있습니다. 윤리의 고유한 의미를 깔끔하게 파악할 수 없는 한계입니다. 나아가 윤리의 다양한 단계가 서로 얽혀있기 때문에 어떤 것이 중요하고 어떤 것이 부차적인지 알 수 없다는 문제도 있습니다. 개인윤리와 공동체 구성원리 중 어느 것이 중요한지에 따라 닭이 먼저냐, 달걀이 먼저냐 같은 논쟁도 생길 수 있습니다.

존재하는 모든 사물은 한 가지 모습으로만 존재하는 것은 아닙니다. 하나의 얼굴만 하고 있는 사물은 없습니다. 모든 사물은 서로 영향을 미치고 있고 서로 조건이 맞으면 발생하고 조건이 맞으면 변화하고 조건이 맞으면 소멸합니다. 생겨난 모든 것은 소멸할 때까지 여러 가지 특성을 가집니다. 단계마다 여러 사물을 만나 조건이 맞으면 변화하기 때문입니다. 새싹으로 출발한 나무가 거목이 되듯이, 인간도 변합니다. 만일 사람이 항상 같은 모습이고 변하지 않는다면, 생로병사 하지 않는다면 그것은 엄청나게 끔찍한 사건일 것입니다.

윤리 역시 그렇습니다. 윤리도 적용 영역에 따라 다른 얼굴을 하고 다른 영역에서는 다른 역할을 합니다. '개인윤리가 우선이냐 공동체 운영 원칙이 우선이냐'와 같은 논쟁은 이론적으로는 매우 흥미로운 것입니다. 닭과 달걀 중 무엇이 먼저인지를 밝히는 것만큼 흥미로운 주제입니다. 하지만 현실에서는 별로 의미가 없습니다. 이미 윤리는 개인윤리이면서 공동체 운영 원칙이기도 합니다. 개인윤리로서 개인에게 좋은 삶, 영적으로 풍요로운 삶, 가치 있는 삶을 제공하고 있으며, 공동체의 운영 규범으로서 착하고 친절하고 마음 약한 사람들이 편안하게 살 수 있는 틀을 제공하고 있습니다.

현실에서는 이미 닭과 달걀이 잘 공존하고 있습니다. 닭과 달걀 중 무엇이 먼저냐는 논쟁은 딜레마인 것 같지만 실제로는 관념상의 대립일 뿐입니다. 자연은 이미 이 문제를 해결했습니다. 닭과 달걀 중 무엇이 먼저인지를 두고 닭과 달걀이 서로 싸워 닭이 달걀을 낳지 않고 달걀이 닭이 되는 것을 거부하는 일은 없습니다. 윤리 역시 같습니다.

CHAPTER 3

개인윤리, 조직윤리

◇◇◇◇◇

1. 개인윤리, 조직윤리, 국가윤리, 세계윤리

윤리의 활동 영역은 크게 개인과 공동체로 나눌 수 있습니다. 공동체는 여러 종류가 있습니다. 가족, 직장, 동네, 마을, 동창, 기초자치단체 등 작은 공동체도 있지만, 광역자치단체, 거대 기업 등 큰 규모의 공동체도 있습니다. 지금까지 인간이 생각해 낸 최고의 공동체는 민족과 국가일 것입니다. 최근에는 이 단위를 넘어 지구촌이라는 세계 단위의 공동체가 등장했습니다. 주권을 넘어, 국경을 넘어 공동체가 형성, 발전하고 있습니다.

다양한 공동체가 있으면 다양한 윤리가 있기 마련입니다. 사람의 활동 범위가 개인, 기업, 사회, 국가, 세계 등으로 다양하므로 윤리 역시 개인윤리, 기업윤리, 사회윤리, 국가윤리, 세계윤리 등 다양하게 있습니다. 공동체 윤리는 개인윤리와 비교하여 조직윤리라고 부를 수 있습니다.

조직윤리는 각 조직에 속한 개인의 윤리라는 측면과 함께 조직의 구성원리라는 측면을 가지고 있습니다. 개인윤리와 대비하여 조직윤리를 말할 때에는 조직의 구성원리, 경영원리를 말하는 경우가 대부분입니다. 조직 전체의 윤리성 여부는 그 구성원리, 경영원리에서 비롯되지 조직에 속한 개인의 윤리성에 좌우되지 않습니다.

개인윤리와 조직윤리, 특히 국가윤리의 관계는 중요한 연구과제입니다. 개인윤리를 확대하면 국가윤리가 되는지 아니면 개인윤리와 다른 국가윤리가 따로 존재하는지는 중요한 주제입니다. 개인윤리가 개인에게 좋은 행위와 좋은 삶을 보장하는 것처럼 조직윤리는 조직과 그 구성원에게 좋은 행위를 할 수 있도록 합니다.

개인윤리와 조직윤리는 서로 다르다고 보는 것이 일반적인 생각인 것처럼 보입니다. 조직윤리 중 최근 들어 중요성이 높아진 기업윤리도 개인윤리나 조직윤리와 다르다고 보는 것이 일반적입니다. 각 윤리의 독자성은 이론적으로 깔끔해 보입니다.

각 영역의 독자성 강조는 현대 학문의 특징이기도 합니다. 현대 들어서 지식인들은 한 가지 협정을 맺었습니다. 학문의 영역마다 독자적인 영역이 있고 그 영역을 다른 학문이 침범해서는 안 된다는 것이 그것입니다. 그래서 학자들, 교수들, 박사들은 자신의 분야에서는 전문가이지만 다른 분야에 대해서는 문외한 취급을 받습니다. 다른 분야에서는 침묵하는 것이 훌륭한 인품으로 칭송됩니다.

이 결과 학문은 서로 긴밀하게 결합하여 있음에도 불구하고 마치 아무 관련이 없는 듯 서로 모른 체하고 있습니다. 윤리학은 철학, 종교학,

정치학, 법학, 경제학, 사회학, 경영학, 역사학, 문학, 생물학, 생명과학, 의학, 정보학 등에서 많은 것을 배우고 또 영향을 미치면서도 마치 모르는 것처럼 지냅니다.

학문은 완전히 독립된 영역일 수 없습니다. 최근 가장 중요한 윤리적 쟁점 중의 하나인 낙태 문제를 해결하기 위해서는 생명과학, 의학의 발전을 고려해야만 합니다. 그냥 인간에게 영혼이 있고 그 영혼이 수태 직후의 수정란에 깃든다는 주장만으로는 낙태 문제를 해결할 수 없습니다. 기형의 자녀를 출산함으로써 부모가 겪는 고통을 강요하는 것이 좋은 삶으로서 윤리일 수는 없습니다. 여성의 자기 결정권 역시 중요하게 고려되어야 합니다. 인권의 발전도 고려해야 합니다.

개인윤리와 조직윤리 역시 완전히 독립되어 존재하는 것이 아닙니다. 서로 깊은 영향을 주고받습니다. 서로 영향을 주고받으면서도 독자성은 여전히 있습니다. 상호의존성과 독자성을 밝히는 것이 중요한데 지금은 상호의존성이 더 중요한 때입니다. 세상의 모든 것이 연결되는 초연결 시대로 접어들었다는 현실을 받아들여야 합니다. 실천적으로 조직, 국가, 세계가 윤리적으로 함께 움직이지 않으면 아무리 개인이 윤리적으로 생활해도 좋은 삶은 유지될 수 없습니다.

개인윤리, 기업윤리, 사회윤리, 국가윤리, 세계윤리는 긴밀하게 연결되어 있습니다. 무차별 개발로 생태계와 환경이 위기에 빠지면서 세계윤리가 등장합니다. 세계윤리 중 생태계와 환경 중심의 윤리가 등장한 것입니다. 세계시민으로서 어떻게 살아야 할 것인가가 윤리적으로 중요하게 되었습니다. 이에 따라 개인윤리 역시 변합니다. 친환경 제품을 사용하고 재활용을 생활화해야 할 뿐 아니라 생태계와 환경을 보전하는 적극적인 활동을 해야 합니다. 국가윤리도 당연히 바뀌게 됩니다. 정책의 우선순위를 바꿀 정도의 윤리적 행동이 국가에 요구됩니다.

이처럼 윤리는 적용 영역과 지평이 달라도 서로 영향을 주고받으며 변화합니다. 이들의 관계는 독자적이면서 상호의존적이고 단순하면서도 복잡합니다. 서로가 영향을 주고받는 것은 틀림없으나 어떤 영향을 주고받는지 명확하게 알기 어렵습니다. 현실은 항상 복잡하고 살아있으며 인간의 분석보다 앞서 변합니다. 그렇지만 영향을 주고받는 것은 틀림없으므로 좋은 삶을 살려면 개인윤리만이 아니라 조직윤리도 갖추어야 합니다.

일찍이 동양은 이 문제를 회피하지 않고 정면으로 다루어 왔습니다. 동양고전의 주요 관심사는 윤리의 개인성과 공동체성을 어떻게 연결해 통일적으로 이해할 것인가 하는 점이었습니다. 여기에서 윤리의 개인적 측면은 정체성을 말하고 윤리의 공동체성은 사회공동체의 구성 및 경영원리를 말합니다. 개인의 완성과 국가경영 원리의 통일적 이해를 추구해 온 것이 동양 윤리의 특징입니다. 동양에서 공동체의 대표는 국가였으므로 조직윤리는 국가윤리를 중심으로 발전합니다.

개인윤리와 국가윤리의 통일을 집중적으로 시도하고 있는 동양의 고전은 『대학大學』입니다. 『대학』은 성의, 정심, 수신과 같은 개인윤리를 바탕으로 제가, 치국, 평천하라는 국가경영의 이념을 밝히고 있습니다. 이 둘의 관계는 선후 관계라기보다는 서로 의지하는 관계입니다. 개인과 사회의 해방과 발전을 함께 모색하는 종합적인 철학을 제시하고 있습니다. 『대학』은 본래 『예기禮記』의 제42편이었으나, 송나라 시대에 성리학이 확립되면서 사서의 하나로 받아들여졌습니다.

『대학』의 8조목은 격물格物, 치지致知, 성의誠意, 정심正心, 수신修身, 제가齊家, 치국治國, 평천하平天下입니다. 8조목은 모두 윤리와 관련된 내용입니다. 격물格物, 치지致知는 윤리의 지적인 측면을 반영합니다. 격물格物은 세상 사물의 이치를 따져 그 본질을 밝히는 것입니다. 그렇다고 자연과학적인 탐구를 말하는 것은 아닙니다. 자신과 사물의 관계, 사물과 사물의 관계에 대한 본질적인 통찰을 말합니다. 치지致知는 격물로 얻은 지식과 지혜를 끝까지 추구하여 완성하는 것을 말합니다.

성의誠意와 정심正心은 윤리의 개인 행동적인 측면을 반영합니다. 성의誠意는 의지를 성실히 다지는 것이고, 정심正心은 마음을 바르게 잡는 것을 말합니다. 성의와 정심이 모여 자신을 수양한다는 수신修身을 구성합니다. 여기까지가 바로 개인윤리입니다. 개인윤리를 확립하기 위하여 격물, 치지, 성의, 정심이라는 단계, 절차를 차근차근 밟아나가야 합니다.

수신을 바탕으로 혹은 수신과 함께 국가경영의 철학이 도출되는데 제가, 치국, 평천하가 이에 해당합니다. 제가齊家는 흔히 집안을 화목하게 이끄는 것으로 생각합니다. 하지만 동양 고대의 윤리에서 제가는 황제 또는 왕의 집안을 다스리는 것을 말합니다. 황비, 왕비를 구하는 법, 환관과 외척을 관리하는 방법이 포함되어 있습니다. 제가는 수신의 확대판이 아니라 국가경영의 주요 영역입니다(김병섭, 2018). 치국治國은 나라를 잘 다스리는 것을 말하고 평천하平天下는 천하를 평화롭게 하는 것을 의미합니다. 천하는 중국 고대에는 중화를 의미했습니다만 지금은 지구촌 정도로 생각하면 충분하겠습니다.

대학의 8조목에서 주목할 것은 첫째, 수신이라는 개인의 수양 차원과 치국, 평천하라고 하는 국가경영 차원이 함께 논의되고 있고, 둘째, 지식과 윤리가 함께 탐구되고 있으며, 셋째, 개인의 정체성과 국가경영 철학이 함께 검토되고 있다는 점입니다. 개인윤리의 개념을 극대화하여 국가경영 원리로까지 자연스럽게 발전시키고 있습니다. 윤리의 개념을 극대화하여 국가운영 원리를 윤리적 차원에서 해명한 것은 『대학』 이전에도 없었고 『대학』 이후에도 없는 것으로 보입니다. 대학은 동양 고대 국가경영 철학의 정수로서 개인윤리와 국가경영 원리를 결합한 것으로 평가할 수 있습니다.

『대학』의 궁극적인 관심사는 치국과 평천하이고 이를 위하여 격물, 치지가 그 기초가 됩니다. 하지만 이들 내용은 서로 분리되어 있지도 않고 선후의 문제도 아닙니다. 함께 공존하고 있습니다. 나라를 다스리는 일과 자기 몸을 닦는 일이 서로 분리된 일이 아니고 하나로 연결되어 있습니다(김병섭, 2018).

『대학』은 격물, 치지, 성의, 정심, 수신을 명명덕明明德으로 보고, 이를 본本이자 체體로 봅니다. 제가, 치국, 평천하를 신민新民으로 분류하고 말末이자 용用으로 파악합니다(김병섭, 2018). 『대학연의大學衍義』를 쓴 진덕수는 본과 말, 체와 용의 중용을 강조합니다. 즉 체만 있고 용이 없는 노자와 장자의 학문은 자기 몸만 강조하는 것으로 개인적인 양생에만 관심을 가져 세상일에 무관심하고 신민을 하지 않는다고 비판합니다. 그리고 용만 있고 본이 없는 신불해, 상앙, 한비자의 형명학은 세상이 참혹하고 은혜가 적어지게 만들거나 종횡학은 변설로서 나라가 어지러워진다고 비판합니다(진덕수, 2018). 본과 말, 체와 용은 용어상 큰 차이가 있어 보이지만 사실 임의적인 분류일 뿐 중요성에서 큰 차이가 없습니다. 다만 출발점이 어디인지 뿌리가 어디인지를 밝히는 정도의 의미가 있다고 이해됩니다.

『대학』의 윤리와 철학은 현시대에도 많은 가르침을 줍니다만 그래도 비판적으로 볼 부분이 있습니다. 첫째, 『대학』의 윤리와 철학은 봉건시대의 윤리와 철학입니다. 비록 애민사상, 덕치주의 등으로 포장되어 있으나 봉건시대의 틀을 벗어나지 못했습니다. 봉건시대의 윤리와 철학은 현재의 민주주의 철학과 대립합니다. 봉건시대 철학은 인간의 불평등을 인정하고 자유를 부정합니다. 귀족계급은 자유롭지만, 하층계급은 일방적으로 의무만 부담할 뿐입니다. 하층계급은 시민이 아니라 백성이자 신하인 신민臣民으로서 자유를 보장받지 못했습니다. 자유와 평등이 없는 철학은 왕과 귀족을 위한 봉건시대의 철학일 뿐입니다.

둘째, 『대학』으로 대표되는 동양의 고대 윤리와 철학은 경제적 안정과 발전을 소홀히 합니다. 현대는 경제가 너무 강조되어서 문제이지만 봉건시대에는 너무 강조되지 않아서 문제였습니다. 경제성장이 1년에 0.1% 정도밖에 안 될 정도로 경제의 변화가 적었기 때문이기도 하고 경제를 귀족계급이 독점하고 있었기 때문이기도 합니다. 경제성장이 연 0.1%라고 하면 거의 변화가 없는 것입니다. 어쩌다 흉년이 들면 경제는 순식간에 후퇴합니다. 세상은 순환할 뿐 발전하지 않는다고 보는 것이 정상적인 세상입니다.

인간의 행복을 구성하는 요소 중의 하나는 경제적, 물질적 안정입니다. 이를 무시하고 윤리만 강조하는 것은 루쉰이 말한 '정신승리'일 가능성이 큽니다. 춘추전국시대 제나라 환공을 패자로 만든 관중이나 왕이 불러도 가지 않는 신하라고 스스로 자랑했던 맹자 등 일부 동양의 고대 사상가들은 경제가 중요함을 알아채고 나라를 경제적으로 안정시키고자 노력했습니다. 하지만 이들의 입장이 다수를 점하지는 못합니다. 봉건시대가 해결하지 못했던 가장 큰 문제는 먹고 사는 문제, 기아의 문제였습니다. 경제가 전부인 것은 아니지만 경제를 무시해서는 사람들의 행복을 보장할 수 없고 훌륭한 리더십을 만들 수 없습니다.

셋째, 사람을 강조하는 고대 동양의 전통은 제도를 가볍게 봅니다. 이것은 왕조 국가, 귀족사회의 특징입니다. 왕조 국가, 귀족사회의 시스템은 이미 완성되어 있습니다. 남은 것은 제대로 운용하는 것뿐입니다. 새로운 시스템, 제도를 도입하자고 하는 것은 왕조 국가, 귀족사회의 근간을 흔드는 역모에 해당합니다. 그래서 제도의 개혁, 즉 새로운 법률 제정과 집행기구 창설과 개혁을 하지 않습니다. 개혁하면 새로운 계급이 지배계급으로 들어오게 되고 지배계급의 배타적 지배가 약화되기 때문입니다.

현대사회는 민주주의 사회입니다. 봉건시대와 달리 사람에 의하여 운용되는 사회, 특정 계급이나 계층이 지배하는 시대가 아닙니다. 정권교체가 일상적인 시대이며 수많은 사람이 정치에 참여하고 있으며 더 많은 사람들이 정치에 참여하도록 독려하는 시대입니다.

현대사회는 제도가 없다면 운영 자체가 불가능한 사회입니다. 돈 없는 사람들도 정치하도록 하는 것이 선거제도입니다. 사회적 약자에게 복지와 존엄한 생활을 보장해주는 것도 복지제도입니다. 제도가 없다면 현대 민주주의 사회는 존속될 수 없습니다. 사람이 중요한 것은 틀림없으나 제도도 매우 중요합니다. 더 나은 사회를 위하여 제도개혁을 이야기하지 않고 사람이 모든 것을 결정한다는 주장은 시대착오적인 주장이거나 개혁을 반대하는 기득권자의 주장일 가능성이 큽니다.

2. 최소한의 기업윤리

기업에 대해 윤리를 말하는 것 자체가 이상하다고 생각했던 시대는 이미 지나갔습니다. 세계적인 대기업, 초국적 기업, 높은 브랜드 가치를 가진 기업은 기업윤리를 계속 강조해왔습니다. 이들 초일류 기업은 대중들에게 판매하는 것은 상품이 아니라 가치라고 주장합니다. 기업의 목적이 이윤 창출이라거나 생존이라는 원초적인 이야기는 아예 꺼내지도 않습니다. 윤리는 기업 일부가 되었고 또한 확대되고 있습니다. 여기의 기업윤리는 앞에서 말한 바와 같이 윤리에 기초한 기업 구성원리, 경영원리라고 할 수 있습니다.

과거에도 기업윤리는 있었습니다. 하지만 기업의 영향력이 적었기 때문에 그리 강조되지는 않았습니다. 지금 기업은 그 어떤 조직보다 막강한 영향력을 행사하고 있고 미래에는 더 큰 힘을 행사할 것입니다. 국가도 기업의 눈치를 볼 정도입니다. 그리고 사회와 세계가 위기에 처하는 만큼 윤리에 대한 요구도 높아지고 있습니다.

이러한 변화는 기업이 윤리를 수용하도록 만드는 외적인 힘입니다.

이 힘을 기업은 외면하기 힘듭니다. 기업 역시 사회공동체에서 활동하고 사회공동체의 도움을 받기 때문입니다. 이런 시대의 변화를 기업이 주체적, 적극적으로 수용하는가 아니면 소극적으로 대응하느냐는 기업에 따라 차이가 있습니다. 대부분의 좋은 기업은 주체적이고 적극적인 대처를 합니다. 이것이 기업윤리를 발전시키는 힘입니다.

그렇지만 여전히 기업과 윤리는 잘 어울리지 않아 보입니다. 가정과 윤리, 시민단체와 윤리, 정치와 윤리, 국가와 윤리와 비교하면 기업과 윤리는 좀 생소합니다. 생겨난 것도 최근이고 여전히 유동적이라는 느낌을 지울 수 없습니다. 기업과 윤리의 모순적인 동거는 최소지향의 기업윤리와 최대지향의 기업윤리가 대립하는 현실에서 확인할 수 있습니다.

최소한의 윤리 혹은 축소 지향적 기업윤리는 "기업의 정책, 조직, 행동에 적용되는 꼭 지켜야 할 도덕적 기준"(신형덕, 2016)으로 규정됩니다. 여기에서는 윤리의 기업 지배는 작으면 작을수록 좋다는 인식을 보입니다. 이 인식은 기업가들의 일반적인 생각, 즉 윤리적 행동에 대해 엄격한 잣대를 들이댈수록 수익성은 점점 나빠질 것이라는 생각에 기반하고 있습니다(로버트 하틀리, 2006).

기업이 윤리성이 의심되는 행동을 하게 되는 근본 원인은 수익성에 있습니다. 윤리성이 의심되는 행동의 원인으로는 ① 성과에 대한 지나친 강조, ② 경쟁의 심화, ③ 편의주의 · 무관심 · 부주의, ④ 관행, ⑤ 집단적 사고 혹은 집단에서 합의된 의견에 따르기, ⑥ 이기적인 동기의 사적 이익 취득 또는 횡령 등이 있습니다(로버트 하틀리, 2006).

이 중 가장 강력한 동기는 성과에 대한 지나친 강조와 경쟁의 심화입니다. 달리 말하면 수익성에 대한 압박입니다. 사람들은 일반적으로 기업을 윤리적 기준으로 평가하지 않습니다. 매출과 이익, 기술과 특허, 미래비전 등을 중심으로 기업을 평가합니다. 기업을 좌우하는 주주나 채권자, 협력업체의 평가가 그렇고 기업에 종사하는 개인 노동자와 관리자 역시 자신의 성과를 매출과 이익을 중심으로 평가합니다. 기업에 투자하는 순간 절대다수 사람들은 냉정한 경제인의 관점을 취합니다. 수익성이 좋지 않다면 투자자는 당장 투자를 회수하고 관리자와 노동자는 연봉이 삭감당하거나 해고당합니다. 정부에 대한 평가도 같습니다. 평가에서는 의도보다는 성과가 중요합니다.

치열한 경쟁은 기업의 생존을 위협합니다. 기업의 최종 목적은 이윤 창출도, 가치 창출도 아닙니다. 궁극적인 목적은 살아남는 것, 생존, 영생입니다. 기업의 생존 욕구는 개인의 생존 욕구를 훨씬 뛰어넘습니다. 이윤은 그다음입니다. 살아남아야 이윤을 만들 수 있습니다. 지금은 적자라도 살아남을 가능성이 있다면 참고 견딥니다.

자본은 확대재생산을 통해 영생을 추구합니다. 어쩌면 인간이 가지고 있는 꿈인 '영원한 삶'을 현실에서 실제로 구현하고 있는 것이 기업일지도 모릅니다. 개인은 자살을 생각할 수도 있고 일부는 실제로 시도하지만, 기업은 자살을 시도하지 않습니다. 기업과 자본은 강제로 해산되고 파괴당할 뿐입니다. 개인은 굴욕을 참지 못할 수 있으나 기업과 자본은 살아남기 위해서 그 어떤 굴욕도 참습니다. 살아남기 위해서 무한경쟁을 벌입니다. 무한경쟁은 기업에 비윤리적인 혹은 윤리성이 의심되는 행위를 하도록 강제합니다.

개인은 윤리적이면서도 지속 가능한 삶을 살아갈 수 있습니다. 이런 삶을 사는 사람이 바람직한 인간상으로 존경을 받습니다. 영적인 지도자, 종교인, 수도자, 철학자, 가치 추구자, 심지어 산에서 생활하는 자연인 등 그 사례는 많이 있습니다. 마하트마 간디, 테레사 수녀, 루터 킹 목사 등 영적인 지도자도 있습니다.

하지만 기업 자체는 윤리적일 수 없고 지속 가능한 삶을 영위할 수 없습니다. 이런 관점에 서면 윤리는 최소한이어야 하고 축소 지향적이어야 합니다. 사회의 변화에 따라 윤리를 수동적으로 수용할 뿐 적극적으로 윤리를 확장하는 것은 곤란합니다. 기업이 윤리를 활용하는 것은 어디까지나 기업의 이윤 창출과 기업의 생존에 유리한 경우일 뿐입니다. 최근 대기업, 초국적 기업, 높은 브랜드 가치를 지닌 기업이 윤리를 강조하는 것은 윤리가 최소한 기업의 생존방식을 방해하지 않고 기업의 생존에 오히려 도움이 되기 때문이라고 할 수 있습니다.

3. 확대되는 기업윤리

최소지향적, 축소 지향적 윤리가 기업윤리의 출발점인 것은 사실이지만 이에 대한 반대도 강합니다. 당당히 최대한의 윤리 혹은 확장 지향적 윤리를 주장하는 것도 하나의 흐름입니다. 이 흐름은 기업윤리를 "기업이 정당하고 공정하며 정의롭게 경영 활동을 수행하도록 인도해 주는 지침 혹은 기준이며 기업이 계속 존속 · 발전하기 위하여 마땅히 행하거나 준수해야 할 도리 또는 규범"(박상안 외 3, 2007)이라고 정의합니다. 기업에 적극적으로 정의, 공정, 윤리가 필요하다고 이야기하며 마땅히 해야 할 도리인 도덕을 강조합니다.

기업윤리의 강조는 이론만이 아니라 현실에서도 실천되고 있습니다. 아동노동, 노예노동을 줄여 노동자를 보호하고 환경보호 기술을 사용하여 생태계를 보호하고 편리한 물건을 만들어 소비자의 요구에 부응하는 기업윤리가 발전하고 있습니다. 세계의 가난을 해결하기 위하여 가장 많은 노력을 하는 곳은 국가 다음으로 기업입니다.

최대한의 윤리, 확장 지향적 윤리를 지향하는 이 흐름은 기업윤리의 타락과 기업의 몰락 사이에 높은 상관관계가 있다고 봅니다. 기업은 이윤을 만들지 못해 망하기도 하지만 비윤리적인 경영으로 망하기도 한다는 점을 강조합니다. 확장 지향적 기업윤리는 기업윤리를 확대하고 정착시키기 위하여 윤리강령을 적극적으로 만들고 확산합니다. 윤리강령은 윤리를 정식화한 것으로서 기업윤리의 핵심에 해당합니다. 기업윤리의 출발점이고 기업의 모든 구성원에 구속력을 가집니다. 대표이사나 간부들도 윤리강령이 있다면 이를 준수해야 합니다. 윤리강령에 대해 윤리자원센터는 다음과 같이 정의하고 있습니다(앤드류 길리어, 2015).

> 직장에서의 일상적인 의사결정을 지원하기 위한 중요한 지침이다. 이것은 기관의 사명, 가치 그리고 원칙과 같은 조직의 토대를 분명하게 한다. 또한, 회사의 관리자, 종업원, 이해관계자들에게 그러한 토대가 일상의 의사결정과 행동, 활동 등에 어떻게 적용되는지 이해하도록 도와준다. 어떤 이들은 강령이 개인의 활동을 제한하기 위해

> 설계되었다고 믿을지 모르지만 가장 최고의 강령은 사람들을 자유롭게 하고 권한을 부여하여 더 큰 확신을 가지고 더 효과적인 의사결정을 할 수 있도록 설계된다.

기업의 역사는 기업윤리가 확장 지향적이었고 지금도 확장 중이라는 점을 보여줍니다. 기업윤리의 역사는 ① 종업원의 발언권이 확장됨과 함께 경영자에 대한 비판이 증가한 현실, ② 기업의 사회적 책임 문제가 추상적 논의를 벗어나 명확한 법적 책임이 부여된 핵심 성과평가 이슈로 발전한 사실, ③ 기업윤리가 법무팀이나 인적 자원부서 영역에서 기업윤리 담당자를 임명하는 방향으로 조직의 구성이 변화한 현실, ④ 윤리강령은 대외관계를 위한 겉치레 문서에서 이해관계자들과 공유하는 성과측정 문서로 발전한 사실 등을 보여줍니다(앤드류 길리어, 2015).

이런 경향은 특히 초거대기업의 경우에 두드러집니다. 엑슨 모빌의 경영 이념은 기업시민의 개념을 도입하여 다음과 같이 밝히고 있습니다(송호근, 2019).

> 우리는 우리 회사가 운영되는 세계 모든 곳에서 모범적인 기업시민이 될 것을 맹세한다. 최상의 윤리코드를 지키고, 법률과 규제를 따를 것이며, 공장 입지국의 지역문화와 민족문화를 존중하고, 환경과 안전에 관한 모든 조치를 취할 것이다.

포드는 다음과 같이 기업시민, 기업윤리를 표명합니다(송호근, 2019).

기업시민은 우리의 일상 결정과 행동의 중대한 규준이다. 기업시민에 대한 우리의 가치는 기업정체성, 사업방식, 피고용자를 대하는 태도, 그리고 세계와의 교류양식에서 드러날 것이다.

나이키 역시 유사한 내용을 선언하고 있습니다(송호근, 2019).

우리가 참여하는 세계 각지에서 창의적이고 감동적인 세계시민global citizen이 되고자 하는 것이 우리의 비전이다. 우리는 지속 가능하고 이윤이 창출되는 책임 있는 사업행위를 매일의 일상사 속에서 구할 것이다.

기업윤리는 계속 확대되고 있습니다. 기업의 핵심 가치가 되고 있고 수동적인 이미지에서 벗어나 적극적인 이미지를 획득하고 있습니다. 그 최종적인 도착지점 중의 하나가 기업시민 개념입니다. 엑슨 모빌, 포드, 나이키가 기업시민을 강조하는 것은 기업윤리의 현주소를 보여주는 사례입니다.

한국기업 중에서는 포스코가 처음으로 기업시민 개념을 도입하여 기업윤리를 한 단계 높이고자 하고 있습니다. 포스코 최정우 회장은 기업시민 개념을 다음과 같이 규정하고 있습니다(포스코, 2019).

기업시민이란 기업에 인격을 부여하여, 현대 시민처럼 사회 발전을 위한 공존 · 공생의 역할과 책임을 다하는 주체를 의미합니다. 기업시민 포스코는 사회구성원으로서 공감, 배려, 상생의 마음으로 국가와 지역사회의 다양한 이해관계자들에게 한 발 더 가까이 다가갈 것을 약속하며, 비즈니스 파트너와 함께 가치를 창출하고Business With POSCO, 더 나은 사회를 함께 만들며Society With POSCO, 신뢰와 창의 문화를 함께 구축People With POSCO하겠다는 의지의 표현입니다.

포스코는 기존 보고서를 개선하여 경제, 환경, 사회성과를 담은 통합보고서로 "기업시민보고서"로 발행하고 있습니다. "기업시민보고서"는 지속가능성이 포스코의 장기적 성공에 어떻게 기여하고 고객, 직원, 주주, 협력사 등 사회를 위해 어떻게 가치를 창출하는지를 담고 있습니다. 기존 기업윤리 개념을 확장하여 사회영역에서 이를 다루고 있습니다.

포스코는 "Society 영역에서 사회구성원으로서 청년실업 · 저출산 등의 사회문제에 공감하고, 그 해결을 위한 선도적인 역할을 수행하고, 청년실업 · 저출산 문제해결에 실질적 도움을 줄 수 있는 청년 취 · 창업과정운영, 벤처지원 프로그램 '아이디어마켓 플레이스' 운영, 포스코 고유의 대 · 중 · 소 기업 상생협력모델구축, 협력사 직원 자녀까지 이용 가능한 어린이집 설립 등 다양한 활동을 구체화하여 실행할 것"을 선언하고 있습니다(포스코, 2019).

이러한 노력은 2019년 7월 25일 포스코의 기업시민헌장 선포로 이어집니다. 포스코의 기업시민헌장 내용은 다음과 같습니다. 기업윤리의 현주소를 보여주는 하나의 지표에 해당합니다.

포스코 기업시민헌장

기업의 경영 활동은 사회를 기반으로 이루어지며 사회와 조화를 통해 성장하고 영속할 수 있다.
우리는 사회의 자원을 활용하여 성장한 기업이 사회공동체의 일원으로서 경제적 이윤 창출을 넘어 사회문제 해결에 동참하고 인류의 번영과 더 나은 세상을 만들어 가는데 기여하는 것이 올바른 길이라고 믿는다.
포스코는 '더불어 함께 발전하는 기업시민' 경영이념 하에 고객, 구성원, 주주 등 모든 이해관계자와 소통하고 공감하면서 끊임없이 변화하고 혁신하여 궁극적으로 더 큰 기업가치를 창출하며 지속 성장하고자 한다.
이에 기업시민 포스코는 모든 경영 활동에 있어 다음 원칙을 준수한다.

하나, 비즈니스 파트너와 함께 강건한 산업 생태계를 조성한다.
· 모든 사업에서 공정 · 투명 · 윤리의 가치를 실현한다.
· 배려와 존중의 자세로 협력사, 공급사와 협업하고 동반 성장한다.
· 최고의 제품과 서비스를 제공하여 고객 성공을 지원한다.

둘, 사회문제 해결과 더 나은 사회 구현에 앞장선다.
· 사회가 직면한 문제에 공감하고 기업 차원의 역할을 다한다.

· 지역사회 발전과 환경보호를 위한 공익적 활동을 전개한다.
· 이웃을 배려하는 마음으로 모든 구성원이 나눔 활동에 적극 참여한다.

셋, 신뢰와 창의의 조직문화로 행복하고 보람 있는 회사를 만든다.
· 안전하고 쾌적한 근무환경을 조성하여 구성원의 건강과 안녕을 도모한다.
· 공정한 인사와 안정적 노사관계로 신뢰와 화합의 조직문화를 선도한다.
· 다양성을 포용하고 일과 삶이 균형을 이루는 행복한 일터를 구현한다.

포스코의 기업시민헌장 내용이 모두 달성된다면 기업이야말로 우리 미래를 책임지는 조직이 될 것입니다. 하지만 현실은 항상 이론보다 복잡합니다. 모두 달성된다고 낙관할 수 없습니다. 많은 난관이 있을 것이고 주된 난관은 기업 자체의 것일 가능성이 큽니다. 그렇기 때문에 더 많은 노력이 필요합니다. 기업윤리의 확장, 기업윤리의 변화는 환영하고 격려해야 할 현상입니다.

현대의 기업윤리는 겉치레 포장에 머무르지 않습니다. 강제력을 담보하고 있기 때문입니다. 기업 내에 윤리를 담당하는 전문조직과 인력이 만들어지고 배치됩니다. 처음에는 겉치레로 출발했을 수도 있습니다. 하지만 윤리강령이나 규범을 만들어 이를 강제하고 기업윤리를 담당하는 조직을 만들면 윤리는 강제성을 띱니다.

다만 기업윤리가 항상 기업의 생존, 이윤보다 앞선다고 단정할 수는 없습니다. 현실에서 기업윤리를 발전시키고 있는 기업은 세계적인 초거대기업이라는 점에 유의해야 합니다. 대부분 중소기업과 상당수의 대기업은 기업윤리를 실천하지 못합니다. 기업윤리를 실천하지 못하는 사례로 최근 한국 사회를 떠들썩하게 했던 가습기 살균제 사태, 라돈 침대 사태, 국정농단 사태가 있습니다.

최소한의 기업윤리와 최대한의 기업윤리는 이론과 현실에서 충돌하고 있습니다. 하나의 기업이 시기나 장소에 따라, 성장 정도에 따라 다른 입장을 취하기도 합니다. 아무리 비윤리적인 기업이라고 하더라도 창업 때부터 사장이 비윤리적인 행위를 해서라도 돈을 벌어야겠다고 마음 깊이 다짐하지는 않았을 것입니다.

중요한 것은 경향입니다. 자본주의 역사는 자본주의에 대한 비판을 포함하는 역사입니다. 자본주의에 대한 비판은 한편으로는 사회주의를, 다른 한편으로는 기업윤리를 낳았습니다. 최근의 글로벌화, 세계화에 따른 피해는 윤리의 중요성을 부각시키고 있습니다. 기업의 활동이 일국 단위를 넘어서면서 국제적인 경제, 환경, 노동, 인권, 문화의 문제를 낳기 때문입니다. 거대 기업의 문제는 곧 국제 경제의 문제입니다. 2008년 미국발 금융위기, 2019년 코로나바이러스 19 사태는 세계가 얼마나 경제적으로 긴밀하게 결합되어 있는가를 잘 보여주었습니다.

기업윤리는 피해가 직접 발생하는 후진국이 아니라 초국적 기업의 본사가 있는 선진국에서 더욱 강조됩니다. 세계경제 문제, 환경문제, 노동

문제, 인권문제, 부패범죄 등에 민감한 국가는 역시 이에 대한 보호 법제 및 감수성이 발달한 선진국입니다. 초국적 기업의 본사가 있는 국가들입니다. 선진국 중심의 윤리경영 강조가 현재의 흐름입니다. 윤리를 포함한 모든 국제기준은 선진국과 UN 중심으로 마련되고 있습니다. 당분간 기업윤리는 계속 확장될 것이라고 예상하는 근거 중의 하나가 여기에 있습니다.

기업윤리가 무한 확장하지는 않는다는 것 또한 분명합니다. 기업의 입장에서 기업윤리가 필요한 것은 기업의 존속이 윤리에 의하여 좌우되는 결정적인 경우가 드물게 생기기 때문입니다. 보통의 기업인들은 기업윤리를 적극적, 긍정적, 생산적인 것이 아닌 소극적, 수동적, 소모적인 것으로 생각합니다.

기업윤리는 사전예방을 중시합니다. 사전예방 중심이므로 비용의 지출은 즉각적, 감각적이지만 이익은 눈에 보이지도 않고 추상적, 장기적입니다. 기업윤리의 이러한 특성은 윤리를 기업의 가장 기본적인 경영원칙으로 격상시키지 못하는 주요 요인입니다. 개인의 생활에서도 윤리가 바탕이기는 하지만 가장 기본은 아니라는 점도 염두에 두어야 합니다. 기업윤리의 확대 경향과 그 한계를 정확히 인식하는 것이 필요합니다.

현대사회에서 윤리는 확실히 확대 경향을 보여주고 있습니다. 하지만 어디까지나 경향일 뿐 이를 구체화하는 것은 개인, 조직, 공동체, 국가입니다. 윤리의 최소성과 최대성이 대립한다면 사람들은 최소성을 자연스럽게 지향합니다. 편하기 때문입니다. 의식적으로 노력할 때에만 윤리는 확대될 것입니다.

윤리가 더 확대되기 위해서는 윤리의 역할을 이해하는 것이 필요합니다. 윤리의 여러 얼굴, 단계를 검토함으로써 윤리의 내용을 이해했습니다. 여기에 더해 윤리가 개인, 가정, 시민사회, 국가, 지구촌 차원에서 하는 역할을 이해하면 더욱 윤리를 잘 이해할 수 있습니다. 우리에게 큰 영향을 미치는 경제와 정치의 역할과 비교할 때 윤리의 모습은 더욱 선명하게 이해됩니다. 그 전에 윤리의 자유 제한기능을 먼저 살펴보도록 합시다.

4. 윤리와 자유주의의 갈등

윤리의 단계를 살펴보면서 윤리의 장점을 주로 살펴보았습니다. 그러나 윤리는 현대인에게 제대로 받아들여지지 않습니다. 심리적, 내용적으로 불편한 것이 있기 때문입니다. 윤리가 진정 좋은 것이라면 이런 불편함은 없을 것입니다.

윤리에 대한 불편함은 먼저 윤리를 입시용으로 배우기 때문에 시작됩니다. 아무리 좋은 내용이라도 입시용으로 공부를 하면 당연히 불편하고 피곤합니다. 특히 한국에서 공부란 노동이기 때문에 공부하는 과정이 즐거울 리 없습니다. 한국의 공부는 현실과 맞지 않을 뿐 아니라 오히려 현실의 괴로움을 가리는 역할을 합니다. 다른 공부도 그렇지만 윤리와 도덕은 더욱 그렇습니다. 현실과 맞지 않는 이야기, 현실의 괴로움을 회피하는 이야기가 재미있을 리 없습니다. 학교에서 윤리와 도덕을 경시하는 현실은 이를 더욱 부채질합니다.

윤리의 방향이 일방적이라는 점 역시 현대인에게 심리적 불편함을 초래합니다. 윤리를 주로 이야기하는 사람은 기성세대이고 듣는 사람은 젊은이들입니다. 아무래도 젊은이들의 생각과 활동을 통제하여 사회 전통에 따르도록 하는 것이 윤리의 역할입니다. 효도와 충절을 강조하는 것은 아무래도 기성세대일 가능성이 높습니다.

세대 간의 의식 차이는 역사 이래로 계속 있었지만 최근처럼 변화가 빠른 시기에는 더욱 부각됩니다. 세대 간 전쟁이라고 표현할 정도로 인식의 차이가 큽니다. 그 인식 차이의 중심에 윤리가 있습니다. 윤리만큼 신세대가 불편하게 느끼는 것은 없는 것 같습니다. 최근에 경멸적으로 사용하는 '꼰대'라는 표현은 신세대가 구세대의 윤리 강요에 대해 느끼는 불편함을 드러내는 하나의 표현입니다.

현대인이 갖는 윤리에 대한 불편함은 단순히 감각적이거나 심리적인 문제가 아닙니다. 철학적인 근거가 있습니다. 윤리가 갖는 의무 지향적 공동체주의와 현대인의 자유 지향적 개인주의가 충돌하기 때문입니다. 현대사회는 모든 장애와 한계를 넘어 자유를 추구하는 자유 지향적 사회입니다. 그 뿌리에는 개인주의가 있습니다.

전통윤리는 자신이 다른 사람과의 관계에서 무엇을 해야 하는가, 무엇을 해야 공동체가 유지될 것인가 하는 의무 중심으로 구성되어 있습니다. 그리고 그 뿌리에는 개인보다 공동체가 우선이라는 공동체주의가 깔려 있습니다. 두 가치가 충돌하는 것은 당연합니다.

자유주의는 우선 정치적 자유, 법률적 자유, 개인의 자유로 나타납니다. 그리고 그 바탕에는 경제의 자유, 재산권의 자유가 있습니다. 정치적 자유주의는 개인들의 정치적 각성과 활발한 정치활동을 요구합니다. 법률적 자유주의는 법에서 금지한 것 이외에는 자유를 보장하므로 자유의 폭을 대폭 넓힙니다. 원래 모든 행위는 자유로우나 정치적 공동체가 법률로 규정한 경우에만 금지된다고 봅니다. 치자와 피치자의 동일성, 자기 지배의 원리가 정치적 자유로부터 도출됩니다. 개인의 자유는 개인의 내밀한 부분에 대한 절대적인 자유를 의미합니다. 개인의 절대적인 자유는 종교, 양심, 사상에서 출발했지만 지금은 육체와 성적 지향에까지 확대되고 있습니다.

자유주의는 현대와 미래의 필수요소입니다. 자유로운 노동, 활동, 창작, 발명 등이 더욱 필요하기 때문입니다. 인간 존엄성의 바탕이기도 합니다. 자유주의는 필연적으로 개인주의와 결합합니다. 자유는 개인 단위에서 나타납니다. 개인주의가 확립되어야 자유가 최대화되고 자유주의가 정착되어야 개인은 자유로운 시민이 됩니다.

개인주의도 한계가 있습니다. 인간은 공동체에 근거하여 살아가는 사회적 존재이므로 개인주의가 극단화되면 고통을 줍니다. 개인주의가 너무 심각해서 고통 또한 큰 것이 현대사회이기도 합니다. 현대사회가 개인에게 주는 고통은 여전히 남아 있지만 개인의 고통과 관계없이 현대사회의 구성원리는 개인주의와 자유주의입니다. 이 사실은 앞으로도 큰 변화가 없을 것입니다.

윤리는 자유주의에 비해 의무 지향적이고 공동체를 중시합니다. 공동체를 중시하므로 공동체를 위하여 개인의 자유를 억압하는 측면이 있습니다. 공동체를 유지하려면 여러 규범이 필요합니다. 규범 자체는 자유를 제약하는 특징이 있습니다.

규범에 따라서는 자유를 제약하지 않고 확대하는 것이 있다고 생각할 수도 있습니다. 서로에게 공정한 규범은 나와 함께 상대방의 자유도 보장하기 때문에 자유를 증진시킵니다. '다른 사람의 물건, 주지 않는 물건을 가지지 말라'는 윤리 규범은 다른 사람의 재산권을 지키면서 자신의 재산권도 지키는 역할을 합니다.

하지만 자신의 자유 신장, 자신의 재산권 보장이라는 결과는 규범의 간접적인 결과입니다. 규범은 물건을 '훔치지 말라'는 것으로 나타납니다. 직접 행동을 제약합니다. 이를 통해 자신과 타인의 안전이 보장되는 것은 부수적인 효과입니다.

개인의 자유와 공동체의 유지라는 가치는 서로 타협, 조정할 수 있는 가치들입니다. 현실에서는 적정한 선에서 서로를 존중하고 있습니다. 개인의 자유가 공동체의 질서를 완전히 배제하지도 않고 공동체가 개인의 자유를 전면 억압하지도 않습니다. 하지만 근본적인 대립은 해소될 수 없습니다. 자유주의를 습득한 개인들은 과거로부터 내려온 공동체의 규범을 억압적인 체제로 인식합니다.

윤리는 공동체라는 이름으로 개인의 자유를 억압해 왔습니다. 가족공동체에 기반한 가족윤리는 여성과 아동의 자유를 억압했습니다. 마을공동체, 지역공동체에 기반한 지역윤리는 여성과 젊은이들의 자유를 제한했습니다. 국가윤리 역시 개인의 자유를 통제합니다. 국가가 위기에 처했을 때는 개인에게 목숨까지도 요구합니다. 전쟁 중에는 양심적 병역 거부를 용납하기 어려운 정서가 작동합니다. 국가는 통치의 편의를 위하여 자유주의와 개인주의에 반대하는 경향이 있습니다. 봉건시대까지는 공식적이고 체계적으로 자유주의와 개인주의를 억압해 왔습니다. 윤리와 법률이 그 역할을 했습니다. 자본주의 이후에는 자유주의와 개인주의를 억압하는데 윤리가 동원되었습니다.

시민혁명 이후에도 윤리는 법률의 형태로 그 영향력을 행사합니다. 윤리가 법률이라는 형식으로 개인의 자유를 억압한 대표적인 사례는 호주제입니다. 호주제는 봉건적 가부장제의 법률적 표현입니다. 봉건시대가 끝나고 개인주의가 확립되면서 당연히 사라졌어야 했으나 오랜 투쟁 끝에 2008년 겨우 폐지되었습니다. 호주제는 전통이라는 이름으로 여성과 아동의 자유를 끝까지 제한했습니다. 역사와 전통이라는 이름으로 윤리가 법률로 편입되어 개인의 자유를 억압했던 사례 중의 하나입니다.

사회적 약자가 느끼는 윤리와 사회적 강자가 느끼는 윤리는 판이하게 다릅니다. 이것은 윤리에도 당파성, 계급성이 있다는 것을 말합니다. 이 당파성 때문에 현대 시민들은 불편함을 느낍니다. 그 불편함은 단순히 윤리가 과거의 것이라는 심리적인 것이 아니라 사회적 약자의 자유와 평등을 억압하는 기제로써 역할을 해온 윤리에 대한 반발심입니다. 윤리를 마냥 찬양해서는 안된다는 점을 잊지 말아야 합니다.

제 3 장

윤리의 역할

ETHICS

윤리가 현대사회를 움직이는 기본원리인 것은 틀림없습니다. 경제와 정치가 지배하는 현대사회에서도 윤리에 대한 강조는 식지 않습니다. 오히려 사회가 타락할수록 윤리를 더 강조합니다. 하지만 윤리의 역할이 무엇인지는 모호합니다. 특히 경제, 과학, 정치에 비하여 윤리는 적극적인 역할을 하지 않는 것 같아 보입니다. 윤리의 역할을 모르면 윤리가 왜 필요한지도 모르고 윤리적인 사회, 윤리적인 삶을 강조할 수도 없습니다. 윤리가 사회에 대하여 어떤 역할을 하는지 살펴보면 윤리를 더 정확히 이해할 수 있습니다. 사회를 움직이는 가장 큰 힘인 경제와 정치와 비교하면서 윤리의 역할을 살펴봅니다.

CHAPTER 1

경제와 윤리

1. 경제의 중요성

경제는 인류 역사에서 항상 중심이었고 지금도 중심입니다. 인간의 행복과 안전을 좌우하는 요소 중에서 경제, 먹고 사는 문제는 매우 중요합니다. 경제가 만들어내는 풍요는 행복의 주요 구성요소입니다. 행복은 정신적인 것이지만 물질이 뒷받침되지 않으면 안 됩니다. 윤리를 강조했던 고대 동양에서도 먹고 사는 문제는 윤리의 중심에 있었습니다. 먹고살 만해야 예와 인을 찾을 수 있다고 여러 사람들은 보았습니다. 관중과 맹자가 대표적인 인물입니다. 사회와 국가 번영의 주요 요소 역시 경제입니다. 경제가 제대로 운용되면 사회와 국가는 번영하고 경제가 제대로 운용되지 않으면 사회는 정체되고 소멸합니다.

경제법칙은 인간의 의도나 의지와 관계없이, 개인의 처지와 관계없이 관철됩니다. 아무리 개인이 어려움에 처하고 굶어 죽는다고 해도 신용이 없다면 개인에게 돈을 빌려주지 않습니다. 사람이 만 명이 죽어도 100만 명이 실직해도 이 법칙은 바뀌지 않습니다. 신용이 없다면 돈을 빌려줄 수 없는 것이 경제 법칙입니다.

자본은 차라리 재생산에 실패해서 스스로 파괴하더라도 신용이 없는 사람은 한 명도 구하지 않습니다. 대공황으로 세계가 망하더라도 말입니다. 경제는 피나 눈물을 이해하지 못합니다. 오로지 자본의 운동만이 있을 뿐입니다. 이점이 정치나 윤리와 다른 점입니다. 절대적인 법칙에 따라 움직입니다.

자본주의 경제가 과학이라고 가장 확신했던 사람은 유명한 칼 마르크스입니다. 마르크스는 자본주의를 하부구조와 상부구조로 나누어 설명합니다. 하부구조는 생산력 분야로서 자본이 얼마만큼 어떻게 생산을 하는가를 객관적으로 분석하는 대상입니다. 여기에는 인간의 의도나 의지가 개입될 수 없습니다. 그래서 자본론은 과학적 경제학이고 과학적 사회주의 전망서라고 불렸습니다.

경제가 개인 행복의 시작이고 사회와 국가 발전의 핵심요소라는 점은 틀림없는 사실입니다. 경제법칙은 과학 법칙이므로 인간의 감정이나 마음과 관계없이 자신의 법칙에 따라 운용되는 것 역시 사실입니다. 하지만 인간 사회에서 경제가 바탕에 있는 것은 사실이지만 경제가 전부인 것은 아닙니다. 경제만이 중요하고 경제만이 모든 것을 결정한다면 인간의 희생이 너무 큽니다.

사회제도가 정의와 공정을 구현하고 인간에게 평등한 권리를 보장하지 않으면 사회와 국가는 번영할 수 없습니다. 개인은 행복할 수 없습니다. 경제만을 강조하다 보면 극소수의 부유층이 세상의 모든 부를 가지고 나머지는 굶어 죽는 결과를 낳을 수 있습니다. 다른 중요한 가치가 없다면 경제발전은 빈부격차의 확대에 지나지 않게 됩니다. 경제지상주의는 욕망지상주의를 낳을 뿐입니다. 경제 이외의 다른 시스템, 다른 가치가 필요합니다.

2. 경제를 경계하는 전통

경제는 현대사회에서 거의 신과 같은 위치에 있습니다. 모든 것을 압도하고 지배합니다. 하지만 경제가 인류역사상 언제나 다른 원리, 다른 법칙, 다른 가치를 압도했던 것은 아닙니다. 자본주의가 등장하기 전까지는 종교, 사상, 정치, 정의, 공정, 윤리, 사랑, 자비 등 경제와 다른 원리, 법칙, 가치가 경제를 제한했습니다. 동양에서도 먹고 사는 문제가 중요하다는 사실은 인정했지만 결정적으로 중요한 것은 윤리적 질서였습니다. 윤리의 정착을 통해 개인의 완성과 국가경영을 도모했습니다. 대동사회의 이상향은 경제만으로는 달성될 수 없습니다. 동양은 전통적으로 물질에 대하여 관대한 편이어서 부의 집적을 허용하기는 했으나 극단적인 부의 집적은 허용하지 않았습니다.

위대한 종교의 전통은 욕망을 멀리합니다. 경제지상주의는 욕망을 부채질합니다. 종교와 욕망은 서로 상극입니다. 개인의 욕망을 억제하고 없애기 위해 종교가 발전했다고도 할 수 있습니다.

불교가 욕망을 억제하고 부의 집중을 경계하는 것은 널리 알려진 사실입니다. 청빈, 가난함을 승가 생활의 기본으로 합니다. 물질을 가지면 그에 집착하기 때문입니다. 부처님은 「전륜성왕사자후경」에서 국가 멸망의 원인 중의 하나로 불평등을 들고 있습니다. 불평등은 계급을 낳고 계급 간의 불평등은 국가의 분열을 초래하기 때문일 것입니다. 부처님은 가난을 좋아하지 않았지만 부에 집착해서는 안 된다고 가르쳤습니다. 불교는 속세를 떠나는 출가를 권장했고 승려의 생활은 의식주에서 최소한을 지향했습니다. 입는 것은 분소의라고 하여 버려진 옷을 이어서 입었고 그것도 3벌로 한정했습니다. 먹는 것은 직접 생산하지 않고 마을에 나가 탁발로 마련했습니다. 말이 탁발이지 사실은 동냥입니다. 탁발도 차별 없는 탁발을 강조했습니다. 못사는 집과 잘사는 집을 가리지 않았습니다. 먹는 것은 하루 1식으로 오전 중에만 허용되었습니다. 자는 곳은 처음에는 무덤 옆이나 나무 아래였으나 승단이 꾸려지고 시주를 받은 후에는 집을 지어 생활했습니다. 이처럼 불교는 극도로 절제된 생활을 강조합니다. 절제된 생활은 깨달음에 모든 것을 집중하기 위해서입니다. 물건이나 부는 집착의 대상이기 때문에 멀리했습니다. 물론 현실에서 불교가 반드시 청빈했던 것은 아닙니다. 중국에서는 이쑤시개조차 금으로 만들 정도로 타락한 때도 있었습니다. 그렇지만 "일일부작一日不作 일일불식一日不食" 즉, 하루 일하지 않으면 하루 먹지 않는다는 청규를 만들 정도의 청빈함은 간직하고 있었습니다.

서양에서도 극단적인 부는 경계의 대상이었습니다. 예수님은 "부자가 천국에 가는 것은 낙타가 바늘구멍을 통과하는 것만큼 어렵다"고 가르쳤습니다. 이 가르침은 가톨릭에서도 이어졌습니다. 가톨릭이 세속화되면서 부와 권력에 탐닉하자 청빈의 정신은 수도원 정신으로 다시 등장합니다. 도미니크 수도회는 청빈을 주요 덕목으로 강조했고 프란체스코 수도회 역시 청빈의 서원을 합니다. 그리스도교의 경제에 대한 경계는 고리대금업에 대한 부정적인 인식으로 나타납니다.

동서양의 위대한 전통은 경제, 재물이 필요하다는 것은 인정하지만 경제나 재물이 인간을 좌우하는 현상을 경계했습니다. 이들 전통이 재물을 경계한 이유는 재물에 대한 집착이 자유로운 영적 생활을 방해한다는 점을 잘 알고 있었기 때문입니다. 위대한 전통은 부에 대한 집착이 인간의 이기심을 미화하고 범죄를 유발하고 공적인 생활을 파괴한다고 보았습니다. 인간의 정체성 형성에 부정적인 영향을 미친다는 점도 보았습니다. 사회나 국가가 재물에 집착하면 불평등을 심화시켜 사회의 분열을 초래한다는 점 역시 인식하고 있었습니다. 이렇게 동서양의 위대한 사상과 전통은 재물에 대한 집착을 계속 경고해 왔습니다.

그럼에도 불구하고 재물에 대한 집착은 너무 강력한 것이어서 왕과 귀족들은 토지 겸병, 부의 집중에 나섰습니다. 왕과 귀족에 의한 무한 토지 소유는 욕망의 표현이면서 왕조의 무덤을 파는 것이기도 했습니다. 왕조의 유지를 위해서도 경제에 대한 집착, 부의 집중은 경계해야 했지만 실제로는 그렇게 되지 않았습니다. 왕이 죽고 나서 만든 엄청난 규모의 무덤은 국가 경제를 피폐하게 만들었고 나중에는 거의 대부분 도굴꾼의 먹잇감으로 전락했습니다. 거대한 재물을 모은 왕도 죽음 앞에서는 겨우 1평의 땅이면 충분했습니다.

3. 경제의 무한 팽창

경제가 윤리를 압도하게 된 계기는 자본주의 등장입니다. 자본주의 등장 이후 경제는 개인, 가정, 사회, 국가에서 가장 중요한 가치가 되었고 정의, 공정, 윤리를 압도하기 시작했습니다. 자본주의 발전을 인류 정신의 승리라고 칭송하는 글도 나왔습니다. 자본주의 발전은 끝이 없어 경제가 어디까지 발전하고 어느 정도까지 중시될지는 알 수 없지만 오늘 이 순간이 인류역사상 가장 경제가 중시되는 순간임은 틀림없습니다. 내일이면 내일이 인류역사상 가장 경제가 중요해지는 순간일 것입니다.

현대 자본주의는 경제 중심 사회를 만듭니다. 정의와 공정, 윤리와 도덕을 이야기하는 사람도 주식을 구입할 때에는 기업의 윤리보다는 기업의 실적을 중시합니다. 경제는 과학과 함께 판단의 기초를 이룹니다. 정의, 공정, 윤리의 중요성은 경제의 중요성이 부각되는 것에 비례하여 줄어듭니다. 미래예측, 미래비전 설계에서도 핵심적인 분야는 역시 경제입니다. 아무리 복지와 문화, 정의와 윤리가 중요하다고 해도 경제가 중심인 것은 피할 수 없습니다. 복지와 문화, 정의와 공정, 윤리와 도덕의 효과도 경제적으로 해석하려고 합니다. 머릿속에는 온통 경제만 있는 것 같습니다.

자본주의 경제는 무한확장을 지향합니다. 자본의 속성이 무한확장이기 때문입니다. 자본은 항상 움직여야 하고 항상 확대되어야 합니다. 자본이 정체되거나 혹은 축소되면 자본은 더 이상 자본이 아닙니다. 그냥

보통의 재화와 같습니다. 10억 원을 가지고 신기술을 도입하고 노동자를 고용하고 하다못해 은행에 예금하여 이자 수입이라도 벌어야 합니다. 순환운동, 확대재생산에 투입되지 않으면 자본이 아닙니다.

자본의 운동을 가속화하는 것은 경쟁입니다. 격렬한 경쟁이 자본의 확대를 가속화합니다. 모든 자본은 다른 자본보다 먼저 움직여야 하고 더 많은 이윤을 창출해야 합니다. 그렇지 않으면 자본과 자본의 담지자인 자본가, 기업은 소멸해 버립니다.

자본이 움직이는 존재, 흥망성쇠하는 존재라는 사실을 보여주는 간단하면서도 재미있는 예는 한국 프로야구의 역사입니다. 1982년 출범했을 때 한국 프로야구팀은 6개로 해태 타이거즈, 오비 베어스, MBC 청룡, 삼미 슈퍼스타즈, 롯데 자이언츠, 삼성 라이온스였습니다. 이중 이름과 기업이 바뀐 곳은 4개입니다. 롯데와 삼성, 두 개 기업만이 같은 이름으로 살아남았습니다. 불과 30년 만의 일입니다. 오비 베어스는 두산 베어스로 바뀌었는데 주력 기업이 바뀐 경우입니다. 그동안 참여한 기업으로는 빙그레, 한화, 엘지, 쌍방울, 청보, 태평양, 현대, 넥센, KIA, SK, NC, KT, 키움 등이 있습니다. 수많은 기업이 등장했고 또 사라졌습니다. 프로야구 역사만 보아도 한국기업의 흥망성쇠를 알 수 있을 정도입니다.

자본의 확장 성향은 모든 것을 지배하려는 성향으로 나타납니다. 자본은 개인과 사회, 국가와 세계를 모두 지배하려고 합니다. 나아가 자본은 정치와 윤리, 가치와 사랑, 종교까지 지배하려고 합니다. '돈으로도 안 되는 일이 있다'라는 주장에 대해 '돈이 충분하지 않아서 그렇겠지'라는 반론이 있을 정도입니다.

자본, 경제의 확장 경향은 경제학 역사와 궤를 같이합니다. 자본, 경제가 중시될수록 자본의 학문, 경제학은 중시됩니다. 경제학은 이제 거의 모든 학문을 지배하는 최고 학문이 된 것 같습니다. 과거의 철학처럼 말입니다. 경제학은 매우 합리적이고 논리적인 학문으로 모든 것을 자본의 논리로 설명하는 경지에 도달했습니다. 사람들은 사물에 대한 경제학적 설명이 가장 일관되고 깔끔하고 객관적인 설명이라고 이해합니다. 사람의 심리도 설명할 수 있고 행동도 예측할 수 있다고 주장합니다. 사람의 심리는 이기심을 가지고 설명합니다.

하지만 경제학은 분명히 한계를 가지고 있습니다. 경제학은 사람과 사회, 국가와 세계, 정치와 윤리, 가치와 사랑, 종교를 충분히 설명할 수 없습니다. 사람에게는 먹고사는 문제 이외에 다른 문제가 있기 때문입니다.

이것은 과학이 사람과 사회, 국가와 세계, 정치와 윤리, 가치와 사랑, 종교를 설명할 수 없는 것과 같습니다. 아인슈타인의 상대성 원리, 하이젠베르크의 양자역학은 위대한 과학적 발견이지만 세계를 움직이는 정치와 윤리, 가치와 사랑, 종교를 설명할 수 없습니다. 로봇, 드론, AI, 자율자동차, 인공비서도 이들 가치를 설명할 수 없습니다. 기술과 기계가 인간의 생활을 편하게 만들고 인간이 내려야 할 결정의 대부분을 결정한다고 하더라도 말입니다.

경제와 과학이 모든 것을 설명할 수는 없지만 경제와 과학이 한계를 넘어 진화, 발전하고 있다는 사실, 세상의 모든 것을 지배하려고 하는 것은 틀림없는 사실입니다. 경제와 과학은 한계를 모릅니다.

자본과 과학기술의 결합은 자본주의 발전의 동력입니다. 이 법칙은 가격은 싸지는데 더 좋은 물건이 계속 생산되는 경제의 마법을 설명합니다. 과학기술의 발전이 없었다면 자본주의는 없었을 것이고 자본주의가 도입되지 않았다면 과학기술의 발전도 없었을 것입니다(유발 하라리, 2015).

일시적으로 사회에서 막대한 자본을 동원하는 주식회사 시스템은 지리상의 발견, 과학적 발견을 만든 핵심요소입니다. 성공 가능성은 낮으나 이윤이 엄청난 분야에 투자하려면 사회가 일시적으로 자본시장을 통하여 대중의 자본을 동원해야 합니다. 지리상의 발견에 따른 엄청난 이익 창출은 네덜란드의 동인도회사, 영국의 동인도회사의 사례가 있습니다.

최근 과학적 발견의 사례로는 스마트폰이나 구글의 성공이 있습니다. 애플과 구글의 성공을 보고 엄청난 자본이 몰려들었고 그 자본이 또 과학기술을 더 발전시켰습니다. 자본시장을 통한 자본의 동원은 당연히 투기의 요소가 있습니다. 자본시장은 투기판으로 주로 개미투자자로 불리는 대중들이 많은 손해를 보는 곳이기도 합니다.

과학은 내부적으로는 한계가 없습니다, 과학만으로는 결과를 예상할 수 없습니다. 과학의 발전은 의도했든 의도하지 않았든 원자폭탄, AI, 인간복제, 로봇화, 대량실업, 환경파괴 등의 결과를 낳았습니다. 모두 윤리적으로 문제가 있고 인간이 인간을 포함한 모든 종을 말살하고 지구를 수백 번 파괴할 정도의 발견들이지만 기술적으로 가능하다면 개발하는 것이 인간입니다. 인간은 이 힘을 주체할 수 없습니다.

인간은 눈앞에 닥친 일은 잘 해결합니다. 다만 당면한 문제해결이 장기적으로 어떤 영향을 미칠 것인지는 모릅니다(유발 하라리, 2015). 알지 못할 뿐 아니라 의도적으로 회피합니다. 부작용은 수학적으로 계산하기도 힘들 뿐 아니라 부작용이 강조되면 과학기술 연구는 지속할 수 없습니다.

과학자들은 과학기술이 낳은 문제를 과학기술이 해결할 것이라고 믿습니다. 경제 성장이 막히면 신기술이 경제성장의 돌파구를 만들었듯이 말입니다. 경제와 과학의 영역에서는 정의, 공정, 윤리가 문제 되지 않습니다. 문제가 되는 것은 경제적, 과학적으로 가능한가 그렇지 않은가 하는 점일 뿐입니다(앙드레 콩트 스퐁빌, 2010). 그리고 그 한계는 계속 확장되어 왔고 앞으로도 계속 확대될 가능성이 높습니다.

경제와 과학의 한계는 경제인과 과학자들이 정합니다. 전문가의 영역이기 때문입니다. 5G가 가능한지 6G가 가능한지는 과학기술자, 엔지니어가 알고 있습니다. 게놈 분석을 통해 생명복제가 가능한지 불가능한지 역시 과학자, 의학자들이 압니다. 그 한계는 연구개발에 의하여 변경됩니다. 대부분 과학과 기술이 발전하면 그 한계를 넘어서게 됩니다.

과학기술의 한계는 과학자가 정하지만 '왜 이 과학기술을 개발해야 하는가'하는 근본 문제는 과학자가 정할 수 없습니다. 생물학이나 생물학자는 인간복제를 할 수 있는가, 또 복제한다면 어떻게 복제를 할 것인가와 같은 인간복제 한계에 대해서는 대답할 수 있습니다. 그러나 왜 복제를 해야 하는가, 복제했을 때 어떤 문제가 벌어질 것인가에 대해서는 대답하지 않고 대답할 수 없습니다. 이것은 과학의 문제가 아니기 때문입니다. 인간의 본질과 관련된 질문이기 때문입니다.

경제나 과학은 자신의 영역 내에서 넘어서지 말아야 할 경계가 존재한다고 판단하거나 자신의 경계를 설정하는 능력이 없습니다(앙드레 콩트 스퐁빌, 2010). 경제와 과학의 넘을 수 없는 경계 설정은 외부에서 주어집니다. 경제와 과학의 성과가 눈부신 만큼 그 위험도 막대하므로 외부에서 결정하는 힘도 커집니다. 그 외부는 형식적으로는 정치가 정하는 법률이고, 내용적으로는 정의와 공정의 토대를 이루는 윤리입니다.

4. 경제를 견제하는 정치와 윤리

자본주의는 자본과 과학의 결합을 기본 동력으로 하고 있습니다(유발 하라리, 2015). 그런데 자본과 과학의 결합은 불평등을 확대시키는 경향이 있습니다. 최근 격차, 불평등이 더욱 심각해지고 있습니다. 자본이 그만큼 많이 축적되었기 때문입니다. 자본이 많이 축적될수록 불평등은 확대되는 경향이 있습니다.

과학을 포함한 경제가 가장 중요하다고 하면 개인도 사회도 불행해질 가능성이 커집니다. 개인은 자본과 욕망의 포로가 됩니다. 사회는 불평등으로 고통받습니다. 경제 중심의 관점에서 보면 가장 바람직한 인간은 '스크루지'와 '샤일록'일 것입니다. 찰스 디킨스의 『크리스마스 캐롤』에 등장하는 스크루지와 셰익스피어의 『베니스의 상인』에 등장하는 샤일록이 바람직한 인간이 됩니다. 계약은 아무리 가혹하더라도 이행되어야 하고 타인의 사정은 생각하지 않고 자신의 이익을 위해서만 행동하는 사람이 경제적으로 바람직한 인간들입니다. 그렇지만 디킨스와 셰익스피어 작품에서도 알 수 있는 것처럼 이들은 조롱의 대상일 뿐입니다. 인간에게 중요한 무엇을 잃어버리고 돈만 추구하는 괴물과도 같은 존재입니다.

과학 분야도 비슷합니다. 과학이 최고의 가치가 되면 과학을 발전시킨 사람이 가장 중요한 사람, 바람직한 사람이 됩니다. 한때 한국을 흔들었던 황우석 박사와 같은 유형의 인물도 과학의 측면에서만 보면 바람직한 인물이 될 수 있습니다. 논문 조작, 비윤리적인 난자 수집을 통해서라도 집요하게 생명과학을 발전시켰으니 말입니다. 원자폭탄을 개발한 인물들도, 인간에게 치명적인 납을 휘발유에 계속 넣었던 에틸사를 설립한 토머스 미즐리 2세(빌 브라이슨, 2003)도 과학적으로는 허용됩니다. 그러나 윤리적으로는 용납할 수 없을 것입니다.

키케로는 이미 고대 로마 시대에 비윤리적인 행위를 경계했습니다. 그는 『의무론』에서 "밀을 실은 다른 배가 곧 도착한다는 사실을 알면서도 이를 숨기고 밀을 비싼 값에 판매하는 상인"의 예를 들면서 상인들의 비윤리성을 고발한 바 있습니다. 키케로는 밀을 실은 다른 배가 도착한다는 사실을 숨겨서는 안 된다고 윤리의 중요성을 강조했습니다(배수찬, 2017).

경제에 대한 무한 강조는 윤리적인 측면에서 많은 문제를 낳습니다. 인간에게 불안감과 불편함을 일으킵니다. 경제가 발전함에 따라, 부가 집적됨에 따라 이에 대한 반발로 정의, 공정, 윤리가 강조되는 것은 이러한 불안감, 불편함 때문입니다. 경제의 발전으로 윤리의 무력감은 최고조로 달했지만 다른 쪽에서는 윤리에 대한 요구가 폭발하고 있습니다. 자본의 화신이자 경제발전의 원동력인 기업에도 윤리를 요구하고 있는 것이 현재 상황입니다. 이것은 경제가 개인과 사회, 국가와 세계를 변화시키지만 그 변화의 방향이 좋은 방향이라고 스스로 확신하지 못하고 확신할 수도 없다는 점을 보여줍니다.

경제와 과학의 방향, 한계를 결정하는 외부의 힘은 정치와 윤리입니다. 정치는 법규와 명령으로 경제와 과학의 방향과 한계를 결정합니다. 예를 들어 강제노동을 금지하고 노동시간을 제한하고, 최저임금을 보장하는 것은 법률이고 정치의 힘입니다. 정치가 최저임금을 인상하거나 기본소득제를 구상하는 것은 지극히 당연합니다. 정치권이 재벌의 문제를 인식하고 재벌개혁을 논의하는 것 역시 정치권의 임무입니다.

인간의 존엄성과 관련한 문제, 인간의 기본 생활과 관련한 문제를 경제인들만이 결정할 수는 없습니다. 그러나 정치가 한계를 정한다고 하더라도 경제의 영향력이 없어지는 것은 아닙니다. 최저임금은 경제가 감당할 수 있는 언저리에서 정해집니다. 노동시간 역시 그렇습니다. 재벌개혁도 한국 경제의 토대와 발전 전망 등에 의하여 영향을 받습니다. 정치가 경제의 부작용을 해결해야 하는 것은 전적으로 타당하지만 일방적으로 할 수 없습니다. 경제라는 큰 틀을 벗어날 수는 없습니다.

과학에도 정치와 법률이 개입합니다. 의료계에서 문제가 되는 안락사 또는 존엄사는 의학적 관점에서만 결정되지 않습니다. 『호스피스 · 완화의료 및 임종 과정에 있는 환자의 연명의료 결정에 관한 법률』에 의하면 "연명의료 중단 등 결정 및 그 이행에 관한 업무를 수행하려는 의료기관은 보건복지부령으로 정하는 바에 따라 해당 의료기관에 의료기관 윤리위원회를 설치하고 이를 보건복지부 장관에게 등록"하여야 합니다. 이때 의료기관 윤리위원회는 "위원장 1명을 포함하여 5명 이상으로 구성하되, 해당 의료기관에 종사하는 사람으로만 구성할 수 없으며,

의료인이 아닌 사람으로서 종교계 · 법조계 · 윤리학계 · 시민단체 등의 추천을 받은 사람 2명 이상을 포함"하여야 합니다. 즉 의료과학의 측면에서만 연명의료 중단 등의 결정을 할 수 없게 되어 있습니다. 왜냐하면 사람의 생명은 의사의 관심사이면서도 종교, 철학, 윤리, 법률 등 공동체의 관심사이기 때문입니다.

경제와 과학의 방향, 한계를 결정하는 법률과 정치는 윤리를 바탕으로 합니다. 정치는 무엇이 가능한지 그렇지 않은지를 고려하면서도 무엇이 바람직한지 아닌지를 중심으로 논쟁을 벌이고 법률을 제정합니다. 무엇이 바람직한가를 논의하는 것은 윤리의 영역입니다. 윤리의 영역에서 충분히 논의되었을 때 그 내용은 정치적 논의를 거쳐 법률로 구체화됩니다. 이때 경제와 과학의 법칙과 다른 방향의 법률이 정해지기도 합니다.

인간복제가 기술적으로는 가능하겠지만 여러 이유로 그 가능성을 스스로 차단하는 것이 바람직합니다. 인간의 존엄성이라는 당위성이 더 중요한 경우에는 경제와 과학은 정치와 윤리에 양보합니다. 강제노동 금지, 노동시간 규제, 아동노동 금지, 최저임금제, 차별 노동 철폐 등이 그 예입니다.

경제와 윤리가 항상 갈등 관계에 있는 것은 아닙니다. 경제와 윤리가 훌륭하게 결합하여 사회의 기본제도가 되는 경우도 많이 있습니다. 강제노동 금지, 노동시간 규제, 아동노동 금지, 최저임금제, 차별노동 철폐 등은 이미 우리 사회에 깊이 뿌리 내려 경제 운용의 근본 원칙으로 정착되었습니다. 사회의 문명 수준을 높이고 경제의 질적 향상까지 가져오고 있습니다. 생산성 향상, 노동자의 삶의 질 보장, 노동자의 구매력 향상 같은 선순환 구조가 만들어질 수 있습니다. 이렇게 상호 바람직한 방향으로 나갈 수 있는 여지는 얼마든지 있습니다. 경제와 정치, 윤리가 서로 상대를 인정하면서 같은 문제를 해결하려고 하고 있다는 공통 인식을 갖는 것이 중요합니다.

CHAPTER 2

정치와 윤리

◇◇◇◇◇

1. 세계를 움직이는 힘, 정치

정치는 공평한 것과 그렇지 않은 것에 대해 결정하는 절차입니다(앙드레 콩트 스퐁빌, 2010). 공평한 것과 그렇지 않은 것, 즉 정의와 공정을 따지기 때문에 경제와 과학에 대하여 외부에서 통제할 수 있습니다. 정치는 경제법칙과 과학 법칙의 한계를 결정하고 그 변화 가능성을 모색합니다. 정치는 공동체를 대상으로 하기 때문에 개인들의 변화를 기다리지 않고 제도의 변화, 체제의 변화를 통하여 세계와 개인을 동시에 바꾸려고 합니다.

개인들 스스로가 정의로운 존재가 될 때까지 기다린다면 결코 세상에 정의는 존재하지 않을 것입니다. 개인들 스스로가 평화로운 존재가 될 때까지 기다린다면 평화는 도래하지 않을 것입니다. 역시 개개인들이 자유를 위해 싸우려고 스스로가 내적으로 자유로운 존재가 될 때까지 기다린다면 자유는 존재하지 않을 것입니다(앙드레 콩트 스퐁빌, 2010).

이 명제가 성립하는 이유는 개인의 차원과 공동체의 차원이 다르기 때문입니다. 개인은 공동체와 함께 정의와 자유를 추구할 수 있지만 독자적으로 공동체와 다른 방법으로 정의와 자유를 추구할 수 있습니다. 나아가 개인은 정의와 자유를 추구하지 않을 수도 있습니다. 개인의 선택지에는 제한이 없습니다.

모두가 공정무역을 주장하더라도 개인은 그런 선택을 하지 않아도 됩니다. 탄소 배출을 줄여야 한다는 주장이 아무리 합리적이라도 개인은 이를 선택하지 않을 수 있습니다. 개인의 선택을 강제할 수는 없습니다. 외부에서 강제하지 않는 한 개인은 관성대로 자신의 선택을 이어갑니다. 편리함을 쫓아갑니다. 사람에게는 탐욕과 분노, 어리석음이 있기 때문입니다.

이에 비해 공동체 차원의 정의와 자유는 강제성을 가집니다. 개인의 선택으로 좌우되지 않습니다. 유기농 채소를 학교급식으로 사용해야 한다고 규정하면 모든 학교에서 유기농 채소를 사용해야 합니다. 아무리 비싸도 말입니다. 탄소 배출을 줄이려고 국가 사이에 합의하고 국가가 이를 법률로 강제한다면 개인 역시 탄소 배출을 줄이기 위해 전기자동차를 사용하고 난방을 전기식으로 바꾸어야 합니다. 물론 구체적 실천 방법에는 강제와 보조금 등 여러 방법이 있을 수 있습니다.

공동체가 정의와 자유를 수립하기 위해 선택할 수 있는 방법은 제한적입니다. 개인을 강제하면서도 효과적인 방법은 그렇게 많지 않습니다. 하지만 하나의 방법을 채택하면 그 효과는 막대합니다. 개인의 선택과는 비교할 수 없을 정도로 큽니다. 그렇다고 개인의 선택을 좋은 방향으로 이끌기 위한 노력이 필요 없다는 것은 아닙니다. 착하고 친절하고 마음 약한 개인들이 많다면 더 좋은 공동체가 될 것임은 분명하니까요.

사회 구성의 단위는 개인이기 때문에 개인이 좋은 삶을 살면 공동체도 좋은 공동체가 된다는 점은 변함없는 진리입니다. 개인의 행복과 평화가 가장 중요하다는 것도 사실입니다. 그렇지만 개인의 윤리적 삶을 통해 사회를 바꾸는 것은 너무 먼 길입니다. 제도개혁보다 근본적이지만 효과는 확실히 떨어집니다. 개인은 모두 성자가 될 수 있는 가능성을 가지고 있습니다. 하지만 실제로 모든 개인이 성자가 되는 것은 수십만 년 후에도 어려울 것입니다. 사람에게는 탐욕, 분노, 어리석음이 있기 때문입니다.

정치는 개인의 해방에서 중요한 역할을 합니다. 개인의 해방을 개인에게 맡기지 않고 체계적, 조직적으로 시도하는 것이 정치입니다. 인간의 존엄성과 평등을 보장하는 복지시스템을 구축하는 것은 오로지 정치만이 할 수 있습니다. 복지국가 요구와 그에 따른 경제 질서의 재편 요구에는 정의 실현 요구가 깔려있습니다(박진, 2002). 물론 현실 정치가 이런 역할을 한다는 것은 아닙니다. 현대 정치가 이런 역할을 못하기 때문에 정치에 대한 실망, 불신이 날로 깊어집니다.

공동체의 존속과 발전, 공동체에 속한 착하고 친절하고 마음 약한 시민들의 평화와 안전, 이익을 보장하려면 정의와 공정이 필요합니다. 정의와 공정은 정치를 통하여 제도로 표현됩니다. 제도에는 법률이 포함됩니다. 정치가 자신의 의사를 표현하는 방식은 여러 가지가 있지만 그 중에 중요하고 또 핵심적인 것은 제도와 법률입니다. 법률이 가지는 일반성과 보편성, 도덕성과 강제성은 정의와 공정이라는 가치를 제도화하는 강력한 무기입니다. 정치라는 과정을 거쳐 법률이라는 형식으로 제도화되지 않으면 개인의 차원을 뛰어넘는 정의와 공정 요구는 표현될 수 없습니다.

정치의 이런 속성은 인간관에서 비롯됩니다. 정치는 경제와 달리 개인을 소비자 혹은 노동력 공급자로만 보지 않습니다. 개인을 주권자, 투표권자로 봅니다. 개인이 투표를 통하여 아니면 저항권을 통하여 정치의 방향을 결정한다고 봅니다. 권리자, 주권자로 개인을 파악하는 순간 개인은 정치의 대상, 객체가 아니라 정치의 주체가 됩니다. 정치인들도 선거 때만이라도 개인을 존중해야 합니다. 개인이 권리를 주장하는 이상, 특히 그 권리가 인간의 기본적인 권리인 이상 정치는 개인 앞에서 양보해야 합니다. 과거에는 양보하지 않았고 지금도 제대로 양보하고 있지 않지만 정치와 권리의 역사를 보면 개인의 권리는 정치를 양보시키는 힘이 있습니다.

현대사회에서는 정치, 그중에서도 대의민주주의가 사회문제를 해결하는 책무를 부담합니다. 다른 형태의 민주주의, 즉 숙의민주주의, 직접민주주의, 참여민주주의, 직접행동민주주의, 거리민주주의, 대화민주주의 등은 현대사회의 문제, 갈등 해결에서 보조적인 방법들입니다. 대의제 민주정치가 문제해결을 위한 공식적이고 제도적인 절차입니다. 앞으로 이 원칙은 바뀔 가능성이 거의 없습니다.

대의민주주의가 원칙으로 남는 가장 큰 이유는 국가가 커졌기 때문입니다. 국가의 업무는 많아지고 정치에 참여하는 시민도 많아졌습니다. 국가 및 개인의 업무는 점점 더 전문화되고 있습니다. 직장인은 자신의 업무에 정통하기도 힘들 지경입니다. 사정이 이러한데도 모든 사람이 참여하는 직접민주주의를 주장하는 것은 시대착오적입니다.

민주주의가 발전하면 할수록 과거 엘리트들만이 정치에 참여하는 시대는 사라집니다. 전문화, 다양화되는 현대사회에서 그리스 아테네식의 직접민주주의가 주요 정치방식이 될 가능성도 없습니다. 대의민주주의 방식의 정치 이외에 다른 방식으로는 현재 발생하는 문제를 해결할 수 없습니다. 설혹 해결한다고 하더라도 훨씬 많은 비용과 갈등을 낳을 것입니다. 현대 문제해결을 위해서는 대의민주주의에 의존해야 합니다. 그와 함께 대의민주주의를 보완하는 여러 민주주의를 창안하고 적용해 보아야 합니다.

2. 정치의 무한확장과 한계

정치는 막강한 힘을 가지고 있는 만큼 무한확장 경향이 있습니다. 정치는 개인의 욕망을 제도적으로 표현하기 때문에 무한확장 경향을 보입니다. 개인의 욕망이 끝이 없듯이 정치의 관심사, 정치의 역할도 제한이 없습니다. 다만 정치는 개인의 욕망을 제도적으로 정해진 절차에 따라 표현합니다. 개인의 욕망이 아무런 제약 없이 그대로 표현되는 경제의 세계와는 표현방식이 다릅니다. 최소한 공동체의 이익이나 정의, 공정이라는 틀에 맞아야 합니다.

정치가 무한확장하려는 경향이 있는 것은 근본적으로 정치가 주권의 표현이기 때문입니다. 법의 세계에서 주권은 제한이 없는 최종적인 권리입니다. 주권은 헌법을 제정할 수 있는 권리로서 국가의 기초, 즉 국민들의 권리인 기본적 인권과 국가의 구성형태를 결정하는 최고의 권리입니다. 국가의 구성형태는 군주정, 귀족정, 민주정 등 누가 최고의 주권자인지를 말하는 것입니다.

주권은 왕이 없는 공화국 혹은 왕이 있는 군주제를 선택할 수 있고, 주권의 소재가 국민에 있는지 일부 계급에 있는지도 선택할 수 있습니다. 인간의 기본적인 권리가 무엇인지, 나아가 국가를 구성하는 정부 기관으로 무엇이 필요한지, 그리고 이들 기관은 어떤 관계에 있어야 하는지도 정합니다. 주권은 국가의 기본가치와 형태를 결정하기 때문에 원칙적으로 제한이 없습니다. 주권에 제약이 없으므로 주권이 발현되는 정치 역시 제한이 없습니다.

국제사회에서 모든 국가가 평등하다는 것 역시 주권 최고성에 따른 결론입니다. 그런데 이 결론은 참으로 이상합니다. 현재 미국이나 중국이 다른 나라와 평등한 권리를 행사한다고 생각하는 사람은 아무도 없습니다. 엄연히 국력의 차이가 있습니다. 그럼에도 불구하고 유엔 총회에서는 모든 국가가 한 표만 행사합니다. 이상과 현실의 차이입니다. 세상은 이상이 아니라 현실에 따라 돌아가지만 그렇다고 이상을 포기할 수는 없습니다. 국제사회에서 각 국가가 평등하다고 해야 강대국의 횡포도 저지할 수 있습니다. 국내에서 자본가의 힘은 정치로 제한하듯이 국제사회에서 강대국의 힘은 평등으로 제한하는 것입니다.

정치는 세상의 모든 것을 지배할 수 없습니다. 정치가 다른 가치를 압도하게 되면 사회적 약자, 소수자의 이익이 조직적, 체계적으로 침해됩니다. 사회적 약자, 소수자는 정치적 힘, 즉 투표권과 발언권이 작습니다. 정치만이 모든 것을 결정하면 이들은 공약에서도, 정책에서도, 정치권 구성에서도 후순위로 밀립니다.

최근 급격한 인구감소와 고령화로 청년들의 요구가 정치에 제대로 반영되지 않는 현실, 노인들의 복지에 대한 요구가 정치권의 핵심 과제가 되고 있는 현실은 우리 정치가 '노인 정치'가 되는 것은 아닌가 하는 의문을 던집니다. 노인들이 청년보다 투표권이 많으면 청년들의 요구는 제대로 반영되기 어렵습니다. 청년이 절대적으로 적은 것도 문제이지만 실제 행사하는 비율이 낮은 것도 문제입니다. 인구 비례대로 정치와 정책이 작동하면 우리에게 미래는 그리 밝지 않을 것입니다.

정치가 한계를 알지 못했을 때 벌어진 최악의 사태는 제2차 세계대전을 일으킨 독일 나치, 일본 군국주의의 만행입니다. 독일과 일본은 사회적 약자를 체계적, 조직적으로 학살하고 제거했습니다. 제2차 세계대전 이후 전 세계에서 벌어진 독재정치 역시 정치가 한계를 무시했을 때 벌어지는 참사를 보여줍니다. 독재자 개인이나 일부 계급은 자신들의 이익을 위해 대다수 국민들의 생명을 위협하고 삶의 터전을 빼앗아 버렸습니다. 사회의 권력과 부를 독점했습니다. 인권은 실종되고 사회는 숨막히는 억압적인 곳으로 변했습니다. 한국도 예외가 아니어서 정치 우위의 독재 사회에서 수많은 사람들이 목숨을 잃었고 간첩으로 조작되었고 폭행을 당했습니다.

정치가 무한 확장하는 것은 이론적으로는 주권에 기반한 것이지만 실제로는 권력의 속성 때문입니다. 권력은 한시도 공백을 허용하지 않고 공존도 불허합니다. 군과 경찰을 통하여 물리력을 행사하는 권력은 물리력을 다른 집단과 나누어 가지려고 하지 않습니다. 한 국가 내에서 군과 경찰은 하나만 존재할 뿐입니다. 교도소나 구치소 역시 하나만이 존재합니다. 국가가 아닌 민병대나 사적 조직이 물리력을 가지고 있다면 이 조직은 철저한 탄압의 대상이 됩니다. 테러조직에 의한 폭력은 조금도 허용하지 않습니다. 물리력에 기반한 정의는 하나만 존재해야 하기 때문입니다.

권력의 집중, 독점 속성은 당연히 정치 권력의 무한확장을 부채질합니다. 정치를 바탕으로 경제와 사회를 장악하도록 합니다. 정경유착이나 권력형 비리, 엘리트부패카르텔의 형성 등은 모두 여기에서 비롯됩니다. 정치 권력은 견제하지 않으면 무한 확장하여 시민들의 인권을 위협합니다.

3. 정치를 견제하는 윤리

정치가 욕망, 주권, 권력에 뿌리를 두고 있는 이상 정치는 스스로 자신의 경계, 한계를 긋지 못합니다. 정치 외부에서 정치의 한계를 찾아야 합니다. 집단적으로 가장 악한 권리를 포함하여 모든 권리를 가질 수 있는 국민의 위험으로부터 벗어나기를 원한다면 정치적 차원에 경계를 그어야 합니다(앙드레콩트 스퐁빌, 2010).

정치만을 강조하면 정치와 법에 밝은, 그러나 이기적인 사람이 이상적인 인간이 됩니다. 정치 권력 획득이 정치의 최종 목적이므로 이를 위해 거짓말을 하든, 이기적으로 행동하든, 증오심과 분노를 퍼뜨리든, 타인의 아픔에 둔감하고 타인을 착취하는 인간을 이상적인 인간상으로 삼게 됩니다. 사악한 법률주의자, 분노를 퍼뜨리는 정치인이 지금도 넘치는데 이들을 이상적인 인간이라고 칭송할 필요는 없을 것입니다.

정치에도 한계가 필요합니다. 정치는 정치 바깥의 세 가지 원천에서 제약을 받습니다.

첫째, 국민은 주권을 가지고 있어도 자연과 이성의 법칙에 따르지 않을 수 없습니다. 주권은 경계가 없지만 그 능력에는 한계가 있습니다(앙드레 콩트 스퐁빌, 2010). 과학기술과 경제법칙을 정치가 대신할 수는 없습니다. 정치가 지동설을 천동설로 바꿀 수 없고, 수요와 공급의 법칙을 없앨 수 없습니다. 국회는 최저임금이나 물가를 함부로 결정할 수 없습니다. 국회의 결의문으로 경제성장률을 결정할 수는 더욱 없습니다. 국회가 청년 실업을 해결하기 위하여 모든 청년을 정규직으로 고용하는 법률을 통과시킬 수는 있겠지만 그것을 강제할 수는 없습니다. 국회가 한국 청년을 모두 고용할 수는 없습니다. 실제로 청년을 고용하는 것은 기업과 정부입니다. 만일 정치가 과학기술과 경제법칙을 바꿀 수 있다고 생각한다면 우리는 다시 중세시대로 돌아가게 될 것입니다.

둘째, 정치는 개인의 권리를 침해할 수 없습니다. 대중은 제도를 만들지만 저항, 견제, 연합이라는 방식을 통해 제도에 제약을 가합니다(앙드레 콩트 스퐁빌, 2010). 정치는 개인의 본질적인 부분은 침해할 수 없을 뿐 아니라 자유로운 시민에 의하여 통제받아야 합니다. 이 부분도 세 가지 측면에서 살펴볼 수 있습니다.

먼저 정치는 인간의 존엄성, 사상과 양심의 자유, 인간의 평등성 등 가장 기본적인 인간의 가치를 만들거나 없앨 수 없습니다. 인간의 정체성을 형성하는 내밀한 사생활의 영역도 정치가 양보해야 하는 분야입니다. 양심적 병역거부와 대체복무제, 자기 몸에 대한 결정권을 나타내는 낙태의 권리 등이 여기에 해당합니다. 정치는 어디까지나 다른 사람들과 함께 살아가야 할 공동체의 삶을 다룰 뿐, 개인의 기본적인 권리와 내밀한 생활을 마음대로 처분할 수는 없습니다.

소수자 보호, 인권 옹호는 정치가 아닌 다른 곳에서 구해집니다. 소수자 보호를 위해서는 법률과 법원의 역할이 중요합니다. 보통 법률은 정치를 통해 형식화되지만 소수자 보호와 관련한 법률은 먼저 법원의 판단을 통해 세상에 드러나는 경우가 많습니다. 이때 법률은 법원의 결정을 확인하고 법원의 판단을 일반화, 보편화하는 역할을 합니다. 개인이 가지는 가장 핵심적인 권리 앞에서는 정치는 다른 방법을 강구하지 않을 수 없습니다.

다음으로 정치를 굴복시키는 또 하나의 힘은 시민의 저항입니다. 시민은 민주적 방식으로 태어난 권력이라 할지라도 저항할 수 있고 심지어 그렇게 해야 합니다. 권력의 정당성은 출범의 정당성만이 아니라 통치의 정당성도 포함합니다(앙드레 콩트 스퐁빌, 2010). 정당하게 출범한 권력에 대해서도 얼마든지 저항할 수 있습니다. 시민은 복종과 저항의 덕을 갖습니다. 복종을 통해서는 질서를, 저항을 통해서는 자유를 확보합니다. 최상의 권력자가 절대적으로 모든 권리를 갖는다는 것은 법적으로만 성립하고 정치적으로는 성립하지 않습니다(앙드레 콩트 스퐁빌, 2010). 고대 그리스에서는 이미 민주주의가 절대군주제만큼이나 독재적일 수 있다는 것을 잘 알고 있었습니다(타마나하, 2014).

최근에는 시민에게 복종과 저항 이외에 하나의 선택지가 더 생겼습니다. 참여라는 선택지이자 덕입니다. 민주주의의 발전, 개인 역량의 발전, 거버넌스의 확대 등은 시민의 참여라는 새로운 가치를 낳았습니다. 참여는 복종과 저항의 중간 형태로서 새로운 덕목입니다. 복종은 평소에 정치에 대한 불참을, 저항은 결정적인 순간에 정치에 대한 참여를 상징합니다. 이에 비해 참여는 지속적이고 항상적인 정치 참여를 말합니다. 참여는 복종과 저항의 극단을 피하면서 일상적으로 민주주의를 실현하는 좋은 방법입니다. 참여민주주의가 주장되는 이유이기도 합니다. 참여민주주의는 대의민주주의를 보완합니다. 대의민주주의는 국민의 대표가 대표성을 가지고 독립적으로 정치활동을 하는 것으로서 많은 장점이 있으나 시민으로부터 직접 견제를 받지 않는다는 단점도 있습니다. 이 단점을 시민의 참여로 메울 수 있다는 점에서 참여민주주의의 중요성이 있습니다. 참여민주주의는 대의민주주의와 함께 민주주의를 더욱 완성하는 역할을 할 것입니다.

그러나 시민의 참여를 이유로 정치인의 리더십, 전문가와 실무자의 역할을 평가절하하면 안 됩니다. 시민들의 참여는 필요하지만 시민들의 참여가 반드시 정치를 좋게 바꾸는 것은 아닙니다. 다수의 횡포가 될 수 있기 때문입니다. 다수의 횡포로 잘못된 결정을 내릴 수도 있고 나아가 소수자의 인권을 희생시킬 수도 있습니다. 참여가 활성화될수록 정치인의 리더십, 전문가와 실무가의 역할은 더욱 중요해집니다. 시민의 참여라는 핑계로 정치인, 전문가와 실무자가 책임을 회피하거나 전문성을 포기해서는 안 됩니다. 시민의 참여는 정치인, 전문가와 실무자의 역할 증대와 함께 가야 합니다.

정치를 양보하게 만드는 마지막 요인은 높은 이상입니다. 개인에게 가장 의미 있는 것은 경제, 정치, 법률이 아니라 자비와 사랑, 영적인 삶, 이상이라고 할 수 있습니다. 좋은 삶이 중요합니다. 자비와 사랑, 영적인 삶, 이상은 개인에게 과학, 기술, 경제, 정치보다 훨씬 가치가 큽니다. 그래서 개인은 공동체를 떠나 소위 출가를 하여 자신의 삶에 온전히 집중하는 선택을 하기도 합니다. 출가하지 못하면 짧게 템플스테이를 하거나 명상을 합니다. 발이 부르트도록 순례자의 길, 구도자의 길을 걷는 것도 개인이면 할 수 있습니다.

집단이 세속적으로 변할 때 이를 막을 수 있는 것은 바로 자비와 사랑, 영적인 삶, 이상입니다. 인간의 마음에는 종교성, 영성, 초월성이라는 것이 존재합니다. 우리의 마음은 어떤 상황에 처하더라도 초월성의 영역으로 이어지는 통로를 완전히 차단해 버리는 일이 없도록 만들어져 있습니다(나카자와 신이치, 2005b). 소박한 의미의 믿음에서부터 고도의 추상화된 종교까지 인간에게는 이러한 초월성이 있습니다. 이 초월성을 정치는 침범할 수 없습니다. 오히려 이 초월성이 정치를 변화시키고 정치를 제한하는 역할을 합니다.

셋째, 정치는 윤리를 침범할 수 없습니다. 오히려 윤리로부터 제약을 받습니다. 윤리는 자비와 사랑, 영적인 삶보다는 세속적이지만 정치에 비해서는 훨씬 고차원에 존재합니다. 윤리가 있기 때문에 정치를 통제할 수 있는 가능성이 생깁니다. 진리와 거짓, 선과 악은 투표로 결정되지 않고 민주주의는 양심과 능력을 대체하지 못합니다(앙드레콩트 스퐁빌, 2010). 윤리적 인간의 양심은 법률주의자의 양심보다 더 엄격합니다. 개인으로서의 인간은 시민으로서의 인간보다 더 많은 의무를 가집니다(앙드레콩트 스퐁빌, 2010). 이 말은 정치적 인간보다 윤리적 인간이 훨씬 중요하고 본질적이라는 것을 말합니다. 정치는 자신보다 더 중요한 윤리를 침범할 수 없습니다. 오히려 윤리가 정치를 통제합니다. 정치가 폭력이나 강압으로 변하지 않도록 통제합니다.

우리가 헌법을 개정하여 노예제를 허용하더라도, 피부 색깔에 따라 사람을 차별한다고 규정해도 정치적, 법률적으로는 문제없다고 볼 수 있습니다. 주권에는 제한이 없고 주권자는 모든 것을 할 수 있기 때문입니다. 그러나 이를 찬성하는 사람은 아무도 없을 것입니다. 이런 행태는 주권의 행사가 아니라 정치의 폭주입니다. 정치의 폭주를 거부하는 것이 윤리입니다. 자비와 사랑이라는 가치도 정치의 폭주를 거부하지만 윤리가 더 직접적으로 정치의 폭주를 거부합니다.

합법적인 것이 모두 윤리적인 것은 아닙니다. 불법의 대부분은 비윤리적인 것이지만 합법 내부에서도 윤리적인 것과 비윤리적인 것이 나눠집니다. 불법 중에서도 예외적으로 윤리적인 것이 있습니다. 인종차별법이 있을 때 인종차별에 반대하여 투쟁하는 것은 불법이지만 지극히 윤리적입니다. 합법적인 것 중에서도 비윤리적인 것이 있습니다. 기업이 합법적으로 일감 몰아주기를 한다고 하더라도 이것이 윤리적인 행동이 되는 것은 아닙니다.

자유는 비윤리적인 것이라도 허용한다는 점에서 윤리와 다릅니다. 만일 합법적인 것이 모두 윤리적인 것으로 생각한다면 공동체는 완전히 정치와 법에 의하여 포섭되는 정치 만능, 법 만능 사회가 됩니다. 착하고 친절하고 마음 약한 사람들의 공동체는 사라집니다. 정치와 법은 윤리라는 외부의 가치로부터 통제되고 한계를 부여받아야 합니다.

제 4 장

현대사회와 윤리

ETHICS

윤리의 이미지 중 극복하기 힘든 것이 고리타분함입니다. 윤리는 너무 오래되어서 현대의 문제를 제대로 해결할 수 없다고 대부분 생각합니다. 이것은 윤리가 시대의 변화를 제대로 반영하지 못하고 있다는 것을 말합니다. 지금 여기에서 살아가는 사람들의 고민을 해결하지 못하는 윤리는 사실 윤리라고 할 수 없습니다. 그냥 사람들의 장식품일 뿐이지요. 모든 윤리는 지금의 문제에 대한 답을 주어야 합니다. 지금 여기 사람들의 고통을 없애주고 평화롭고 편안하게 생활하도록 해 주어야 합니다. 윤리는 현대윤리가 되어야 합니다. 현대의 문제점을 인식하고 이를 해결하는 윤리가 되어야 합니다. 윤리가 현대윤리가 되기 위해서는 현대의 문제점을 살펴보아야 합니다. 이 중 중요한 것으로 공동체 붕괴, 단기주의, 갈등, 직업 윤리, 인구 감소, 세계화가 있습니다. 현대윤리를 위해서는 반드시 검토해야 할 문제들입니다. 이 문제들을 윤리와 연관 지어 고민하는 동안 현대윤리의 이미지가 떠오를 것입니다.

CHAPTER 1

공동체 붕괴와 윤리

1. 개인의 등장

현대사회는 개인주의 사회입니다. 개인의 공간과 의사가 보장받고 존중받습니다. 개인의 공간은 물질적 공간, 가상 공간, 내밀한 세계로 구성되어 있고 특히 내밀한 세계에 대한 보장과 존중은 계속 발전하고 있습니다. 개인이 자신을 잘 알든 모르든, 그리고 개인의 결정이 자신에게 유리한 것인지 아닌지 상관없습니다. 개인이 선택한 것이라면 무조건 존중받습니다. 개인의 결정이라면 죽음도 존엄사로 부르고 인정합니다.

개인의 선택 존중은 과거의 전통에 배치됩니다. 과거 전통에 의하면 개인은 진리, 착함, 아름다움을 알 수 없고 참된 진리, 참된 착함, 참된 아름다움은 외부에 존재하는 것이었습니다. 매일 생각이 바뀌는 변덕스러운 개인이 어찌 진리, 착함, 아름다움이라는 궁극의 가치를 알 수 있겠습니까. 초기 불교는 부처님의 진리를 전달할 때, 한 사람이 말하는 것이나 한 사람이 문자로 기록한 것은 믿지 않았습니다. 1차 결집에서는 500명, 2차 결집에서는 700명의 장로들이 모여 함께 부처님의 말씀을 말하고 그 말씀이 진짜인지를 검증했습니다. 개인에게 의존한다는 것은 과거 전통에 의하면 참으로 위험한 것이었습니다.

개인주의는 개인을 믿는다는 결단에서 비롯되고 개인에 대한 신뢰는 개인의 역량이 높아졌다는 것을 전제로 합니다. 개인이 충분한 교육을 받고 충분히 주위 사물을 이해하고 충분히 생각한다면 올바른 결정을 내릴 것이라는 믿음을 바탕으로 합니다. 개인의 역량을 발견한 것은 봉건체제가 무너지고 자본주의 체제가 도입되어 대중이 등장한 다음부터입니다.

대량생산을 하려면 대규모의 훈련받은 노동력이 필요합니다. 군대를 유지하기 위해서도 대규모의 훈련받은 군인이 필요합니다. 노동력과 군인은 모두 대중에게서 나옵니다. 대중을 구성하는 개인의 역량을 강화할 필요가 있었습니다. 대중교육은 이런 요구에 부응하는 것이었습니다. 현대사회의 개인은 대중과 함께 등장했고 대중운동을 통해 자신의 정체성을 확보하기 시작했습니다.

2. 개인 해방과 행복

개인의 등장은 혁명으로 시작되었습니다. 개인의 자유를 억압하는 체제는 근대 시민혁명, 사회주의 혁명, 민족 해방혁명, 민주주의 혁명, 인종혁명, 문화혁명, 성의혁명과 해방으로 무너졌습니다. 억압적인 공동체는 붕괴되었고 지금도 무너지고 있습니다. 혁명과 해방과정에서 개인들은 자신의 힘을 확인했고 결국 세상을 움직이는 주체로 등장하게 되었습니다.

개인의 해방은 모든 측면에서 이루어지고 있습니다. 인류역사상 개인이 이렇게 많은 자유와 재산을 가져본 적은 없습니다. 개인이 이렇게까지 많은 영향력을 가졌던 적도 없고 존중받은 적도 없습니다. 모든 측면에서 개인의 해방은 이루어졌거나 이루어지고 있습니다. 개인의 해방은 더욱 확대될 것입니다.

개인은 해방되었지만 개인의 해방이 곧 행복을 의미하는 것은 아닙니다. 공동체가 대신 부담해주던 고통, 괴로움을 개인이 직접 감당해야 하기 때문입니다. 개인에게 어떤 어려움이 닥치면 개인은 가족과 함께 이 어려움을 감당합니다. 가족 전체가 어려움, 불행을 함께 하기에 개인도 역경을 감당할 수 있습니다. 국가나 민족도 같습니다. 우리의 경험에 비추어 보면 일제 강점기 민족 전체가 고통을 받았기 때문에 개인도 그 고통을 감내할 수 있었습니다. 독재시대도 같습니다. 대부분의 사람들이 독재시대의 고통을 함께 나누었기 때문에 독재 하에서도 사람들은 생활을 유지할 수 있었습니다.

공동체가 없다면 개인은 자신에게 다가온 역경을 온전히, 아무런 매개 없이 직접 겪어야 합니다. 개인의 해방이 고통과 괴로움의 해방이라는 궁극적인 해방이 아니라 오히려 고통과 괴로움을 동반하는 것임을 잊어서는 안 됩니다. 마치 행운의 여신의 언니가 불행인 것처럼 표면적인 행복 뒤에는 고통, 괴로움이 있습니다.

개인의 해방이 곧 행복이라는 등식이 성립하지 않는 이유 중의 하나는 개인의 해방이 자본주의 발전과 함께 이루어졌다는 점에 있습니다. 자본주의에서 개인주의는 생활의 개인화, 경쟁의 개인화, 성공의 개인화, 실패의 개인화를 포함합니다. 성공의 영광과 실패의 쓰라림이 모두 개인의 몫이 되었습니다. 이 경향을 확실하게 만든 사조는 신자유주의입니다. 신자유주의는 세계의 풍경을 바꾸어 버렸습니다.

신자유주의 사조는 한국 사회를 경쟁제일주의, 극단적 개인주의, 각자도생 세상으로 바꾸었습니다. 신자유주의는 극단적인 개인주의를 세계에 퍼뜨렸습니다. 신자유주의로 인하여 소수 기득권층은 부를 쌓았고 대중들은 삶의 질 하락을 경험했습니다.

신자유주의가 나쁜 영향을 미친 것만은 아닙니다. 예를 들어 신자유주의는 가부장제를 파괴하는 데 중요한 역할을 했습니다. 신자유주의는 여성에게 노동시장을 열어 도저히 불가능할 것 같았던 여성의 사회진출, 성공을 만들었습니다(우에노 지즈코, 2018). 다만 여성의 사회진출, 성공이 모든 여성의 성공은 아닙니다. 사실 신자유주의에서 모두가 성공하는 것은 있을 수 없는 일입니다.

신자유주의로 여성이 사회진출을 하게 된 것은 신자유주의가 여성의 노동력이 필요했기 때문입니다. 국가는 신자유주의를 추진하는 과정에서 페미니즘과 손을 잡았다고 볼 수 있습니다. 페미니즘을 통해 여성해방에 동조하고 여성해방을 통해 여성의 노동력을 동원한 것입니다. 신자유주의와 페미니즘을 국가가 동시에 추진했던 시대가 있었다고 우에노 교수는 보고 있습니다(우에노 지즈코, 2018). 최소한 일본에서는 이와 같은 흐름이 있었습니다.

신자유주의가 원래 페미니즘에 우호적이어서 이런 흐름이 만들어졌는가 하면 그것은 아닙니다. 신자유주의는 오로지 싼 값에 얼마든지 대체할 수 있는 비정규직이 필요했을 뿐입니다. 그 가능성을 여성에게서 발견했을 뿐입니다. 만일 비정규직이 충분히 많았다면 신자유주의가 페미니즘에 우호적이었을 리 없습니다. 페미니즘은 인간해방운동의 일환으로 신자유주의와 친하지 않습니다.

신자유주의는 쇠퇴하고 있지만 그 영향력은 지속되고 있습니다. 경쟁격화, 개인주의 심화, 공동체 소멸, 대의 실종이라는 현상은 계속되고 있습니다. 앞으로 개인을 강조하는 경향은 계속될 것이고 개인의 힘을 강조하는 만큼 개인의 책임도 엄격하게 물을 것입니다.

신자유주의가 무서운 이유는 개인의 실패가 모두 개인에게 책임이 있다는 이데올로기를 퍼뜨리기 때문입니다. 경쟁할 기회를 주었기 때문에 만일 패배했다면 그에 대한 책임은 오로지 개인의 책임이라는 것입니다. 이렇게 하면 사회의 구조적인 문제점, 출발선 상의 차이, 과정의 불공정, 결과의 불평등, 복지의 부족 등의 문제점은 모두 사라집니다. 사회구조 변화를 통한 인간해방 가능성은 사라집니다.

신자유주의는 개인의 실패를 개인의 책임으로 돌리는 데 성공했습니다. 기존의 개인주의에 편승했고 개인주의를 강화하는 데 성공했습니다. 지금의 실패가 모두 개인의 역량이 부족하기 때문이고, 경쟁에서 패배했기 때문이라는 신자유주의 논리는 앞으로도 살아 남을 가능성이 큽니다. 새로운 공동체와 새로운 정의, 새로운 공정 개념이 확립될 때까지 말입니다.

3. 공동체 해체와 정체성 위기

공동체 붕괴는 억압적인 체제의 해체, 개인의 해방을 의미합니다. 하지만 공동체의 붕괴가 개인의 행복으로 이어지는 것은 아닙니다. 개인에게 고통도 가져왔습니다. 공동체의 해체와 함께 공동체의 좋은 기능도 사라졌기 때문입니다. 공동체 붕괴로 인한 문제점은 크게 세 가지가 있습니다. 첫째, 개인의 고통 가중, 둘째, 정체성 위기, 셋째, 규범 상실이 그것입니다. 이중 개인의 고통이 증가했다는 것, 과거와 다른 형태의 새로운 고통, 괴로움이 등장했다는 것은 이미 『정의의 미래 "공정"』에서 살펴보았습니다. 이제 정체성 위기를 살펴봅니다.

공동체의 기능 중의 하나는 정체성 형성에 기여하는 것입니다. 공동체는 개인에게 태어나면서부터 정체성의 묶음을 줍니다(앙드레 콩트 스퐁빌, 2010). 이 정체성을 공유함으로써 공동체의 일원이 되고 평화, 안전, 안정감, 사랑, 자비, 공동체 의식, 연민, 자신감, 낙관주의 등을 확보합니다. 공동체가 제공하는 정체성의 묶음은 구체적으로 어떤 상황에서 어떤 결정을 내리고 어떤 행동을 해야 하는지 결정해 줍니다. 마치 자동응답기처럼 어떤 상황이 발생하면 공동체가 일정한 답을 내놓습니다. 예를 들면 나이가 어느 정도 되면 결혼을 하고 자식을 낳고 언제쯤 잔치를 하는지 등 인생의 일정표를 제공했습니다. 굳이 개인이 시간과 돈을 들여서 고민하고 조사하고 결단할 필요가 없었습니다.

정체성이란 단일한 것처럼 보이지만 단일하지 않습니다. 앞에서 자세히 설명했습니다. 개인의 정체성이든 집단의 정체성이든 멀리서 보면 하나로 보이지만 가까이에서 보면 서로 다른 작은 정체성들이 섞여 있습니다. 이것은 개인이 하나의 공동체에만 속해있지 않기 때문입니다. 공동체가 제공하는 정체성 중에는 억압적인 정체성도 있습니다. 억압적인 정체성은 당연히 비판받아야 하고 배척되어야 합니다. 이에 대해 사람들은 꾸준히 저항해왔고 그 저항의 결과 억압적인 공동체를 극복하기에 이르렀습니다.

하지만 개인에게 좋은 영향을 주는 정체성도 있습니다. 산업화와 민주화 신화는 한국인들이 자랑스럽게 생각하는 정체성입니다. 산업화와 민주화 과정에 부작용이 없었던 것은 아니지만 부정적인 측면보다는 긍정적인 측면이 더 큽니다. 소중한 집단적 정체성입니다.

공동체가 붕괴되자 공동체의 정체성 제공 기능이 사라졌고 개인은 자신이 스스로 정체성을 형성해야 하는 부담을 안게 되었습니다. 정체성 형성은 매우 힘든 일입니다. 공동체가 제공하지 않는다면, 개인은 정체성을 형성하는데 인생의 많은 부분을 투자해야 합니다. 대부분의 사람들은 정체성이 형성될 때 깊은 고민과 사색을 합니다. 사춘기라고 부르는 시기에 정체성 고민이 집중되고 방황하기도 합니다. 중대한 결정을 할 때마다 이런 고민과 사색을 한다면 피곤해집니다. 개인이 자신의 정체성을 모두 만들 수는 없습니다.

한국인의 민족주의 전통, 민주주의 전통은 오랜 기간 동안 쌓아온 것입니다. 일제 강점기 독립운동가들의 희생이 없었다면 우리의 민족주의는 지금과 완전히 다른 모습이었을 것입니다. 독재 시절 민주투사들의 희생이 없었다면 우리는 촛불을 들고 거리에 나오는 것을 그렇게 쉽게 하지는 못했을 것입니다. 민족주의 전통, 민주주의 정체성은 개인이 만들 수 없습니다. 공동체와 함께 만들 수밖에 없습니다.

공동체가 해체되고 개인이 각자 정체성을 만들기 시작하면 개인의 정체성은 서로 충돌하게 됩니다. 과연 내가 만든 정체성이 올바른 것인지 알 수 없고 심지어는 내가 가지고 있는 정체성이 무엇인지 정확히 알 수 없는 사태가 벌어집니다. 자신의 정체성을 모르므로 타인의 정체성은 더욱 이해할 수 없습니다. 공동체가 제공하는 공동의 정체성이 없다면 다른 사람은 자신에게 완전히 모순덩어리로 보일 뿐입니다. 아무리 일인일우주이기는 하지만 너무나 차이가 나면 공동의 행동을 할 수 없고 공동체는 형성될 수 없습니다.

자신과 타인의 정체성에 대한 이해 부족은 좋은 말로 하면 다양성이고 정확하게 말하면 공동의 정체성 부족입니다. 현대의 다양성은 공허함을 초래하는 다양성인 듯 보입니다. 공동체로부터 파생된 공통 정체성 위에 개인의 다양성이 꽃 피는 것이 아니라 공동체의 토대 없이 개인의 다양성만 존재합니다. 민주주의에 대한 공동체의 강한 공감대가 없는 상태에서 개인이 개별적으로 행동하면 민주주의는 위기에 처합니다. 다른 사람의 인권을 침해하는 것도 민주주의라는 이름으로 정당화해 버리는 이상한 사태가 벌어집니다. 용서를 구해야 하는 가해자가 피해자에게 용서를 강요하는 이상한 현상이 벌어집니다. 공감대가 부족한 다양성은 개인의 파편화와 개인에 대한 배려 부족으로 나타납니다. 그만큼 서로에 대한 이해 가능성, 소통 가능성은 낮아집니다.

공동체 붕괴로 인한 세 번째 문제점은 규범 상실입니다. 공동체의 규범이 약화되거나 붕괴되면 개인은 자신이 직접 규범을 만들어야 하는 부담을 지게 됩니다. 모든 사람이 규범을 만들면 무한경쟁이 되어 무정부주의와 같아집니다. 물론 현실은 그렇게까지 무정부상태가 되지는 않습니다. 공동체가 없어지더라도 법률이나 다른 형태의 규범은 그대로 남아 사회를 통제합니다. 하지만 법률이나 규범의 근거가 부실하게 되므로 근본적인 위험은 남습니다.

윤리규범이 무력화되면 법률에 의존할 수밖에 없습니다. 그런데 윤리적 근거가 없는 법률은 정당성이 그만큼 부족하므로 기술적인 법률로 변질됩니다. 법률이 인기영합주의에 기초해 제정되거나 혹은 임시방편적으로 제정되는 것입니다. 이런 법률은 잘못하면 소수의 인권을 침해하는 무기가 될 수 있습니다. 다수의 의사가 법률의 유일한 근거가 되면 정치가 인간의 존엄성을 침해할 수 있습니다. 윤리의 바탕이 없는 법률은 다수의 횡포에 지나지 않습니다.

평등은 좋은 것이지만 사실 모두가 절대 평등할 수는 없습니다. 그래서 평등의 바탕에는 겸손과 자제가 있습니다. 특히 상대적으로 우위에 있는 사람들의 겸손과 자제가 필요합니다. 귀족들의 노블레스 오블리주, 의무가 여기에 해당합니다. 겸손과 자제가 있어야 평등이 제대로 운용될 수 있습니다.

겸손과 자제가 없는 평등 주장은 오히려 평등을 위험에 빠뜨립니다. 귀족들의 평등 주장이 그것입니다. 일부 귀족, 사회 특권층이 폭력을 행사하거나 탈세를 하고 나아가 사회의 부를 반칙과 특권으로 착복하는 범죄를 저지른 후 이를 변명하기 위하여 평등을 이용하는 경우가 있습니다. 자신의 행위를 비난하는 사람에게 나도 한 사람의 인간이다, 나도 이기심이 있다, 나도 욱할 때가 있고 세금을 아끼고 싶고 돈은 악착같이 벌고 싶다, 이 점에서는 나도 다른 사람과 똑같으므로 비난하지 말아 달라고 합니다. 범죄를 저질렀을 때는 나도 보통사람과 같으니 보통사람과 같은 정도의 비난과 형벌만 받겠다고 주장합니다.

자신의 지위는 특권으로 누리면서 비난은 평등하게 받겠다고 하니 평등의 이상한 적용입니다. 재벌들이 자신의 범죄행위에 관용을 요구하는 것은 많은 이들을 불편하게 만듭니다. 평등이나 관용은 윤리, 겸손, 자제라는 배경이 없다면 하나의 장식품에 지나지 않습니다.

법률은 인간 생활 전부를 규율하기에는 항상 부족하고 또 부족해야 합니다. 법률로 인간 생활 전부를 규율하기에는 인간 생활이 너무 다양합니다. 강제력이 있는 법률이 들어가지 않아야 할 사회영역도 존재합니다. 법률은 진공을 싫어하여 모든 것을 지배하려고 하지만 법률이 모든 것을 지배하는 세상은 지옥일 가능성이 큽니다. 법률만능시대는 윤리과잉시대보다 훨씬 더 못한 세상일 것입니다. 윤리위반의 대가는 비난이지만 법률위반의 대가는 처벌입니다. 법률만능시대는 처벌이 난무하는 세상일 것입니다.

법률로 문제를 해결하려는 사람들은 가해자를 엄격하게 처벌해서 재발을 막으려고 합니다. 이 주장은 누구나 가해자가 될 수 있다는 것, 누구나 법률의 표적이 될 수 있다는 사실을 망각하는 오류를 범합니다. 사실 법률의 개정으로 어제까지 정상적이던 교수들의 학술활동, 정치인의 정치활동, 공무원의 공무집행, 기업인들의 경제활동, 시민사회의 사회활동이 불법이 될 수도 있습니다. 타인에게 아무런 해를 끼치지 않았던 유대인이 가스실에 끌려간 것이 역사의 경험입니다. 일제 강점기 조선인이 비슷한 처지에 있었고 제2차 세계대전 당시 미국에 거주했던 일본인들이 역시 비슷한 처지에 있었습니다. 제2차 세계대전 당시 미국은 미국에 있던 일본인들을 잠재적인 적으로 간주하여 수용소에 수용한 적이 있었습니다.

법이 많아지면 많아질수록 더 많은 사람이 처벌받게 되고 누구나 처벌받을 수 있다는 점을 잊지 말아야 합니다. 사회적 약자는 이런 점을 피부로 느낍니다. 사회적 약자는 언제나 가혹한 법률의 희생자였고, 법률이 가혹하게 개정될 때 첫 번째 대상이 됩니다. 누구나 사회적 약자가 될 수 있습니다.

모든 사람들이 사회적 약자, 법적 처벌의 대상이 될 수 있다는 점은 법률을 제정할 때 반드시 고려해야 하는 점입니다. 엄격하지만 잔인하지 않은 법률은 이렇게 탄생합니다. 사회적 약자의 진출, 사회적 약자의 경험 공유, 사회적 약자의 처지 공감은 법률이 인기영합적으로, 잔인하게 바뀌는 것을 막는 근거입니다.

4. 의존과 독립의 인간

공동체 없는 개인은 존재할 수 없습니다. 인간은 항상 공동체와 관계를 맺어 왔습니다. 인간은 항상 외부와 일체를 이루고 공동체와 일체를 이루어 전체로서 존재해 왔고 앞으로도 그럴 것입니다. 여기의 공동체는 마을, 지역, 국가라는 협소한 공동체에 국한되지 않습니다. 더 넓은 공동체가 있습니다. 그것은 인간과 인간을 낳은 자연, 우주를 포함하는 공동체입니다.

인간이 자연의 산물인 이상 인간은 자연과 관계를 맺고 자연과 공동체를 형성하면서 생존해 왔습니다. 자연이 인간의 노리개가 될 정도로 심하게 훼손되기는 했지만 아직도 인간의 마음에는 자연에 대해 경외심이 남아 있습니다. 고대의 흔적이 남아 있는 것입니다. 이기적 유전자도 살아남기 위해 자연과의 조화를 꾀합니다.

자연과의 관계, 공동체와의 관계는 항상 총체적입니다. 총체성이 없다면 인간관, 철학이 성립할 수 없습니다. 인간이 자연, 공동체와 하나라는 사상을 가장 잘 표현하고 있는 철학은 불교입니다. 대승불교의 한 종류이고 지금은 금강 불교로 불리는 티베트불교는 인간과 공동체, 자연, 우주와의 합일을 상징적으로 어머니와의 관계로 봅니다. 티베트불교는 타인이나 동물을 자신의 어머니로 봅니다. 억겁의 시간 동안 윤회를 하면서 자신의 어머니로 인연을 맺었던 중생이 지금 눈앞에 있는 사람 또는 동물이라고 가르칩니다. 이렇게 되면 중생에 자비심을 느끼지 않을 수 없습니다. 중생이 전생의 그 어느 순간에 자신의 어머니였기 때문입니다. 자신과 타인, 인간과 동물, 중생의 관계가 완전히 하나임을 가르치는 것입니다. 나카자와 신이치는 티벳불교에서 자비심을 키우기 위한 방법을 직접 체험했다고 합니다(나카자와 신이치, 2005b). 다음은 나카자와의 경험을 요약한 내용입니다.

> 어느 날 새벽에 나는 선배 중을 따라 시장에 갔다. 시장에 들어서자 선배 중은 고깃간 앞으로 데려갔다. 고깃간 앞에는 야생 염소 한 마리가 끌려와 말뚝에 묶인 채 불안한 모습으로 있었다. 나와 선배 중은 오두막에 나란히 서서 명상을 하기 시작했다. 고깃간 주인은 재

빠른 동작으로 칼을 휘둘러 야생 염소의 목을 쳤다. 야생 염소가 그 자리에 쓰러지자 익숙한 손놀림으로 해체하기 시작했다. 어린 중들 가운데 몇 명의 눈에는 눈물이 맺혀 있었지만 입으로는 '옴마니반메훔'이라는 관세음보살 진언을 외우면서 그 과정을 뚫어지게 쳐다보고 있었다. 한 시간 이상 그 자리에 서있었다. 나는 친하게 지내던 젊은 중에게 도대체 무슨 명상을 했느냐고 물었다. 그러자 "아니 너는 뭐 하러 여기 왔는지 몰랐단 말이야"하며 기가 막힌다는 듯한 표정을 지었다. 그리고 설명해 주었다.

불교의 자비에 대한 이해를 현장에서 명상을 통해 심화시키기 위해서라는 것이었다. 즉, 우리의 개인 존재는 고립된 현상이 아니라 무한한 과거로부터 계속되어온 생명 윤회의 거대한 고리의 한 부분이다. 그렇다면 오늘 아침 고깃간 앞에 묶여 자신의 죽음을 기다리던 야생 염소는 예전에 자신의 어머니였던 적이 한 번이라도 있었던 것이 아닐까. 그 야생 염소가 어머니였던 시절 자식인 너에게 온갖 애정을 퍼부으며 애지중지하지 않았겠는가? 이때 자신의 마음에 이는 감정을 잘 지켜봐야 한다. 그 감정이 언젠가 자비의 큰 나무로 자라게 될 것이다. 이 세상의 모든 생물은 네 어머니이자 아버지이며 형제이자 자매였던 자들이다. 인간의 마음은 그런 심정을 대지로 해서 하늘을 향해 성장해가는 것이다.

이 이야기는 인간과 인간, 인간과 동물, 인간과 자연의 총체성, 동일성, 연결성을 잘 설명하고 있습니다. 이 가르침은 인간과 동물, 자연이 본질을 공유하고 있다는 점을 보여줍니다. 참으로 나와 남의 구분이 없는 자타불이의 세계입니다. 이러한 동일성을 인식할 때 인간은 공감할 수 있고 자비로워질 수 있습니다. 자신도, 자신의 것도, 자아도 존재하지 않는다는 것을 알 수 있습니다.

불교가 성립하기 전에도 이미 인간과 자연의 합일, 일체성을 강조하는 철학은 있었습니다. 구석기시대부터 전승된 신화의 형태로 인간과 자연의 총체성, 동일성을 강조해왔습니다. 인간과 자연의 총체성, 동일성을 가장 잘 표현하는 신화는 염소 아내 이야기일 것입니다(나카자와 신이치, 2003에서 재인용).

> 북아메리카의 원주민 사냥꾼 일행이 야생 염소를 잡으러 갔다. 이중 막내아들은 사냥꾼이 되기 위한 훈련을 받고 있었고 아직 제대로 된 사냥꾼은 아니었다. 이들이 사냥을 마치고 돌아오려고 할 때 막내아들 앞에 하얀 피부의 아름다운 여자가 나타나 자기 집으로 따라오라며 유혹했다. 막내아들은 여자를 만나면 사냥능력을 잃을까 두려워 거절했다. 여자는 자기 집으로 가면 더욱 뛰어난 사냥꾼이 되기 위한 지식을 얻을 수 있다고 했다. 막내아들은 따라나섰다. 높은 절벽에 도착하여 바위의 갈라진 틈으로 들어가자 큰 동굴이 있었다. 그곳에는 많은 남녀 염소가 있었다. 여자가 이제부터 나는 당신의 아내라고 이야기했다. 여기는 야생 염소의 동굴이며 당신들 사냥꾼이 여기를 발견하지 못할 거라고 했다. 마침 발정기 때여서 다른 야생 염소는 모두 밖으로 나갔다. 여자는 염소의 털가죽을 가져와 젊은이에게 입혔다. 젊은이는 숫염소를 가볍게 물리치고 아내

와 장모, 늙은이, 젊은이를 포함해 계속해서 암염소와 관계를 가졌다. 나흘 밤 내내 이렇게 지냈다. 나흘이 지난 후 아내가 자신을 따라서 오라고 했다. 아내는 헤어지면서 이렇게 말했다. "당신은 이제 훌륭한 사냥꾼이에요. 당신은 야생 염소가 사람이라는 걸 잘 알고 있어요. 그러니까 야생 염소를 죽이거든 시체를 다룰 때 경의를 표해야만 해요. 암염소들은 당신과 관계를 맺었으니 당신의 아내이며 당신의 아이를 낳을 거예요. 절대로 사냥해서는 안 돼요. 처남인 숫염소들만 쏘세요. 그들을 죽이더라도 미안한 마음을 가질 필요는 없어요. 왜냐하면 정말로 죽는 것이 아니라 단지 집으로 돌아가는 것일 뿐이니까. 고기와 털가죽은 당신이 가져가지만 진정한 그들 자신은 집으로 돌아가는 셈이지요." 말을 마친 여자와 젊은이는 헤어졌다. 이후 집으로 돌아온 젊은이는 사냥을 나갔다가 암염소와 새끼염소를 발견했다. 쏘려고 다가가는 순간, 암염소가 소리쳤다. "나는 당신의 아내예요. 아내와 아이를 쏘지 않도록 조심하세요." 그는 부끄러워하며 "미안해"라고 소리쳤다. 암염소와 새끼염소가 사라지고 숫염소가 나타났다. 숫염소는 사냥꾼에게 다가와 꼼짝 않고 서 있었다. 그는 숫염소를 쏴서 고기를 가져왔다. 숫염소의 고기를 가져오자 형제들이 말했다. "네가 야생 염소들과 같이 지낸 것을 알아. 암염소들이 네 아내며 새끼염소들이 네 아이라는 것 정도는 우리도 알고 있다"고 했다.

염소 아내 이야기는 동물도 인간과 똑같은 존재라는 점을 보여줍니다. 현실은 인간과 동물이 대결하고 서로 생존을 위해 싸우지만 적어도 철학적 사고와 의례적 행동 속에서는 동물들에 대한 일방적인 우위를 부정하고 양자 사이에 존재했던 깊은 유대관계를 회복하려는 노력을 보여줍니다(나카자와 신이지, 2003). 아름다운 신화가 아니라면 불가능한 이야기입니다. 신화는 생태계에 대한 배려와 인간이 지켜야 할 윤리를 합리적인 형태로 결합시키기 위해 동물과의 결혼이라는 방식을 동원합니다.

위의 두 이야기는 모두 인간과 공동체, 인간과 자연의 총체성, 동일성, 연결성을 이야기합니다. 이것을 벗어나는 순간 균형은 깨어지고 한쪽은 피해를 입습니다. 칼을 가진 인류가 등장하여 자연을 약탈하면 자연과 인간이 함께 본래의 성질을 잃게 됩니다. 이러한 사실을 직감적, 본능적으로 알고 있었던 고대인들은 자연과 함께해 왔고 공동체와 함께해 왔습니다. 자연과 공동체를 조심스럽게 다루었고 손상을 최소화하려고 했습니다. 인간은 공동체에 의존하면서도 공동체와 독립된 존재인 것입니다.

인간에 의한 자연 정복, 공동체 해체는 인간과 자연의 총체성을 파괴합니다. 극도의 물질문명 속에서 고독과 소외, 괴로움을 느끼는 이유는 이러한 근원적인 불안감 때문입니다. 공동체를 복구 불가능할 정도까지 파괴하면 인간의 고통과 괴로움을 커질 수밖에 없습니다. 자연과 공동체의 복원은 인간을 위해서도 필요합니다. 인간은 공동체, 자연과 하나가 되는 총체적인 존재입니다.

5. 지구촌의 한계

공동체를 의식적으로 확대시키면 지구라는 공동체를 생각할 수 있습니다. 요즈음 부쩍 지구촌이라는 말을 많이 하고 강조합니다. 인류가 당면한 문제도 지구적 단위에서 해결해야 하므로 지구촌의 협력은 어느 때보다 필요합니다. 평화, 환경, 과학기술, 자본, 정보, 상품, 서비스, 인권 등 중요한 것들은 모두 국경을 뛰어넘은 지 오래되었습니다. 개방국가에 사는 개인들은 이미 지구적 단위에서 생각하고 행동합니다. 최근 각국의 정치가 많은 문제점을 보이는 것은 각국이 당면한 문제는 이미 지구적 문제인데 정치인들이 국내적 시각에서 해결하려고 하기 때문입니다.

지구촌은 부상하는 공동체이지만 인간에게 의미 있는 새로운 공동체로 기능하기는 어려워 보입니다. 이미 기업이나 개인의 활동 단위가 지구촌임에도 불구하고 말입니다. 지구촌 단위에서 엄청난 자본, 인간, 정보, 물건, 서비스가 이동하고 있습니다. 동아시아만 하더라도 한국과 중국은 매년 1천만 명 정도가 오고 가고 있고 한국과 일본도 비슷합니다. 이 정도면 거의 한 동네라고 할 만합니다. 하지만 지구촌은 개인의 정체성을 형성하거나 개인을 규정할 만한 공동체가 되기 어렵습니다.

지구촌이 개인에게 의미 있는 공동체가 되기 어려운 이유는 지구촌이 감각적이지 않기 때문입니다. 개인에게 의미 있는 공동체는 눈에 보이고 만질 수 있는 감각적인 것이어야 합니다. 감정에 직접 호소할 수 있는 공동체여야 합니다. 나아가 인간의 의식 깊은 곳에 있는 그 무엇을 움직일 힘이 있어야 합니다. 인간의 무의식에 호소할 수 있을 정도의 힘은 경험에서 나옵니다. 개인이 어렸을 때부터 경험할 정도로 친밀해야 하고 역사적으로도 자연스럽게 받아들일 정도의 전통이 있어야 합니다. 이 역사는 최소한 수백 년, 수천 년 정도가 되어야 합니다. 전통이 오래되면 오래될수록 사람들은 주위의 동료를 쉽게 받아들입니다. 실제로는 생면부지이지만 같은 어머니의 품에서 나온 동포, 민족이라는 감정을 가집니다. 이를 유발 하라리는 '이야기'라고 합니다(유발 하라리, 2015).

인간은 허구의 이야기, 즉 종교 이야기, 민족 이야기, 국가 이야기를 만들어 모르는 사람들을 하나로 결집시켜 엄청난 집단의 힘을 구가했습니다. 종교 이야기, 민족 이야기, 국가 이야기는 모두 역사와 전통을 필요로 합니다. 역사와 전통을 바탕으로 한 이야기는 신화로 드러납니다. 공통된 신화는 사람들을 하나의 공동체로 묶는 힘입니다. 유발 하라리는 신화를 허구의 이야기이지만 주관적이면서도 실재하는 힘이라고 이야기합니다. 허구이지만 현실에서 힘을 발휘하고 있다는 것입니다. 신화는 인간의 감정을 자극하는데 감정은 공동체 구성의 가장 기본적인 동력입니다.

인간의 감정을 움직이는 공동체는 가족을 생각해보면 쉽게 알 수 있습니다. 가족은 배려와 사랑이 있으며 이 배려와 사랑은 직접 눈에 보일 정도로 선명합니다. 감각적이고 감동적인 배려와 사랑이 없다면 가족은 이미 가족이 아닙니다. 역사가 오래된 공동체는 민족을 생각해보면 쉽게 알 수 있습니다. 신화라는 허구에 기반하고 있기는 하지만 민족을 구성하는 신화에는 감동적인 장면이 넘칩니다. 우리의 경우 단군신화, 삼국통일의 신화는 하나의 민족이라는 강력한 감정을 불러일으킵니다. 일제 강점기 동안 반제국주의 독립운동가들의 활약은 민족적 감정의 저수지입니다. 독립투사들의 영웅적인 투쟁은 우리 민족이 하나의 공동체임을 강하게 호소합니다.

지구촌 공동체는 감각적이지 않습니다. 눈에 보이지도 않고 만질 수도 없습니다. 인간의 원초적인 감정을 자극하는 배려와 사랑은 없습니다. 지구촌 공동체는 구체적인 영토도 불분명하고 공동의 가치 역시 제한적입니다. 공동의 역사도 없고 공동의 신화도 없습니다. 그나마 서양이 중세시대에 신성로마제국이라는 공동체를 관념상으로나마 가질 수 있었던 것은 로마라는 공동의 역사와 기독교라는 공동의 종교가 있었기 때문입니다. 하지만 로마와 기독교도 좁은 지역의 역사와 토속신화를 다 이기지는 못했습니다. 중세유럽은 분열되었고 지금도 분열된 채로 남아 있습니다. 유럽은 유럽연합이라는 형태로 새로운 공동체를 만들려고 노력하고 있습니다. 유럽연합은 각 지역의 역사와 신화를 이길 정도의 역사와 신화가 없는 상태에서 각 지역의 문제까지도 해결해 주어야 하는 이중의 과제를 안고 있습니다.

지구촌 공동체는 공동의 가치에 기반합니다. 지역, 민족을 뛰어넘는 공동의 가치는 보편적인 가치이어야 하는데 보편적 가치는 인간의 모든 관심을 다 담지 못합니다. 특히 인간의 내면 깊숙한 부분의 감정을 담기는 어렵습니다. 공동의 신화를 만들 수 없는 것입니다. 모여서 항상 정의, 공정, 인권, 평화, 안전, 안정, 번영 등 좋은 이야기만 할 수는 없는 것이 또 사람입니다.

지구촌 공동체의 주체인 개인들은 지구촌을 중심으로 서로 소통하면서 감정을 공유하기 어렵습니다. 가족이나 친구들에게는 자신의 어려움을 호소할 수 있지만 지구촌 공동체에는 그런 상대가 없습니다. 모든 주제를 가지고 논의할 수 있어야 하는데 주제 자체가 한정될 뿐 아니라 소통의 방법에도 한계가 있습니다. 언어의 한계도 그 중의 하나입니다. 섬세한 감정을 담을 수 있는 섬세한 언어는 모국어밖에 없습니다. 창자가 끊어질 듯 아프고 심장이 오그라들 정도로 숨이 막히는 감정을 다른 나라 말로 표현하기는 거의 불가능합니다. 국가는 그나마 추상적으로 애국의 대상이라도 되지만 지구촌 공동체에 충성을 다한다는 것은 상상하기 어렵습니다.

지구촌 공동체는 구체적인 상황에 닥치면 그 한계를 드러냅니다. 인권선진국이 외면하는 난민 문제가 이를 증명합니다. 자국인의 인권, 보이지 않는 먼 곳에 사는 어린이의 인권에는 그렇게 관심이 많은 선진국 시민들이 바로 눈앞에서 난파선을 타고 상륙하는 난민들의 인권에는 둔감합니다. 추상적인 차원에서는 인권을 강조하지만 구체적인 현실이 되면 자기 나라, 자기 공동체의 상황이 앞섭니다. 자기 나라의 일자리가 없다고, 자기 나라의 공간과 예산이 부족하다고, 우리 살기도 바쁘다고 난민을 외면합니다. 난민들이 찾아가는 국가들은 선진국이며 난민의 권리를 인정하는데 앞장 서 왔던 인권국가들입니다. 이들도 지구촌, 인류애를 생각하기 보다는 자국을 먼저 생각합니다. 인간 자체가 감각과 감정에 의해 좌우되기 때문입니다.

6. 사회복지와 국가의 한계

미래의 공동체로 국가를 생각할 수 있습니다. 국가는 공동체로 살아남을 뿐 아니라 역할을 확대할 것으로 보입니다. 국가의 팽창은 이미 오래전부터 시작되었고 지금도 진행 중입니다. 가족이나 마을, 지역공동체가 붕괴하면서 이들 공동체의 역할을 국가가 대신할 수밖에 없습니다. 그렇지만 국가 공동체는 전통적인 공동체를 완전히 대체할 수 없습니다.

최근 의료와 돌봄에서 국가가 가정과 마을을 대신하게 되었습니다. 사회복지 중에서 핵심으로 떠오른 돌봄 노동이 그것입니다. 돌봄이란 배려와 애정을 바탕으로 합니다. 전통적으로 가족의 역할이었습니다. 가족과 국가는 다릅니다. 국가가 제공하는 돌봄 노동에는 배려와 애정이 부족합니다. 배려와 애정은 예산으로 확보할 수 있는 것이 아닙니다. 돌봄 노동은 아무리 발전하더라도 가족을 완전히 대체할 수 없습니다.

돌봄 노동은 계속 확대될 것이며 확대되어야 합니다. 국가의 의무이고 시민의 권리입니다. 공동체가 유지되고 개인의 삶의 질을 유지하기 위해서도 필요합니다. 하지만 돌봄 노동이 가족 역할을 완전히 대체할 수 없다는 한계도 인식해야 합니다. 그 빈 공간은 개인이 메워야 합니다. 개인주의로 인한 필연적 결과입니다. 다른 사람의 간섭을 적게 받는 만큼 혼자 괴로움을 이겨내야 합니다. 고독한 현대인들은 돌봄 노동을 받으면서도 비어있는 공간에 대해서는 묵묵히 참고 견딜 수밖에 없습니다.

문제는 오히려 다른 곳에 있습니다. 국가가 다른 공동체가 해 왔던 일을 모두 인수하여서 할 수 있는가, 그리고 공동체의 역할을 대신하는 것이 바람직한가 하는 점입니다. 국가의 팽창은 불가피합니다. 다른 공동체가 붕괴했기 때문입니다. 국가가 팽창할 때 필요한 것은 국가권력의 남용에 대한 견제입니다. 국가는 공동체가 했던 역할을 하려고 할 것이고 또 해야 하겠지만 여기에는 세 가지 한계가 있습니다.

첫째, 앞에서 살펴본 바와 같이 국가가 제공하는 서비스는 친밀한 공동체가 제공하는 서비스를 완전히 대체할 수 없습니다. 국가가 돌봄 노동 정책을 확대하여 어머니의 아동 돌봄을 대신하고 가족의 노인 돌봄도 대신할 수는 있습니다. 이 방향은 당연히 올바른 방향입니다. 그러나 가족과 같이 친밀한 관계가 제공하는 돌봄 노동에 포함된 애정을 국가가 제공할 수는 없습니다. 친밀한 관계는 상대방 및 상대방과의 관계 자체가 한 사람의 인생의 성공 여부를 결정하는 소중한 구성요소라는 점에 있습니다(누스바움, 2018). 이런 관계는 공식화될 수 없고 국가가 제공할 수 없습니다. 외부에서 제공하는 서비스는 바로 이 지점 앞에서 멈추어 섭니다. 이 한계를 인식하고 사회복지 정책을 수립하고 집행해야 합니다. 수요자도 이 한계를 인식해야 합니다.

돌봄이 노동으로 바뀌어 국가가 제공한다면 가족과 같은 친밀한 관계에서 남는 것은 무엇일까요? 공식적인 돌봄 노동이나 의료서비스는 국가가 제공하고 남은 친밀한 관계만 가족들에게 남을까요? 이렇게 친밀한 관계가 남아 애정이 넘치는 관계가 되면 좋겠지만 실상은 그렇지 않을 것입니다. 친밀한 관계는 친밀하기 때문에 취약합니다. 친밀한 관계에서는 상대방에게 끌려가기 쉽고 상대방의 결정에 따라 본인의 운명이 좌우되기에 십상입니다. 서로 깊이 신뢰하고 있고 깊이 의존하고 있기 때문입니다(누스바움, 2018).

구체적으로 배우자 사이를 봅시다. 배우자는 서로에게 인생의 많은 부분을 위임합니다. 성적인 요구에 대한 반응, 재정적 안정, 가정 돌봄, 자녀 돌봄 등 많은 부분을 서로 위임합니다(누스바움, 2018). 이러한 친밀한 관계에서 돌봄을 공식화하고 외부화하여 국가가 제공하게 되면 양극단으로 치달을 수 있습니다. 행복한 가정이 탄생할 수도 있고 가정이 전혀 필요 없는 상태가 될 수도 있습니다. 친밀한 관계에 잠재되어 있는 취약성이 드러나면 서로는 서로에게 속박이 될 수 있습니다. 이렇게 되면 가족은 해체됩니다. 가족을 강화하기 위하여 돌봄 노동을 강조하고 의료의 국가책임제를 도입했는데 이 결과가 가족의 해체로 이어질 수도 있습니다. 가족이 해체되고 있어 가족의 해체를 대신하기 위하여 각종의 대책을 마련했는데 그 대책이 가족의 해체를 촉진하는 그런 사태가 벌어집니다.

이런 현상은 흔히 목격됩니다. 이혼이 많이 일어나니 이혼을 쉽게 하는 제도를 도입합니다. 이혼을 쉽게 하는 제도를 도입하니 이혼이 더 자주 벌어집니다. 그래서 더욱 이혼을 쉽게 하는 제도를 고안합니다. 이 순환구조는 이미 잘 알려져 있습니다. 그렇다고 사회복지, 구체적으로 돌봄 노동과 의료공공성을 강화하지 않을 수는 없습니다. 만일 이들을 강화하지 않으면 가족은 더 빨리 붕괴합니다.

둘째, 국가는 그동안 다양한 공동체가 해 왔던 모든 일을 다 할 역량이 되지 않습니다. 국가는 아무리 팽창하더라도 제한된 역량, 제한된 자원을 가질 뿐입니다. 다양한 공동체가 제공했던 역할은 사실 비용으로 계산할 수 없는 부분이 많습니다. 가족의 돌봄 노동은 돈으로 계산할 수 없고 계산하지도 않지만 외주화하려면 계산을 해야 합니다. 비용이 드는 것이지요. 사실 가사노동이 이와 같습니다. 외주화하지 않아서 비용으로 계산되지 않을 뿐입니다.

사회공동체가 높은 치안 수준을 유지하기 위해서는 시민들의 자발적인 도움이 필요합니다. 범죄신고, 범인체포에 시민들이 참여하면 치안 수준은 높아집니다. 그런데 시민들의 참여가 없다면 동네마다 아파트마다 건물마다 청원경찰을 두고 CCTV를 설치해야 합니다. 좋은 공동체가 자발적으로 혹은 관행적으로 해오던 일을 외주화하면 모두 비용이 듭니다. 모범운전사들의 교통 통제 활동은 자원봉사로 무상입니다. 만일 이를 외주화한다면 비용은 전국적으로 엄청날 것입니다. 시민의 수준, 시민의 신뢰, 자원봉사 등으로 해결할 수 있는 일을 외주화하는 것은 좋지 않은 선택입니다.

국가는 다른 공동체와 독립하여 서비스를 제공할 수 없습니다. 국가가 효율적으로 정책을 펴기 위해서도 공동체와 함께 서비스를 제공해야 합니다. 국가는 비용과 효율성의 측면에서 공동체의 역할을 모두 대신할 수 없습니다. 공동체의 기능을 무조건 국가에 맡기는 식으로 문제를 해결하는 방법은 주의해야 합니다.

셋째, 국가가 공동체의 모든 일을 대신하면 국가가 모든 것을 지배하는 사회가 됩니다. 국가가 공동체를 완전히 대체하면 국가가 의식주 등 개인의 기본 생활도 정하고, 교육의 내용도 정하고, 결혼생활도 정하고 나아가 개인의 내밀한 정체성도 정하게 됩니다. 최종적으로는 개인의 종교, 사상, 양심까지 정하게 될 것입니다. 법이 일상생활 전부를 지배하는 세상이 됩니다. 이렇게 되면 사람들이 같은 종교, 같은 사상, 같은 생활을 하므로 질서는 완벽하게 보장될 것입니다.

이런 국가는 냉정하게 보면 전체주의국가, 독재국가입니다. 질서가 잡혀있는 평화로운 국가인 것처럼 보이지만 전체주의국가입니다. 전국시대 상앙이라는 법가가 기초를 닦았던 진나라를 방문했던 순자는 진나라를 보고 감탄을 했습니다. 너무 질서가 잘 잡혀있어 좋은 나라라고 판단한 것입니다. 하지만 당시 진나라는 법가사상이 지배했던 독재국가였습니다.

독재국가에서는 개인의 자유가 보장될 수 없습니다. 개인의 내밀한 정체성은 국가 앞에 그대로 노출됩니다. 정체성 노출에 따른 항상적 불안이 사회를 지배합니다. 언제 어느 때 공권력이 문을 부수고 들어와 개인의 일상적인 삶을 붕괴시킬지 모르는 불안감이 사회의 바닥에 흐릅니다. 자유가 보장되지 않는 만큼 평등 역시 보장되지 않습니다.

자유와 평등 사이에는 자유가 우선합니다. 독재국가의 평등은 피지배계층 사이의 불안한, 부자유의 평등을 의미합니다. 지배계층과 피지배계층 사이의 평등은 없습니다. 조지 오웰이 『동물농장』에서 "모든 동물은 평등하다. 하지만 어떤 동물은 다른 동물보다 더 평등하다"라고 말한 것처럼 자유가 없는 곳에서는 평등도 없습니다. 독재국가에서는 자유와 평등이 제대로 보장될 수 없고 자유와 평등이 보장되지 못하므로 인간의 존엄성이 보장되지 않습니다. 그래서 그 국가는 오래 지속되지 못합니다. 항상 공포와 불안이 지배하고 있기 때문입니다.

국가는 개인의 종교, 사상, 양심, 정체성, 가정사, 성적 취향을 포함한 여러 취향, 내밀한 세계, 작고 소소한 세계에는 가능한 한 개입하지 않아야 합니다. 이 모든 것은 온전히 개인의 몫이고 개인이 속한 작은 공동체의 몫입니다. 국가가 강요해서도 안 되고 강요할 필요도 없습니다. 다양성과 창의성을 존중해야 하는 현대사회에서는 더욱 그렇습니다.

7. 가상공동체

사라져가는 공동체를 대체할 수 있는 마지막 대안으로 가상공동체를 생각해 볼 수 있습니다. 가상공동체는 최근 폭발하듯 성장하는 인터넷 공동체를 말합니다. 인터넷 또는 웹 공동체, SNS 공동체는 같은 의미입니다. 웹 공동체 친구들은 가까운 진짜 친구만이 아니라 그냥 데면데면한 사람들, 아예 모르는 사람들, 지구 반대편에 있는 사람까지 다양합니다. SNS를 보면 자신이 관여하는 집단, 공동체가 엄청나게 확대되었고 다양한 주제에 맞게 다양한 공동체도 생겨났다는 점을 알 수 있습니다.

가상공동체라고 하더라도 공동체가 확대된 것은 바람직합니다. 해당 공동체와 그 속에 속한 개인들의 여러 생각을 접할 수 있기 때문입니다. 여러 생각을 접하면 그만큼 보편적인 인식을 획득할 가능성이 높아집니다. 관여하는 공동체가 많으니 표현의 영향력도 높아집니다.

SNS 영향력은 긍정적이기도 하지만 부정적이기도 합니다. SNS를 잘 활용하여 자신의 가능성을 넓히는 사람도 있지만 일부는 인생의 파멸에 이릅니다. SNS를 이용하여 성공하고 실패하는 사람은 소수이고 대부분의 사람은 중간 정도에 머무릅니다. 그냥 흘러 다니는 정보를 보고 자신의 경험을 소개하고 공유하면서 즐거움과 괴로움을 누립니다.

여기까지는 큰 문제 없습니다. 하지만 모든 일이 그렇듯 정도가 지나치면 문제가 생깁니다. 지금은 웹이 창조하는 가상세계, SNS 세계가 현실세계를 대신할 정도로 사람들을 지배하는 시대입니다. SNS 없이는 현대인을 설명할 수 없을 정도로 SNS 공동체는 막강한 힘을 가지고 있습니다.

사람들이 SNS를 하는 근본적인 이유는 SNS를 통하여 즐거움과 괴로움을 맛볼 수 있기 때문입니다. 즐거움이 아니라 괴로움까지 포함하는 이유는 뇌가 새로운 정보는 괴로운 것이든 아니든 모두 자극으로 받아들여 이를 극단적으로 추구하기 때문입니다. 뇌는 자극이라면 좋은 것이든 나쁜 것이든 모두 적극적으로 받아들입니다. 새로운 것을 받아들이는 것은 뇌가 그렇게 구조화되어 있기 때문입니다. 뇌는 가상의 공동체이든 현실의 공동체이든 자극만 준다면 동일하게 반응합니다.

폭발적으로 증가한 가상의 공동체는 현실의 공동체가 붕괴하면서 이를 대신하는 역할을 합니다. 인간의 관계 맺기 본능, 즉 공동체 내에서 활동하고자 하는 욕망을 이용하여 팽창하고 있습니다. 하지만 실제로 팽창한 것은 개인의 공동체가 아니라 SNS 자체이고 SNS를 운영하는 자본일 뿐입니다.

분명 가상의 공동체는 현실의 공동체를 대신하는 측면이 있습니다. 너무 가까운 공동체에는 관계의 친밀성에 비례하는 피곤함이 있습니다.

서로를 너무 잘 알기 때문에 간섭이 심한 것이지요. 이에 비하여 SNS의 가상공동체는 서로 잘 모르기 때문에 간섭하지 않습니다. 거리를 두고 있다는 점이 주는 편안함이 있습니다.

가상공동체가 주는 가장 확실한 장점은 편리함과 편안함입니다. 언제든 접속할 수 있고 언제든 원하는 정보를 얻을 수 있습니다. 가상공동체에서 얻은 정보는 자신을 편하게 해 줍니다. 싫은 소리나 간섭은 하지 않습니다. 자신이 원하는 상품을 원하는 가격에 구입하듯이 원하는 정보를 편한 시간에 원하는 가격으로 구입합니다. 그리고 자신의 정보를 올려 자랑을 합니다. 많은 이들이 '좋아요'를 눌러 찬성을 표합니다. 일부 자신의 마음에 들지 않은 웹사이트, 정보, 상품은 클릭하지 않으면 전혀 만날 일이 없습니다. 자신에게 싫은 소리를 하는 사람은 거의 없습니다. 사람들은 웹상의 다른 사람에게 그렇게 많은 관심을 가지고 있지 않습니다. 자신에게 신경쓰기도 바쁩니다. 혹시 싫은 소리를 하는 사람이 있어도 접속하지 않으면 피할 수 있습니다.

웹상에서는 완벽하게 자신이 통제권을 가지고 있는 것 같습니다. 정보도 상품도 반응도 자신이 원하는 순간에 원하는 가격에 얻을 수 있습니다. 이것은 엄청난 장점입니다. 그 편리함이란 어디에도 비교할 수 없습니다. 편리하기 때문에 당연히 편안합니다.

현실의 공동체는 원하는 순간에 원하는 가격에 정보, 상품을 얻기 어렵습니다. 그리고 친밀하기 때문에 간섭합니다. 자신이 완전히 통제권을 행사할 수도 없습니다. 학생을 예를 들어 보면 공부를 할 때 즐거움도 느끼지만 좌절도 느낍니다. 수학에 좌절을 더 많이 느끼는 것 같습니다만 어쨌든 공부에는 즐거움과 좌절이 같이 있습니다.

가족생활도 가족이 제공해 주는 편안함과 안정감은 소중하지만 그만큼 또 간섭이 있습니다. 실제로 간섭이 없다면 가족이라고 할 수 없습니다. 가족으로 혜택만 누리고 의무를 다하지 않으면 그는 기생충입니다. 가족 중 일방적으로 희생만 하는 사람이 있다면 그는 가족이 아니라 노예입니다. 다른 공동체도 같습니다. 공동체의 일원으로서 성장하기 위해서는 어느 정도 간섭을 받아야 하고 희생을 해야 합니다. 자신이 완전히 통제권을 가질 수 없습니다.

이점이 현실 공동체와 웹 공동체의 차이점입니다. 그래서 사람들은 현실에서 스트레스를 받으면 웹 공동체로 달려갑니다. 자신이 통제권을 완벽하게 행사할 수 있는 세상으로 말입니다. 그곳에서 누구의 간섭도 없이 원하는 정보와 상품을 소비합니다. 사람들이 열광하는 것은 다 이유가 있습니다. 스마트폰은 불과 몇 년 사이에 지하철을 이용하는 사람들이 모두 머리를 숙이도록 만들었습니다.

하지만 가상의 웹 공동체는 현실 공동체를 대신할 수 없습니다. 현실에서는 거의 공동체의 역할을 하지 못하고, 한다고 하더라도 부차적이고 보조적이며 표면적인 역할을 할 뿐입니다. 웹 공동체는 너무 휘발성이 강합니다. 유명 인사라 하더라도 웹에서 하루를 장식할 수 없습니다. 웹에서는 이슈가 금방금방 바뀌어 버립니다. 자신을 성찰하고 타인과의 관계를 진지하게 고민하는 시간은 절대적으로 부족합니다. 자질구레하고 소소한, 그렇고 그런 정보만이 인터넷을 통하여 흘러 다닐 뿐입니다. 유해한 정보도 있지만 유해한 정보보다 더 큰 문제는 사람들의 관심을 끄는 중요하지 않고 자질구레한 정보들입니다.

중요한 정보들은 이미 다른 형식으로 충분히 소통되고 있습니다. 중요한 정보를 전달하는 방식에서 웹은 조금만 더 편하고 빠릅니다. 이메일보다 카카오톡이나 텔레그램이 정보전달에 조금 더 빠릅니다. 신문이나 텔레비전의 뉴스보다는 확실히 빠릅니다. 그런데 진짜 중요한 정보라면 1시간 또는 하루 먼저 안다고 하여 무슨 문제가 생기겠습니까. 중요한 정보는 신중하게 다루어져야 하고 시간을 두고 분석되어야 하므로 1초라도 빨리 전달하는 것은 그리 중요하지 않습니다. 물론 재난정보와 같은 긴급한 정보는 빨리 유통되어야 합니다. 재난정보는 이미 SNS를 통하여 충분히 빨리 유통되고 있습니다.

웹 공동체는 현실 공동체가 제공하는 여러 순기능을 제대로 제공할 수 없습니다. 다만 현실 공동체의 역할을 좀 더 편하고 좀 더 쉽게 제공할 뿐입니다. 웹 공동체는 살아있는 진짜 공동체를 대신할 수는 없습니다. 웹 공동체가 아무리 발전하더라도 외로움과 공허함은 여전하고 진지한 관계에 대한 요구는 식지 않습니다.

웹 공동체가 팽창하는 것 같지만 실제 팽창하고 있는 것은 웹 자체이고 웹 자본입니다. 페이스북, 트위터, 유튜브는 엄청 성장했습니다. 자본이 수만 배 성장했습니다. 하지만 나 자신은 별로 변한 게 없습니다. 이것이 실상입니다.

그렇다고 웹 공동체가 제공하는 편리함, 편안함을 굳이 부정할 필요는 없습니다. 웹을 벗어나서는 생활을 유지할 수 없습니다. 온라인쇼핑이 주는 편리함과 편안함을 거부할 이유는 없습니다. 문제는 집착하는 것입니다. 웹 공동체가 차지하는 비중을 있는 그대로 보고 딱 그만큼의 가치를 부여하면 됩니다. 웹의 정보, 상품, 반응에 집착하면 여기에 휘둘립니다. 정보, 상품, 반응이 많거나 좋으면 자신의 가치가 높아지는 착각에 빠집니다. 웹의 정보, 상품, 반응은 내가 관심과 감정을 가지고 받아들일 때, 즉 집착할 때 나를 지배합니다. 이 지배에서 벗어나야 합니다.

중요한 것은 현실 공동체입니다. 현실 공동체에 뿌리를 내리고 웹 공동체를 적절히 활용해야 합니다. 현실 공동체 생활에 대해서도 집착을 하면 안 됩니다. 사물을 있는 그대로 보아야 합니다. 감정에 휘둘려 탐욕과 분노와 어리석음에 빠져서는 안 됩니다. 결국 어떤 공동체를 만나든 집착하지 않는 것이 가장 중요합니다. 스마트폰만 보지 말고 한 번씩 어깨를 펴고 정면을 보는 것부터 시작해도 좋습니다.

CHAPTER 2

단기주의와 윤리

1. 인생과 우주의 주기

단기주의는 현대사회를 지배하는 가장 강력한 사조입니다. 단기주의는 현대사회의 윤리를 규정하며 나아가 미래사회의 윤리에도 영향을 미칩니다. 윤리는 좋은 삶을 의미하므로 그 시간적 단위는 인생 전체입니다. 일생 동안 지켜야 할 덕목이 바로 윤리입니다. 윤리의 덕목 중에는 개인의 차원을 초월하는 것도 있습니다. 불살생을 의미하는 '아힘사'는 일생 동안 지켜야 할 덕목이기도 하고 개인을 뛰어넘어 전 인류에게 적용되는 윤리입니다. 윤회를 인정하면 윤회하는 삶 속에서 아승지겁 동안 지켜야 할 윤리입니다. 윤리는 단기적으로 평가할 수 없는 것들로 구성되어 있습니다.

단기주의는 국가 차원의 장기적 정책수립에 큰 장애를 초래합니다. 국가의 구조적 변화는 수십 년이 걸리는 경우가 대부분입니다. 한국은 조용한 아침의 가난한 나라에서 최첨단 기술을 갖춘 잘 사는 나라로 변화하는데 백 년 이상 걸렸습니다. 반공주의 국가에서 민주주의 국가로, 성장 중심주의 국가에서 복지 중심국가로 바뀔 때도 수십 년의 시간이 걸렸습니다. 그럼에도 불구하고 아직 변화는 충분하지 않습니다. 정치와 경제의 구조를 근본적으로 바꾸는 것은 오랜 시간과 노력이 필요합니다.

인권체제 수립은 근대시민혁명 이후 새로운 혁명과 제2차 세계대전이라는 전대미문의 경험, 그리고 수십 년 동안 인권을 제도화하려는 국제사회의 노력이 필요했습니다. 국가나 사회의 구조적인 변화는 단기주의에 입각해서는 아무런 성과를 볼 수 없습니다.

단기주의는 국가나 사회의 미래전략에 장애가 될 뿐 아니라 개인 인생 설계에도 큰 걸림돌입니다. 단기주의에 매몰되면 눈앞의 이익, 눈앞의 쾌락에 집중합니다. 전체 인생을 두고 계획을 수립하지 못하므로 자신의 인생을 가볍게 여기게 됩니다. 자신도 가볍게 여기고 다른 이도 가볍게 여겨 살아있는 모든 것의 행복과 안녕, 평화와 안전, 고통의 해방이라는 궁극적인 목적에서 멀어집니다. 성과가 바로 보이지 않는 착한 행위를 경멸하고 쾌락을 바로 주는 착하지 않은 행위를 찬양합니다. 단기주의를 극복하지 않으면 모든 미래전략과 인생 설계는 물거품이 됩니다.

단기주의는 오랜 기간 인간이 생존하면서 체득한 지혜의 산물이 아닙니다. 극히 최근에 생긴 것이지만 미래에는 더욱 위세를 떨칠 것으로 보입니다. 원래 인간의 리듬은 자연의 리듬에 맞추어져 있습니다. 인체의 유전자에는 시계 유전자가 있는데 이 시계 유전자는 근본적으로 태양의 운행에 맞추어져 있습니다. 생존이 가장 중요했던 고대 시대에는 먹을 것의 주기에 사람의 유전자 시계가 맞추어져 있었습니다. 수렵 시절에는 동물이나 나무 열매의 주기에, 농경 시절에는 농작물의 주기에 맞추어져 있었던 것입니다. 농경시대는 태양과 달의 변화, 계절의 변화와 긴밀하게 결합되어 있어 1년 12개월의 운행에 맞추어 인체의 리듬도 생겼습니다.

농경시대 이후 인간의 리듬은 기본적으로 1년 단위로 정해졌습니다. 자연 이외에는 달리 리듬을 맞출 기준도 없었습니다. 생산 활동은 1년을 단위로 이루어졌지만 인간의 생활과 자연은 1년이 지나도 큰 변화는 없었습니다. 수백 년이 지나도 큰 변화가 없는 것이 자연입니다. 인간이 살아있는 동안 자연의 격심한 변화를 볼 일은 거의 없었습니다. 인간의 리듬은 1년을 소주기로 하여 평생을 대주기로 이루어졌습니다.

인간의 일평생을 뛰어넘는 주기는 장구한 우주의 대주기를 의미합니다. 인간은 자연의 운동을 관찰하면서 우주 전체의 리듬을 발견하고 우주의 대주기를 찾아냈습니다. 그리고 이를 바탕으로 철학을 발전시켰습니다. 장자의 소요유는 긴 리듬의 대주기를 호쾌하고 거침없는 철학으로, 문학으로 멋지게 표현하고 있습니다(기세춘, 2007).

북해에 한 물고기가 있는데 이름을 곤이라 한다.
곤은 그 크기가 몇 천리인지 알 수 없다.
이것이 변하여 새가 되는데 그 이름을 붕이라 한다.
붕의 등 넓이도 몇 천리인지 알 수 없다.

한번 노하여 날면 그 날개가 하늘에 구름을 드리운 것 같았다.
이 새는 바다가 움직이면 남명으로 이사를 간다.
남명이란 천지天池다.
제해는 뜻이 괴이한 사람이다.
제해의 말에 의하면 대붕이 남명으로 날아갈 때는 물결이 삼천리
이며
폭풍을 타고 구만리 상공에 올라
여섯 달이 되어야 쉰다.
안개와 먼지는
생물이 생기를 서로 불어주는 것이다.
천지가 푸른 것은 바로 생기의 색이며
그것은 원대하고 끝이 없는 지극한 것이다.
대붕이 내려다보는 것은
역시 아마 안개, 먼지 등 생기였던 것이다.
또한 물이 쌓여 두껍지 않으면 큰 배를 띄울 힘이 없다.
마당 웅덩이에 술잔의 물을 부으면 겨자씨로 배를 만들어야 한다.
술잔을 띄우면 붙어버릴 것이니 물은 얕고 배는 크기 때문이다.
마찬가지로 대기가 쌓여 두껍지 않으면
대붕도 큰 날개를 띄울 힘이 없다.
그러므로 구만리의 바람이 발아래에 있어야만
바람을 탈 수 있다.
푸른 하늘을 등에 지고 막힘이 없어야만
장차 남쪽으로 날아갈 수 있다.

매미와 텃새가 대붕을 비웃으며 말했다.
내가 결심하고 한번 날면
느릅나무와 빗살나무까지 갈 수 있다.
어쩌다가 가끔 이르지 못하여
땅에 곤두박질할 때가 있지만 무엇 때문에 구만리 창공을 날아
남쪽으로 간단 말인가?
들판에 나가는 자는
두 끼니면 돌아올 때까지 배가 부를 것이다.
그러나 백 리를 가는 자는 하루 먹고 올 양식을 찧어야 하고
천 리를 가는 자는 석 달 먹을 양식을 준비해야 한다.
이들 두 벌레가 무엇을 알겠는가?
작은 지혜는 큰 지혜를 미치지 못하고
어린아이는 어른의 지혜를 미치지 못한다.
어떻게 그런 줄 아는가?
아침에 돋아나는 버섯은 그믐과 초하루를 모르고
매미는 봄과 가을을 모른다.
이것들은 사는 기간이 짧기 때문이다.
초나라 남쪽에 명령이란 나무가 있는데
오백 년을 봄으로 삼고 오백 년을 가을로 삼는다고 한다.
먼 옛날에는 큰 참죽나무가 있었다는데
이것은 팔천 년을 봄으로 삼고
팔천 년을 가을로 삼는다고 한다.
그런데 팔백 년을 산 팽조는 지금껏 최장수라고 소문나서

사람마다 그와 같이 되기를 바라니 슬픈 일이 아닌가?
이런 것이야말로 작은 것과 큰 것의 분별이라 할 것이다.
탕 임금이 현신 극에게 물은 것도 이러한 분별이었다.

장자의 소요유는 진리를 알기 위해서는 크고 초월적인 관점을 가져야 한다는 것을 보여줍니다. 여기에서 핵심은 시간을 보는 관점입니다. 진리를 어떻게 깨칠 것인가라는 주체적인 입장에서 시간을 봅니다. 시간 자체가 독립적으로 존재하는 것이 아닙니다.

장자의 우주 주기에 대한 표현이 시간에 대한 고대 동아시아인의 관념을 잘 보여준다면 불교는 고대 인도인들의 시간관념을 보여줍니다. 철학이면서 종교인 불교는 시간의 개념을 무한으로까지 확대하는데 그 기준은 수행, 깨달음입니다. 부처님의 전생을 표현한 수행본기경은 시간의 개념, 주기를 극한까지 확대합니다. 부처가 되기 위한 수행의 시간이 얼마나 많이 필요한가를 보여주는 것이 목적입니다. 불교에서 시간이란 깨달음을 얻기 위한 시간을 말합니다.

전생의 헤아릴 수 없는 겁 동안 범부로서 불도를 구한 이래로 정신은 형상을 받으면서 다섯 갈래의 길을 두루 돌아다녔다. 한 몸이 죽어 무너지면 다시 한 몸을 받는 등 나고 죽음이 한량없었다. 천하의 풀과 나무를 모두 베어 산가지를 만들어 나의 옛 몸을 헤아린다 하여도 셀 수가 없었다. 무릇 하늘과 땅이 시작하여 끝나는 동안을 일 겁이라 하는데 나에게는 하늘과 땅이 바뀌면서 이루어지고 무너진 것이 헤아릴 수조차 없었다(수행본기경, 고익진, 2014).

위 내용은 부처님이 깨달음을 얻기 위해 얼마나 오랫동안 수행했는가를 보여주는 것입니다. 헤아릴 수 없을 정도의 수행이 있어야 깨달음을 얻는다는 것이 요지입니다. 깨달음이 시간을 헤아리는 기준입니다. 시간은 그 자체로는 아무 의미가 없습니다. 겁은 하늘과 땅이 시작하여 끝나는 동안의 시간인데 다른 설명도 있습니다. 가로세로 12km의 직사각형 돌이 있는데 100년에 한 번 천녀가 내려오고 천녀의 옷이 딱 한번 그 돌에 스친다고 했을 때 천녀의 옷깃에 스쳐서 그 돌이 다 닳을 때까지 걸리는 시간이 일겁이라고 설명하기도 합니다.

법화경은 역시 깨달음을 기준으로 시간을 봅니다. 거의 영원한 시간을 수행해야 깨달음을 얻을 수 있다는 것을 보여줍니다. 그래도 깨달음을 얻는데 끝이 있다는 것이 다행이라고 할 정도입니다.

> 비구들이여, 그대들에게 알리나니 나의 제자인 가섭 비구는 장래 삼천만 억의 부처님들을 공경, 공양하며 찬양해서 그 부처님들의 바른 법을 받아 지킬 것이다. 그는 윤회의 마지막 몸으로 '광덕'이라는 세계에서 '대장엄'이라는 겁을 만날 때, '광명'이라는 이름의 바른 깨달음을 얻은 존경하는 여래로 이 세상에 나타날 것이다. 그는 지혜와 덕행을 갖춘 선서시며 세간을 잘 아는 위 없는 분이시며 사람을 잘 다스리는 분이시며 천신과 인간의 스승이시며 불타시며 세존이 될 것이다. 수명은 12중겁으로 그의 바른 가르침은 20중겁 동안 계속될 것이며 바른 가르침과 유사한 가르침도 20중겁 동안 계속될 것이다(법화경, 보경, 2011).

장자와 불교의 시간개념은 모든 것을 장기적으로 초월적으로 생각하라고 말합니다. 진리는 긴 호흡에서 생각했을 때에만 얻을 수 있으며 깨달음은 장기간 수행해야 도달할 수 있습니다. 끝은 있지만 거의 영원한 시간입니다. 가섭 비구는 삼천만 억의 부처님을 공양한 다음에야 여래가 된다고 합니다.

단기적으로 생각하면 세상 사물도 제대로 볼 수 없으며 깨달음도 없습니다. 그만큼 진리와 깨달음은 시간이 걸리고 어려운 것입니다. 세상과 인간은 이해하기 어렵고 구제하기 어렵고 벗어나기 어렵습니다.

2. 시간은 행위 개념

고대의 중국인, 인도인에게 시간은 별로 중요하지 않았습니다. 영원히 계속되는 시간 속에서 고통을 벗어나고 깨달음을 얻는 것이 중요했습니다. 인도인은 윤회를 믿었으므로 시간은 처음부터 영원한 것이었습니다. 중요한 것은 깨달음이었습니다. 이 결과 시간관념은 깨달음을 중심으로 발전했습니다. 깨달음의 특징상 시간은 행동의 개념으로 바뀌게 됩니다. 지금 주어진 현재에 충실하게 사는 것이 바로 시간을 의미 있게 보내는 방법이라는 결론에 도달합니다.

과거는 이미 흘러갔고 지금은 존재하지 않습니다. 과거의 사건은 아무리 바꾸고 싶어도 바꿀 수 없습니다. 과거의 사건은 사라지지 않고 변형되지도 않은 채 쌓여서 현재의 자신을 만들고 있습니다. 한번 발생한 일은 없어지지 않습니다. 에너지보존의 법칙처럼 행위는 사라지지 않고 저장됩니다. 불법과 범죄 역시 발생하면 없어지지 않습니다. 기억하지 못하더라도 무의식의 심층에 저장됩니다.

과거는 다만 재해석될 뿐입니다. 누구나 인생에 한 번은 겪는 어두운 터널 같은 청년 시절은 처음에는 다시는 겪기 싫은 기간이지만 세월이 흐르면 하나의 추억이 됩니다. 어떤 때는 지금의 성공을 위한 밑거름으로 해석됩니다. 하지만 고생스러웠던 과거가 변할 리는 없습니다. 다만 평가만 바뀔 뿐입니다. 바뀌지 않는 과거에 대해 집착하고 고통을 받는 것은 어리석은 일입니다.

미래는 아직 오지 않았습니다. 미래는 지금 존재하지 않습니다. 지금 할 수 있는 것은 아무것도 없습니다. 미래는 현재가 쌓여서 만들어지는 것이므로 객관적으로 미래가 무엇인지를 알 수 없습니다. 미래는 자신의 행위 결과가 쌓여서 만들어지는 것이므로 자신의 행위에 따라 바뀝니다. 언제든지 하루에도 몇 번씩 바뀌는 것이므로 미래라고 할 것이 없습니다. 존재하지도 않는 미래를 생각하면서 즐거워하거나 괴로워하는 것 역시 어리석은 일입니다.

우리에게는 오로지 현재만이 있습니다. 지금 이 순간, 바로 여기만이 남아 있습니다. 과거와 미래가 없으니 남은 것은 현재입니다. 실제로 우리가 무엇인가를 할 수 있다면 그것은 바로 지금 이 순간, 여기뿐입니다. 다음 달에 미국이나 일본에 가서 세계적인 행사에 참여한다고 하더라도 지금 바로 여기 한국에서 행사를 준비해야 합니다. 세계적인 행사의 성패는 바로 지금 여기 준비하는 것에 달려있습니다. 현재 내가 한 일이 쌓여서 미래를 만듭니다.

여기에서 한발 더 나아가 봅시다. 현재는 과거와 미래 사이에 존재합니다. 하지만 과거와 미래가 존재하지 않는다면 현재도 존재하지 않습니다. 일정한 기간 지속되는 것으로서 현재는 존재하지 않습니다. 그렇다고 존재하지 않는다고 할 수도 없습니다. 현재가 없다면 현재의 행위도 없다는 것인데 행위는 있으니까요. 다만 찰나만 있을 뿐입니다. 과거의 평가를 바꾸고 미래의 모습을 바꾸는 것은 현재입니다. 존재하지 않는 현재가 과거의 평가와 미래의 모습을 바꾼다니 모순으로 보입니다. 이때 세상을 바꾸는 것은 현재라는 시간이 아닙니다. 지금 여기에서 자신이 하고 있는 행위가 과거와 미래를 바꾸는 것입니다.

현재는 자신이 어떤 행위를 하고 있는가에 따라 결정됩니다. 과거에 대한 해석, 미래의 전망도 현재의 행위에 의하여 결정되게 됩니다. 부처의 행위를 하면 부처가 되고 야차의 행위를 하면 야차가 됩니다. 현재 일어나고 있는 것은 '나'라거나 '나의 것'이라거나 '나의 자아'가 아니라 나의 행위일 뿐입니다. 수없이 생겼다고 없어지는 행위인 것입니다. 현재는 시간 개념이 아니라 행위 개념입니다. 시간은 무의미하게 흘러가는 것이 아니라 자신의 행위로 하나하나 쌓아가는 것입니다.

3. 단기주의를 확대하는 정치

현대는 공장의 생산주기가 자연의 주기를 대신합니다. 공장의 생산주기는 자본의 순환주기가 결정합니다. 자본의 순환주기는 매우 단기입니다. 자본의 주기 이외에 인간은 정치를 또 하나의 기준으로 삼습니다. 이 역시 매우 단기입니다. 시간의 기준이 자연에서 자본과 정치로 이동하면 장기주의는 쇠퇴하고 단기주의가 지배하게 됩니다. 현대의 단기주의는 모든 곳에서 확대되고 있습니다. 정치와 경제는 자연과 달리 회전 속도, 순환주기를 가능한 한 높이려고 합니다.

정치의 순환주기를 먼저 살펴봅니다. 정치의 순환주기가 짧아지면 야당이 공세를 취하기 쉬워집니다. 정책을 시행하기도 전에 정책을 공격할 수 있고 정책이 시행되더라도 성과가 없다는 이유로 공격할 수 있습니다. 정책이 시행되어 성과를 내려면 시간이 필요합니다. 정책의 모색, 정책의 수립, 정책의 시행과 조정, 현장과 실무의 변화, 개인 생활의 변화, 국가의 변화로 이어지는 일련의 과정은 많은 시간이 걸립니다. 특히 한국과 같이 근본적이고 구조적인 변화가 필요한 곳은 더욱 그렇습니다.

하지만 야당은 이를 용납하지 않습니다. 당장의 성과가 없다는 것을 이유로 정책이 실패했다고 단정하고 공격합니다. 이러한 경향은 누가 야당이 되더라도 같습니다.

정치의 주기, 정책의 주기는 점점 빨라지고 있습니다. 대통령 선거, 국회의원 선거, 지방선거가 주기적으로 있을 뿐 아니라 보궐선거도 있어 거의 매년 선거를 치릅니다. 이 모든 선거에서 무조건 이겨야 합니다. 선거에서 패배하면 곧바로 정권을 잃거나 주도권을 상실합니다.

지지율에 목숨을 거는 세상이 되었습니다. 대통령 지지율, 국정 지지율, 정당 지지율은 1주일 단위로 조사되고 평가됩니다. 그런데 1주일 사이에 무슨 큰 변화가 생길까요? 1주일 사이에 갑자기 북미대화가 잘 되어 북한 핵 문제가 해결되고 한일 간 정상회담이 열려 경제통상문제가 잘 해결될까요? 지지율을 1주일 단위로 조사하는 관행은 분명 문제가 있습니다.

행정부의 임기는 행정부가 해결해야 할 과제에 비하여 매우 짧습니다. 한국 헌법이 규정하는 대통령의 5년 단임으로는 국가의 장기비전을 수립할 수도 없고 좋은 정책을 추진해 성과를 낼 수도 없습니다. 한국은 과거와 달리 매우 큰 국가가 되었습니다. 정치, 경제, 사회, 문화, 복지, 인권 등 모든 분야에서 큰 국가가 되었기 때문에 단기간에 눈에 띄는 성과를 내는 것은 어렵습니다. 개인소득이 1천 달러 늘었다고 하면 과거 1만 달러 시대에는 10% 성장이지만, 3만 달러 시대에는 3.3%의 성장에 지나지 않습니다.

행정부를 포함한 일반적인 의미의 정치는 단기주의 때문에 국가를 망치고 있습니다. 국정을 마비시킬 정도의 정파적 정치문화는 상대방을 공격하기 위해 극단적인 단기성과를 요구합니다. 대통령과 정권이 바뀌었다고 불황이 당장 호황으로, 저성장이 고성장으로 바뀔 수 없다는 것은 모두가 알고 있습니다. 하지만 상대방을 공격하기 위해서라면 가짜뉴스라도 만들어 당장 경제지표가 나쁘다고 극단적인 공격을 합니다. 정당의 목표는 오로지 정권획득일 뿐입니다. 이를 위해서 상대방을 공격하는데 상대방을 공격하기 위해서 국가를 위기에 빠뜨리기도 합니다. 국회를 마비시켜 정책 추진을 가로막고 어려운 경제를 더 어렵게 만듭니다. 경제를 어렵게 만드는 데 일조하고는 경제가 어려워졌다고 공격합니다. 여당도 단기간의 성과를 내기 위해 무리한 정책을 시행합니다. 책임 있는 정당은 단기주의의 파도에 휩쓸려 사라졌습니다.

입법부도 포퓰리즘에 빠져 장기적인 전망에서 정책적 법률을 제정하지 않습니다. 의원입법의 대부분은 포퓰리즘에 근거하고 있으며 실적 과시용입니다. 정작 필요한 결정은 미루면서 인기에 집착하는 법안은 계속 제출합니다. 필요한 시기에 필요한 정책, 필요한 법률을 생산하지 못하는 국회의 실패는 심각한 국가적 위기를 초래하고 있습니다.

현재 국회는 잔혹 범죄, 혐오범죄, 성폭력 범죄 등에 대해서 형벌을 높이고 공소시효를 없애는 등 엄벌주의 법률을 만들고 있습니다. 이들 범죄는 현대사회의 새로운 범죄로서 종합적인 계획 속에서 복합적인 정책을 통해서만 해결할 수 있습니다. 사회의 변화와 긴밀하게 연관된 범죄들이기 때문입니다. 그런데 이러한 종합적인 정책과 법안은 준비하는 데 시간이 오래 걸립니다. 이에 비하여 엄벌주의 즉, 형량 높이기, 가혹하게 처벌하기, 공소시효 없애기, 망신 주기, 낙인찍기, 추방하기 등의 정책은 시간이 걸리지 않습니다. 이들 정책과 법률은 문제를 해결했다는 인상을 주지만 실제로 문제는 해결되지 않습니다. 오히려 가해자를 사회에서 격리하고 치료와 교화를 포기함으로써 피고인의 인권을 침해할 뿐입니다. 미래지향적으로 정의를 실현함으로써 피해자의 감정을 치유하고 피해자가 재출발할 수 있도록 도우며 나아가 사회적으로 재발을 방지하는 효과도 없습니다. 다른 정책과 함께 사회의 토양을 바꾸어 이들 범죄를 예방하는 정책도 아닙니다.

국회의원들은 엄한 형벌로 문제를 해결했다는 인상을 주기 바쁩니다. 이런 정치의 단기주의는 여야와 관계없습니다. 경쟁적으로 형사벌의 근본 목적은 잊어버리고 형량을 높이고 가해자를 사회에서 완전히 격리시키고 있습니다.

단기주의에 근거한 인기영합적 정책은 사회적 약자를 위기에 빠뜨립니다. 사회적 약자는 상황이 악화되면 가장 먼저 인권의 침해를 받습니다. 인권을 생각하고 인권정책을 수립할 때 가장 먼저 고려해야 할 원칙은 '누구나 사회적 약자가 될 수 있다'라는 점입니다. 여성, 아동, 장애인, 성소수자, 외국인, 민감한 감수성을 가진 자, 상처받기 쉬운 자 등은 사실 평범한 사람들일 뿐입니다. 제도가 이들을 사회적 약자로 만듭니다. 누구나 사회적 약자, 법률과 정책의 횡포로 피해자가 될 수 있다는 점을 자각하면 가혹하거나 잔혹한 정책을 채택하기 어렵습니다.

다수가 횡포를 부리는 사회에서는 누구나 사회적 약자가 될 수 있습니다. 어제 다수에 속했던 사람 중에 갑자기 소수파로 전락하는 사람도 생겨납니다. 비정규직에 대한 차별이 당연하다고 생각하던 정규직 노동자가 정리해고로 갑자기 비정규직이 되고, 장애가 없었던 사람이 교통사고로 장애인이 되듯이 말입니다.

제2차 세계대전 중 일본인은 일본에서는 다수였지만 미국에서는 소수였습니다. 일본이 미국을 침공하자 미국 정부는 미국 내 일본인들을 잠재적 적으로 간주하고 이들을 수용소에 수용했습니다. 특별히 미국사회에 위협을 가하지 않았음에도 불구하고 말입니다. 일제 강점기 일본에 사는 조선인들의 처지 역시 같았습니다. 아무리 숫자가 수천만 명이라고 하더라도 일제하에서 조선인은 사회적 약자였습니다.

다수의 횡포로부터 사회적 약자를 지키는 것은 자신을 지키는 것과 같습니다. 개인은 모두 조금씩 약점을 가지고 있고 그 약점 때문에 사회적 약자가 될 수 있습니다. 사회적 약자를 한 명 한 명씩 엄벌에 처하는 정책을 취하면 결국 자신도 희생되게 됩니다. 인기영합적, 엄벌주의 법률을 제정하는 것은 재고해 보아야 합니다. 진정한 변화는 만들지 못하고 단기적으로 일을 했다는 외양만 만드는 것이 아닌지 자문해 보아야 합니다.

4. 단기주의의 뿌리, 자본의 회전

단기주의의 뿌리, 근원은 자본의 회전에 있습니다. 자본은 한번 회전하면 한번 증식합니다. 씨앗을 뿌리고 일정 시간이 지나 수확을 하면 농작물이 증식하는 것과 같습니다. 자본은 회전하고 증식하는 것을 본질로 합니다.

자본이 증식하려면 회전율을 높이는 방법과 이윤율을 높이는 방법이 있습니다. 이윤율은 유명한 '이윤율의 경향적 저하법칙' 때문에 높이기 어렵습니다. 자본주의 고도화로 경쟁이 극심해지고 자본의 규모가 커졌으므로 이윤율을 높이기는 쉽지 않습니다. 혁신이 이윤율을 높이는 방안이기는 합니다. 그러나 혁신은 원하는 때에 원하는 방식으로 원하는 사람에게 발생하는 것이 아닙니다. 혁신의 성과는 크지만 실패 가능성도 높습니다. 혁신은 어쩌다 주어지는 행운과 같은 것입니다. 자본가들은 혁신에만 기대를 걸지 않습니다. 현금을 가져다주는 기존의 방식에도 투자를 합니다.

기존의 방식은 자본의 회전율을 높이는 것입니다. 자본가들이 공장을 24시간 가동하고 장시간 노동을 감행하는 것은 모두 회전율을 높이려는 것입니다. 회전율은 자본의 순환주기, 자본의 리듬입니다. 자본의 리듬이 자본주의 사회에서는 사회의 리듬이 됩니다. 자본주의 사회에서는 공장이 24시간 가동되는 것처럼 도시도 24시간 불야성을 이룹니다. 회전율을 높임으로써 자본은 높은 이윤을 만들어냅니다. 같은 자본으로 두 번 회전하면 두 배의 이윤이 생깁니다.

자본의 회전 주기가 빠르면 빠를수록 자본은 빨리 증식합니다. 투자, 생산, 소비, 회수, 재투자의 주기가 빠르면 자본은 급속히 증식합니다. 이 때문에 자본은 주기를 앞당기려고 합니다. 광고를 통해 유행의 속도도 빠르게 만듭니다. 유행이 빨리 바뀌면 그만큼 소비도 빨리 이루어지기 때문입니다. 자본의 회전 속도가 가장 빠른 곳은 주식시장입니다. 자본을 하루에도 몇 번씩 순환할 수 있는 단타 매매는 자본 회전의 최고 형태입니다. 증권거래, 주식투자가 자본주의의 최고, 최후의 형태라는 것은 빈말이 아닙니다.

최근 기업과 자본은 단기성과를 더욱 강조합니다. 과거 대량생산, 대량소비 시대에 이루어졌던 장기계획과 장기투자는 이미 사라졌습니다. 영업이익은 1년 단위로 보고되다가 최근에는 분기별로 보고됩니다. 주가는 매일 변동하고 기업의 현재 가치와 국가 경제 수준 역시 매일 발표되고 분석됩니다. 취업률과 실업률, 경제성장률은 분기별, 월별로 발표됩니다. 정확한 통계는 정책수립과 집행에 반드시 필요하지만 너무 단기간의 실적 요구는 장기적인 계획과 투자를 어렵게 합니다. 한국 경제를 발전시켰던 주요 투자는 당장의 성과를 낼 수 없었던 장기 비전과 장기 투자였습니다. 하지만 최근에는 실종되고 있습니다.

단기주의는 장기 이익이 아니라 주주, 투자자의 요구에 맞춘 단기적인 성과를 가장 중요시합니다. 이에 따라 당장의 성과를 낼 수 있는 인수, 합병과 이에 이은 구조조정, 정리해고가 발생합니다. 구조조정, 정리해고를 단행하고 인수, 합병을 지휘하는 전문경영인들의 보수는 노동자 평균임금의 수백 배에 달합니다. 시간이 오래 걸리는 노동에 비하여 단기간에 승부를 볼 수 있는 인수, 합병 시장이 더 높게 평가됩니다. 전문경영인들의 천문학적인 보수는 경제, 경영의 측면에서도, 윤리의 측면에서도 정당화될 수 없습니다.

구조조정은 정리해고로 나타납니다. 한국의 정리해고는 '해고는 살인'이라는 말처럼 개인에게 치명적인 결과를 초래합니다. 한국에서는 사회안전망이 부족하여 회사에서 해고되면 생활 자체가 어렵습니다. 평생직장이라는 개념이 강하여 해고당하면 곧 직장에서 불필요한 인간, 사회에서 인정받지 못하는 인간이라는 낙인을 받게 됩니다. 아직 한국은 직장이동, 경력이동이 자유롭지 못한 폐쇄적인 구조를 가지고 있습니다. 다만 사회안전망의 확충, 정부의 지원, 직장이동을 자유롭게 보는 사회 분위기 변화 등으로 인하여 이런 문제는 조금씩 완화되고 있고 앞으로도 완화될 것으로 보입니다.

문제는 정리해고 대상이 되는 사람이 항상 정해져 있다는 것입니다. 노동자 중에서도 대체 가능한 고용안정형 노동자(우에노 지즈코, 2018)가 대상입니다. 고용안정형 노동자라는 표현에서 사용된 '고용안정형'이라는 말은 노동자의 고용이 안정되어 있다는 것을 말하는 것이 아닙니다. 노동자가 자본가의 고용 안정을 위해 존재한다는 것을 말합니다. 이들은 지금까지 정리해고 대상이 되어 왔고 또 앞으로도 정리해고 대상이 될 것입니다. 정리해고가 확대되어 관리직도, 전문가도 정리해고 대상이 되었지만 고용안정형 노동자가 정리해고 대상이라는 점은 변함없습니다.

정리해고가 일시적으로 한번 발생하면 그것은 불운이라고 할 수 있습니다. 개인과 사회의 노력으로 극복할 수도 있습니다. 하지만 같은 계급, 계층에게 반복적으로 발생하면 이것은 부정의입니다. 공정성, 공평성에 반합니다. 어려움을 여러 계급, 계층이 연대하여 극복하는 것이 아니기 때문입니다. 과거 고용안정형, 대체 가능한 노동자는 대부분 여성이었지만 지금은 남성에게도 퍼져나가고 있습니다. 비정규직이 확대되면서 소수의 정규직을 제외하고는 모두 고용안정형, 대체가능형 노동자가 되어버렸습니다.

신자유주의는 정리해고를 가속화했고 완성했습니다. 신자유주의는 여성에게는 노동시장에 진출할 수 있도록 만들었습니다. 아예 노동시장에 진출할 수 없었던 과거보다는 나아졌지만 그 시장의 대부분은 비정규직이었습니다. 남성 대다수에게도 이전보다 질이 좋지 않은 비정규직을 주었습니다. 신자유주의가 열어놓은 비정규직을 두고 상층부에 진입하지 못한 남성과 여성이 서로 싸우고 있는 것이 현실입니다(우에노 지즈코, 2018). 정리해고는 특정 계급과 계층에서 반복적으로 발생하는 불공정한 방식으로 이루어지고 있습니다.

5. 정보의 유통

정보 유통속도 증가, 미디어 발전, 평가기법 발달, 표현기법 발달 등도 단기주의를 부추깁니다. 정보통신혁명 시대에 정보는 너무 많이 생산되고 또 저장되고 유통됩니다. 정보의 생산, 유통, 소비가 거의 실시간 이루어지고 모든 사람이 정보를 생산하고 유통하기 때문입니다.

현대인은 정보의 소비자이면서 생산자입니다. SNS 이용자는 다른 사람의 정보를 확인할 때에는 정보의 소비자이지만 '좋아요', '구독'을 누르는 순간 또는 '댓글'을 쓰는 순간 정보의 생산자가 됩니다. 실제로는 어떤 내용을 검색하거나 확인하는 순간도 하나의 정보로 저장됩니다. 모든 사람이 정보의 소비자이자 생산자입니다.

모든 사람이 정보의 생산자이니 정보가 너무 많고 정보의 생산, 저장, 유통 주기가 너무 빠릅니다. 엄청난 정보가 자신의 이메일, SNS를 통해 들어옵니다. 자신이 올린 정보도 순식간에 다른 정보에 파묻혀 버립니다. 정보는 실시간 확인하지 않으면 바로 놓쳐 버립니다.

개인은 자신이 쓴 글에 대하여 즉각적인 반응이 없으면 외면당했다고 생각합니다. 실제로는 사람들이 외면한 것이 아니라 다른 사람이 올린 정보에 파묻힌 것인데도 외면당했다고 생각합니다. 인터넷 메일은 받은 그 날 답장을 하지 않으면 이미 늦은 것으로 생각합니다. 이런 상태에서는 며칠씩 고민한 다음 글을 쓰는 침착하고 냉정한 대응은 불가능합니다. 생각나는 대로 바로 정보를 올려야 하고 생각나는 대로 바로 댓글을 달아야 합니다. 그래야 자신의 정보가 남의 관심을 조금이라도 끌 수 있습니다. 잠시 생각하는 사이에 벌써 정보는 저 멀리 사라져 버립니다. 잠을 자면서도 인터넷과 연결되어 있어야 안심이 됩니다.

정보가 좋은 정보인지 아닌지는 중요하지 않습니다. 새로운 정보면 무조건 확인해야 합니다. 인간의 뇌는 새로운 것은 무엇이나 바로 흡수해 버립니다. 뇌에 필요한 것은 필요한 정보가 아니라 새로운 정보, 새로운 자극입니다. 굳이 정보라고 할 필요도 없는 하찮은 정보라도 새로운 것이라면 뇌는 미칠 듯이 추구합니다.

현대사회에서 가장 중요한 자산은 정보라고 합니다. 정보가 중요하다는 것은 정보의 속도에 따라 인간 생활의 속도가 결정된다는 것을 말합니다. 헤아릴 수 없을 정도로 많은 정보가 실시간으로 올라오는 시대에 정보에 맞추어 생활하려면 가능한 한 많은 정보를 확인할 수밖에 없습니다. 정보에 대한 깊이 있는 고민은 다음 문제입니다. 실시간으로까지 극대화된 정보의 속도는 인간 생활도 초단기간으로 만들었습니다. 정보 역시 단기주의를 확대하는 요소입니다.

6. 평가기법의 발달

평가기법의 발달, 표현기법의 발달은 성과를 단기적으로 평가할 수 있는 틀을 제공합니다. 경영성과 평가기법의 발달로 기업의 평가 주기는 짧아지고 있습니다. 회계기술의 발전, 자본시장의 발전이 이를 추진하고 있습니다. 주식투자자 대부분은 기업의 장기 실적에는 관심이 없습니다. 주식가격 등락에만 관심이 있습니다. 이런 사람들은 하루하루의 평가가 중요합니다. 그런데 사실 중요한 문제는 단기적으로 평가할 수 없습니다. 워런 버핏도 장기투자를 합니다.

기업에서 시작된 단기평가는 정부를 거쳐 공공기관까지 확대되었고 이제는 개인에게까지 확대되고 있습니다. 그중에 대학 평가, 교수 평가가 있습니다. 교수들은 대학 평가를 위해 논문을 많이 쓸 것을 요구받습니다. 연구는 교수의 주된 의무입니다. 연구를 많이 하도록 독려하는 것은 문제가 안 됩니다. 그 방식이 문제입니다. 굵직한 주제를 대상으로 한 길고 무거운 책보다는 단일한 주제의 짧은 논문을 쓸 것을 요구받습니다. 이 결과 교수들의 논문은 쏟아져 나오고 있으나 시대를 대표하는 무게 있는 책은 줄어들었습니다. 교수들이 쓰는 책도 가벼운 책이 주를 이룹니다. 대학의 수준, 교수의 수준은 논문의 수로 평가할 수 없습니다. 일생에 걸쳐 단 한 권의 책을 쓰는 학자도 있기 마련입니다. 어려운 시대에 어려운 문제를 해결하려고 하지는 않고 어려운 문제를 작은 문제로 분해하여 작은 문제에 대해서만 고민을 하고 논문을 쓰는 방식으로는 지금의 문제를 극복할 수 없습니다.

국가의 운명과 개인의 인생은 단기적으로 평가할 수 없습니다. '새옹지마'라는 고사성어는 이를 잘 보여줍니다. 좋은 일인 듯 보이지만 좋지 않은 결과를 낳고, 좋지 않은 일인 듯 보이지만 좋은 결과를 낳기도 합니다. 곧고 바른길이라고 생각하여 열심히 걸었는데 갑자기 길이 없어지고 낭떠러지가 등장하는 사태가 벌어집니다. 막힌 길이라고 생각했지만 막상 끝까지 가보면 다른 길이 열리는 경우도 있습니다.

우리 역사에서도 많은 대통령이 있었고 대통령 대부분은 임기 동안 많은 찬사를 들었습니다. 그러나 대통령 중 교도소에 간 사람이 4명이나 될 정도로 실패한 인생을 살았다고도 평가할 수 있습니다. 이쯤 되면 무엇을 기준으로 어떻게 평가해야 하는지 잘 모를 지경에 이릅니다. 대통령의 예는 극단적이기는 하지만 실제로 국가의 운명이나 개인의 인생을 평가할 평가 방법은 따로 없습니다. 평가 기준이 없고 평가기법이 없으니 장기적으로 생각할 수밖에 없습니다. 인생은 원래 숫자로 표현할 수 없는 것입니다.

7. 속도예찬

단기주의의 확대는 속도를 예찬하는 시대를 낳았습니다. 정치의 인기영합주의, 자본의 회전 속도 증가, 정보 유통속도의 폭발, 평가기법의 발달은 모두 속도를 최고의 가치로 만드는 요소들입니다. 속도 경쟁은 인간의 모든 생활을 지배하고 있습니다. 속도 경쟁은 인간의 노동생산성을 극대화하는 경쟁입니다. 속도 경쟁은 경쟁의 최종형태입니다.

속도 경쟁을 통하여 개인은 무엇을 얻을 수 있을까요? 과거 철도, 비행기, 선박 등 운송수단이 혁명적으로 발전하고 생산성이 급속히 발전했을 때 미래 학자들은 이런 고민을 했다고 합니다. "이동시간이 이렇게까지 줄어들고 생산성이 발전하면 남는 시간은 어떻게 활용하지?", "미래에는 남는 시간을 어떻게 활용할 것인가가 가장 큰 문제가 될 것이다." 하지만 장시간 노동은 사라지지 않았고 사람은 더 바빠졌습니다.

생산성이 높아지면 그만큼 시간이 단축되고 여유가 생겨야 정상입니다. 하지만 남은 시간도 다시 생산에 투자합니다. 자본은 남는 노동시간을 그냥 노동자가 소비하게 두지 않습니다. 장시간 노동을 할 수밖에 없는 구조를 만듭니다. 노동자 역시 생계를 유지하기 위하여 장시간 노동을 감내합니다. 생산성의 증가만큼 시간당 임금은 증가하지 않습니다.

자신의 성공을 위해 자발적으로 장시간 일을 하는 사람들도 있습니다. 프로야구 선수가 팀별 훈련을 마치고 개인 훈련을 따로 하듯이, 식당 주인이 식당을 마감하고도 새로운 메뉴를 개발하듯이, 발명가가 연구와 발명을 위해 저녁 늦게까지 연구를 하듯이 자발적 노동은 얼마든지 있습니다. 그러나 이것이 표준이 될 수는 없습니다. 자발적이라고 하더라도 장시간 노동이 표준이 되어버리면 곧 강제노동이 됩니다.

과학은 이동 속도를 높여 이동에 들어가는 시간은 줄였지만, 그리고 생산성을 높여 시간당 생산하는 물건의 양은 늘렸지만 사람들에게 시간은 여전히 부족합니다. 남는 시간이 여유로 돌아오지는 못했습니다. 오히려 사람들은 일이 더 많아졌고 더 시간에 쫓기게 되었습니다. 과거 서울 부산 출장은 1박 2일이 걸렸으나 지금은 당일치기로 다녀옵니다. 그만큼 이동에 드는 시간은 줄었지만 그 줄어든 시간을 이용하여 더 많은 일을 합니다. 아무리 속도를 높여도, 아무리 생산성을 높여도 여가시간은 늘어나지 않습니다.

여유는 속도를 높여야 발견할 수 있는 것이 아니라 속도를 늦추어야 찾아오는 존재입니다. 과학기술로 속도를 높일 것이 아니라 속도 속에 존재하는 여유를 의도적으로 찾아내야 합니다. 그러나 현대사회에서는 속도를 늦출 수 없습니다. 현대사회에서 속도를 늦추려는 시도는 곧 추락, 퇴출로 연결됩니다. 극심한 경쟁 때문입니다. 그러면서 속도가 최고의 생산성이라고 예찬합니다.

8. 초연결사회

단기주의의 뿌리 중의 하나는 연결성입니다. 과학기술은 연결성을 극대화시켜 속도의 한계를 돌파했습니다. 정보통신혁명, 운송혁명은 연결성이 극대화되면서 시작되었습니다. 연결성이 극대화되면서 정치와 자본의 순환주기는 빨라졌고 인간의 리듬도 빨라졌습니다. 연결성이 강화되면 작은 충격이 큰 변화를 낳을 수 있습니다. 변화의 폭, 깊이, 속도가 커집니다. 변화가 빨라지므로 단기주의가 더 적합한 기준이 됩니다. 단기주의는 연결성이 극도로 발전된 현대사회의 당연한 귀결이므로 앞으로도 더 지배적인 현상이 될 것입니다.

사람의 이동을 생각해봅시다. 현재 한일 간에 오가는 사람 수는 1천만 명 정도입니다. 이 정도의 사람이 안전하게 오갈 수 있다는 것은 그 정도의 인프라를 한국과 일본이 갖추고 있다는 것을 말합니다. 그 인프라에 수많은 사람들이 연결되어 생계를 유지하고 자신의 인생을 설계하고 있습니다. 그런데 만일 한일관계가 악화되거나 경제가 악화되어 1천만 명이 갑자기 오고 가지 않는다면 어떻게 될까요? 한국이나 일본에 질병이 퍼지고 여행제한 조치가 내려져 사람들이 오갈 수 없게 된다면 어떻게 될까요? 수많은 호텔, 여관, 여행사, 식당, 커피점, 놀이기구, 관광지가 문을 닫아야 할 것입니다. 여객운송에 종사하는 항공사도 휘청거릴 것입니다. 그에 종사하는 사람들도 직장을 잃게 됩니다. 실제 코로나바이러스 19 사태 때 벌어진 일입니다. 한일간의 연결성은 더 이상 확대될 수 없을 정도로 고도화되어 있습니다. 이런 상태에서는 한일 양국의 조그만 변화도 심각한 결과를 낳을 수 있습니다.

연결성이 극대화된 다른 예로는 무역체제가 있습니다. 자유무역으로 각국이 서로 연결되어 있습니다. 이런 상태에서는 개별 국가의 조그마한 변화도 세계 경제에 큰 영향을 미칩니다. 한일 간의 문제는 국제 경제구조와 긴밀하게 연결되어 있습니다. 일본이 재료를 한국에 공급하지 않으면 한국은 세계에 반도체와 같은 중간재를 공급하지 못하고, 세계가 중간재를 공급받지 못하면 스마트폰과 같은 최종재를 생산하지 못합니다. 한국은 다른 연결망을 찾아야 합니다. 그렇다고 연결망 자체를 벗어날 수는 없습니다. 연결망은 전 세계에 퍼져 있습니다. 칠레나 유럽에 구제역이 발생하면 우리는 칠레나 유럽산 돼지고기, 소고기를 수입하지 못합니다. 50년 전만 하더라도 한국인들이 칠레산 포도주나 스페인산 돼지고기를 먹을 것이라고 상상이나 했겠습니까? 그런데 우리는 외국 농산물에 먹을거리를 의지하는 것을 당연하다고 생각하는 시대에 살고 있습니다.

연결성은 우리가 당면하고 있는 문제가 단기적으로 해결할 수 있는 문제가 아님을 보여주는 증거이기도 합니다. 현재 세계의 모든 나라, 개인이 당면하고 있는 진짜 문제는 단기간에 해결할 수 있는 작은 문제가 아닙니다. 대표적인 예로 유발 하라리는 평화, 환경, 과학의 문제를 지적합니다(유발 하라리, 2015). 이 세 가지 문제는 연결성이 극히 높은 것들입니다. 여기에 더하여 질병, 자본과 정보, 인권 등이 연결성 높은 문제들입니다.

인간에게 실제로 중요한 문제는 장기간이 소요되는 매우 복잡한 문제입니다. 연결성이 고도로 발전한 현대사회에서 중요한 문제를 단기적으로, 그리고 독립하여 해결하는 것은 불가능합니다. 연결성이 높으면 하나의 문제를 해결하기 위해서 고려해야 할 요소가 기하급수적으로 증가합니다. 심지어 어디에 원인이 있는지도 알기 어렵게 됩니다. 연결성이 높아 너무 많은 원인이 복합적으로 작용하므로 원인의 파악도 어렵고 해결도 어렵습니다.

이에 해당하는 가장 최근의 예는 최저임금 인상 문제였습니다. 최저임금 인상은 보기에는 간단한 문제로 보였습니다. 노동자가 최소한의 인간다운 생활을 하려면 최저임금을 보장해야 한다는 점은 명백한 사실입니다. 누구도 반대할 수 없는 확실한 명분입니다. 중산층이 붕괴되고 서민층의 생활이 어려워지고 비정규직이 급증하면서 최저임금 인상의 요구는 높아졌습니다. 시급히 올려야 한다는 공감대가 광범위하게 생겼습니다. 최저임금 1만원은 대통령 공약이 되었고 사람들은 이 공약을 지지했습니다. 최저임금을 올리면 그에 맞게 노동시장이 조정될 것으로 생각했습니다.

하지만 최저임금 인상 후 예상하지 못했던 반응이 나타났습니다. 중소사업장, 자영업자를 중심으로 광범위한 비판 여론이 형성되었습니다. 최저임금 문제가 단순히 최저임금의 인상 문제만은 아니었던 것입니다. 최저임금 문제는 우리 사회의 다른 문제와 연결된 복합적인 문제였습니다. 당위적 차원에서 최저임금을 올려야 한다는 것이 중요한 것이 아니라 최저임금을 언제, 얼마 올릴 것인가가 중요한 문제였던 것이었습니다.

경제에 미치는 영향, 특히 자영업과 아르바이트에 미치는 영향, 공공복지에 미치는 영향, 비정규직에 미치는 영향 등 수많은 요소를 고려해야 했습니다. 표면적으로 해결해야 할 문제는 최저임금 하나였지만 고려요소는 수십 가지였습니다. 최저임금을 둘러싸고 벌어진 논란은 여러 고려요소를 충분히 고려하지 못한 데서 벌어진 논란이었습니다. 과거 나라가 작았을 때는 고려요소는 적었습니다. 나라의 규모가 커지면 고려요소는 많아지기 마련입니다.

현대사회에서 하나의 문제는 다른 수많은 문제들과 연결되어 있습니다. 문제해결에 필요한 고려요소는 연결된 변수에 따라 기하급수적으로 늘어납니다. 해당 문제에 대한 답을 포함하여 연결된 문제의 답도 함께 제출해야 합니다. 그런데 현실에서는 이렇게 많은 관련된 문제를 모두 고려하고 반영할 수 없습니다. 우선 그렇게 많은 문제를 고려할 능력이 안 됩니다. 인간은 눈앞에 닥친 문제를 해결하는 데는 탁월하지만 그 해결책이 어떤 단점, 부작용을 가지고 있는지를 아는 것에는 부족합니다. 댐 건설은 잘 하지만 그 댐이 생태계를 어떻게 바꿀 것인지는 잘 모릅니다. 나아가 모든 고려요소를 계산할 능력이 없습니다. 이 문제는 컴퓨터가 발전하여 반영하는 고려요소를 늘린다고 하더라도 해결되기 어렵습니다. 극단적으로 확대하면 세상의 모든 관계성을 반영해야 하는데 이것은 불가능합니다.

예상되는 모든 문제를 고려하면 실제로 정책을 추진할 수 없습니다. 단점과 부작용이 갈수록 크게 보여 아무것도 하기 어렵게 됩니다. 최저임금 인상 문제도 만일 그 많은 요소를 다 고려했다면 최저임금 인상 자체를 하기 어려웠을 것입니다. 중요한 문제만 반영하기도 매우 어렵습니다.

연결성으로 인해 모순적인 현상이 벌어집니다. 단기주의가 기승을 부리고 점점 더 단기적으로 문제를 해결하려는 경향이 강해집니다. 의학으로 비교하면 병을 치료하지는 않고 통증만 임시로 없애려고 노력하는 것과 같습니다. 병이 겉으로 드러나지 않고 보기에 멀쩡해지는 것에 만족합니다.

한편 연결성으로 중요한 문제를 근본적으로 해결하기 위한 장기계획은 더 필요하게 되었습니다. 장기적 관점이 없다면 현대사회의 문제를 해결하지 못합니다. 단기주의와 장기주의의 모순입니다. 단기주의를 강요하면서도 단기주의로는 문제를 해결할 수 없는 상태에 처한 세계와 한국, 개인은 어떻게 해야 할까요? 이 문제를 생각하기 전에 단기주의가 몰고 온 또 다른 문제인 반지성주의 문제를 살펴봅시다. 이를 통해 해답에 조금 더 가까워질 수 있을 것입니다.

9. 단기주의와 반지성주의

단기주의는 반지성주의, 포퓰리즘으로 나타납니다. 단기주의가 국제적으로 반지성주의, 포퓰리즘로 나타난 사례로는 영국의 브렉시트, 트럼프의 아메리카 퍼스트, 일본의 한국 수출규제, 각국의 난민에 대한 반감 등이 있습니다. 위 현상들은 포퓰리즘, 인기영합주의이지만 자세히 보면 개방과 세계화에 반대하는 보호주의, 폐쇄주의가 포함되어 있습니다. 더 깊게 들여다보면 타인에 대한 공감이나 연대의 부재가 보입니다. 이런 의식이 조금 더 발전하면 배타적 민족주의로 발전할 수 있습니다. 배타적 민족주의의 끝에는 극우인종주의가 있습니다.

폐쇄적이고 배타적인 민족주의는 19세기와 20세기 전반을 풍미했습니다. 배타적 극우민족주의가 과학을 배경으로 세계를 휩쓸었던 것이 바로 파시즘입니다. 동원한 과학은 사이비 과학이었습니다. 파시즘 중 유일하게 성공한 곳은 파시즘 중에서도 가장 극단적이었던 독일의 나치였습니다. 독일의 나치는 인종주의에 기반하여 600만 명 이상의 유대인과 집시들을 학살했습니다. 제2차 세계대전과 함께 진행된 나치의 유대인 학살은 참으로 이해하기 힘든 일입니다. 나치는 멸망하기 직전까지 군인을 동원하여 유대인을 학살했고 노동력이 부족함에도 불구하고 유대인을 노동자로 사용하지 않고 학살했습니다. 비정상의 극치였습니다.

나치를 포함한 파시즘의 범죄가 너무 잔혹하여 유럽은 제2차 세계대전 이후 나치와 파시즘을 청산했습니다. 이후 배타적 민족주의 경향은 잠잠해졌으나 최근에 다시 대중적인 형태로 나타나고 있습니다. 평화를 위한 유럽의 통합에 반대하는 정치그룹의 등장은 노골적으로 나치즘과 파시즘을 지향하는 것은 아니지만 강한 민족주의적 성향을 띠고 있습니다. 유럽의 강한 민족주의 경향은 항상 긴장과 갈등을 낳았습니다.

최근의 배타적 민족주의 경향은 그동안 유럽 사회의 지식인 그룹, 정치엘리트들이 주도한 연대와 공감, 통합과 평화, 환경과 공존, 인권과 인간의 존엄성 가치를 훼손하고 있습니다. 유엔과 유럽연합과 같은 보편적인 가치를 실현하는 조직을 흔들고 있습니다. 배타적 민족주의 경향은 반지성주의 성격, 반보편주의 성향, 반엘리트주의적 성향을 가지고 있습니다.

사람들은 지성을 갖추면 갖출수록 보편성을 추구합니다. 인간과 사회의 본질적인 문제는 언제 어디서나 같기 때문입니다. 보편성에 기초해야만 진정 문제를 해결할 수 있습니다. 끝없이 이어질 것 같은 복수의 악순환을 끊을 수 있는 것은 보편성에 기초한 정의, 참회, 인욕, 용서, 사랑과 자비밖에 없습니다. 인류 앞에 놓인 진짜 문제는 개인이나 개별 국가가 아닌 인류의 협동, 국가 간 협조를 통해서만 해결할 수 있습니다.

민족주의, 극우주의, 인종주의는 모두 보편성에 반합니다. 보편성에 반하기 때문에 다른 이들, 다른 공동체의 고통에 둔감하고 이를 무시하고 공격합니다. 다른 이들의 고통을 이해할 만한 공감 능력, 자비심, 지혜가 없습니다. 반지성주의는 지성의 힘을 믿지 않고 지성에 자신이 없기 때문에 폭력에 의존합니다. 폭력적 해결방법은 당장의 효과는 있는 듯 보이지만 장기적으로는 대중들을 더욱 고통에 빠뜨립니다. 고통을 당하는 대중에는 피해 대중만이 아니라 가해 대중도 포함됩니다. 폭력주의는 제1차 피해자를 먼저 공격합니다. 이후 제1차 피해자가 없어지면 제2차 피해자, 제3차 피해자를 찾아다닙니다. 마지막에는 자신의 편이었던 사람도 공격합니다. 폭력과 전쟁은 시작하면 멈출 줄을 모릅니다.

민족주의, 극우주의, 인종주의는 과학과 지혜에 기초하지 않은 반지성주의적 성향을 노골적으로 드러냅니다. 이성의 힘이 아니라 몸의 힘, 감정의 폭발력을 추종하는 반지성주의는 군부독재, 파시즘의 전형적인 현상입니다.

그렇다고 유럽이나 세계에서 벌어지는 민족주의 현상, 폐쇄주의 성향을 완전히 무시할 수도 없습니다. 이 현상의 이면에는 당장의 생활이 어려운 대중들의 절박함, 고통이 있습니다. 육체적 고통, 심리적 고통, 정신적 고통, 물질적 고통은 현대인에게 일상적인 일입니다. 공동체, 구체적으로 정치는 대중들의 고통을 제대로 해결하지 못하고 있습니다. 자신에게 고통이 닥치고 고통이 해결될 기미도 보이지 않기 때문에 대중들은 문제해결에 직접 나섭니다.

현대는 과거와 같이 엘리트들이 문제를 해결하던 시대가 아닙니다. 지금은 오히려 엘리트들이 승자독식의 세계를 만들어 부와 정보를 모두 독식하는 시대입니다. 경제가 성장하고 물건이 시장에 넘치더라도 불평등 때문에 대중들은 그 혜택을 보지 못하고 있습니다. 일부 정치세력은 정권을 잡기 위하여 대중의 공포를 적극적으로 이용합니다. 장기적인 문제해결 방식보다는 단기적이고 폭력적인 해결방식을 제시하면서 대중들을 설득합니다. 장기 비전에 약한 일부 대중들은 이에 동조합니다.

극우세력이 이용하는 감정은 공포입니다. 극우세력은 미래의 불안을 공포로 만들고 이를 확산시켜 판단을 마비시킵니다. 그렇다고 이들이 문제를 해결할 능력이 있는 것은 아닙니다. 문제를 해결하지 못할 뿐 아니라 문제를 더 어렵게 만듭니다. 보편성과 지성과 국제협력을 무시하므로 문제를 제대로 파악조차 하지 못합니다. 이들은 현재의 질서를 파괴하는데 능할 뿐, 새로운 질서를 구축할 수 없습니다.

현대 대중의 절박함, 고통 중에서 특히 관심을 가져야 할 부분은 부의 불공정한 분배입니다. 최근 프랑스에서 벌어진 노란 조끼 시위는 바로 부의 불공정한 분배에 대한 분노가 원인이었습니다. 프랑스는 이미 의식주의 기본 생활은 해결했습니다. 육체적 고통은 통제 가능한 수준에는 도달했습니다. 복지시스템도 완비되어 있어 인간의 존엄성을 침해당하지 않는 정도의 생활은 할 수 있습니다. 다른 선진국도 비슷합니다. 문제는 엄청난 부의 불공정한 분배, 그것도 확대되고 있는 극단적인 불공정성입니다. 극단적인 불공정성은 부자와 빈자의 극심한 차이를 말하는 것이기도 하고 국가와 사회의 부가 체계적, 조직적으로 기득권층으로 빠져나가는 시스템을 지칭하기도 합니다.

모든 시스템은 한번 장착되면 유지되려는 경향이 있는데 극단적인 불공정성도 의식적으로 개혁하지 않는 이상 그대로 유지되고 확대됩니다. 유럽의 엘리트, 세계의 엘리트들이 만든 시스템이 지금은 부의 독식체제를 만들어 불평등, 불공정을 심화시키고 있습니다.

불평등, 불공정은 반지성주의, 포퓰리즘의 뿌리이며, 반지성주의, 포퓰리즘은 단기주의의 뿌리입니다. 부의 불평등, 불공정한 분배를 해결하지 않는 한 반지성주의, 포퓰리즘, 단기주의를 근본적으로 해결할 방법은 없습니다. 문제 해결의 출발점은 결국 평등, 공정성입니다.

10. 질투심, 감정의 반지성주의

평등, 공정성이 반지성주의, 포퓰리즘, 단기주의를 해결하는 출발점이기는 하지만 전부는 아닙니다. 반지성주의의 뿌리는 복합적입니다. 반지성주의는 인간의 원초적인 감정 중의 하나가 아닌가 생각됩니다. 하지만 감정의 반지성주의는 통제할 수 없는 거대한 악은 아닙니다.

인간에게는 성공한 개인이 몰락하는 것을 바라는 심리가 있습니다. 성공한 개인을 부러워하면서 한편 몰락하는 것을 바라는 심리입니다. 이를 독일어로 샤덴프로이데Schadenfreude라고 합니다(김신현경, 2018). 우리말로 하면 쌤통, 고소하다, 사촌이 땅을 사면 배가 아프다 정도의 의미입니다. 이러한 심리는 권위에 대한 공격, 지성에 대한 공격으로 나타나기도 합니다. 풍자를 포함한 유머는 이런 성향을 가지고 있습니다.

미디어에 등장하는 인물을 대상으로 집요하게 비판하고 스토킹하고 하향 평준화를 추구하는 대중의 특성은 이 심리에서 비롯됩니다. '네가 그렇게 잘 나가는데 너에게도 하나쯤 단점이 있을 것이다, 학력을 속였다든지 아니면 폭력적인 성향이 있든지 아니면 과거에 무슨 일이든 있었을 것이다, 이것을 밝혀라, 결국 너도 일반 사람들과 똑같은데 왜 인기가 있는지 모르겠다, 진실을 밝히고 빨리 몰락해버려라.' 대체로 이런 심리로 미디어의 인기인을 공격합니다.

샤덴프로이데 심리는 인간의 본질적인 심리 중의 하나로서 그 자체로는 특별히 좋은지 나쁜지 일정한 지향점이 없습니다. 이런 심리가 있다는 것을 인정하고 이 감정이 날뛰지 못하도록 하는 것이 필요합니다. 집착하지 않으면 시기심은 자연스럽게 사라집니다. 스타에 대한 대중들의 댓글은 관심과 시기심의 일종이라고 할 수 있으므로 그리 특별한 것은 아닙니다. 문제는 댓글이나 진실요구가 그 정도를 넘어 폭력, 범죄에 해당할 때입니다. 이 정도가 되면 상대방의 중요한 이익, 복지를 침해하므로 범죄행위로서 금지되어야 합니다.

샤덴프로이데 심리를 여기에서 말하는 것은 이 심리가 정보통신혁명으로 급속히 확대되어 개인의 안전을 위협할 정도가 되었기 때문입니다. 정보통신혁명으로 자신의 상태를 다른 사람과 쉽게 비교할 수 있고 자신의 생각 역시 쉽게 전파할 수 있게 되었습니다. 너무나 쉽게 샤덴프로이데 심리를 공공연하게 드러내고 다른 사람을 공격할 수 있게 되었습니다. 그것도 개인이 아니라 집단적 차원에서 말입니다.

이러한 행위는 피해자 입장에서 보면 범죄행위일 뿐입니다. 개인에게 가하는 사이버 폭력인 것이지요. 일일이 대응할 수도 없고 그렇다고 무시할 수도 없습니다. 이 과정에서 속절없이 개인은 상처를 받습니다. 그렇다고 가해자에게도 좋은 것은 아닙니다. 다른 사람이 성공한 것을 질투한다고 하여 내가 더 잘되는 것은 아닙니다. 오히려 비교하면 할수록 자신이 더 비참해질 가능성이 높아집니다. 비교한다고 하여 자신이 객관적으로 좋아지지도 않고 나빠지지도 않지만 감정상으로는 비참해집니다.

지구 반대편에 사는 미국인과 한국인인 나를 비교할 필요는 없습니다. 아프리카에 사는 케냐인과 나를 비교할 필요도 없습니다. 나와 관계없는 사람이 나를 어떻게 평가하든 나의 깨달음, 진보, 변화에는 영향이 없습니다. 상대방의 지위를 격하시킨다고 하여 자신의 처지가 개선되는 것은 아닙니다. 반대로 나의 처지가 악화된다고 하여 상대방이 행복해지는 것도 아닙니다.

하지만 정보의 세계는 사실상 비교를 강요합니다. 남들은 멋진 여행지에서 수영복을 입고 바다를 배경으로 한 손에는 책을, 다른 손에는 칵테일을 들고 있는 사진을 올리는데 나는 쳇바퀴를 돌리는 다람쥐마냥 일만 하고 있습니다. 자괴감이 들지 않을 수 없습니다. 멋진 여행을 하는 사람의 내면은 사진에 나타나지 않습니다.

인터넷은 사람들에게 하루 종일 불명예와 모욕이 눈에 띌까 봐 안절부절못하며 자신의 자아 및 그것의 지위 상승 또는 지위 격하가 일어날 조짐이 보이는지 온 세상을 샅샅이 뒤져볼 가능성을 열어 줍니다(누스바움, 2018). 그리고 필요하다면 다른 사람을 시기하고 평가함으로써 다른 사람의 지위 격하를 감행합니다. 다른 사람의 지위 격하는 잠시 동안 자신의 처지나 복지가 개선되었다는 착각을 줍니다.

정보통신혁명으로 개인에게 열린 세계는 "모든 가능성이 열려 있는 듯 보이지만 어떤 것도 할 수 없는 세계"이며 개인의 삶은 "모든 것을 선택할 수 있지만 아무것도 바꿀 수 없는 삶"입니다(김신현경, 2018). 정보통신혁명으로 정보는 많아졌지만 현실의 생활은 변화가 없습니다. 정보통신혁명으로 접하게 되는 정보 역시 피상적입니다. 사람들이 정보통신혁명으로 얻게 된 정보를 바탕으로 비교하는 것은 사람의 내면이 아니라 재산, 명성, 외양일 뿐입니다. 내면의 상처는 아무런 관심도 상관도 없고 겉으로 드러난 "재산", "명성"과 "멋진 척하기"가 비교의 대상일 뿐입니다.

현실에서 대부분의 사람은 재산도 명성도 없습니다. 그래서 이들이 선택하는 것은 "멋진 척하기"입니다. "멋진 척하기"는 재산과 명성이 없는 자들이 선택하는 차선입니다. 재산 없음, 명성 없음의 비참함을 멋진 척하기로 감춥니다. 이런 상태에서 샤덴프로이데 심리는 강화되며 타인과 함께 참 행복을 추구하기보다는 타인을 공격하여 거짓 행복을 구하는 행태를 반복합니다. 이런 심리상태에서는 아무리 많은 정보를 가지고 있다고 하더라도 아무리 멋진 척하더라도 자신을 고통에서 구할 수 없습니다.

샤덴프로이데 심리 역시 반지성주의에 속합니다. 타인의 성공과 자신의 상태는 아무런 상관이 없습니다. 곰곰이 생각해보면 사촌이 땅을 사더라도 배가 아플 이유는 없습니다. 타인의 성공으로 내가 더 불행해지는 것은 아닙니다. 타인의 지위 격하로 인하여 내가 더 지위가 높아지거나 명성이 높아지는 것이 아닙니다. 비교하지 않는다면, 그리고 비교를 하더라도 제대로 비교한다면 나쁜 결론에 도달할 리 없습니다. 깊이 생각하는 지혜만이 반지성주의와 단기주의를 견제할 수 있습니다.

11. 단기주의 제한 원리

단기주의로는 근본 문제를 해결할 수 없습니다. 단지 분노만을 터뜨릴 수 있을 뿐입니다. 가장 자본의 요구에 충실한 기업도 세계적 기업이 되면 장기계획을 수립합니다. "위대한 기업이 되고 싶다면 선량한 기업이 되어야 한다"라고 GE의 최고경영자인 제프리 이멜트는 말합니다(바이난트 용건, 2019). 위대한 기업도 선량한 기업도 단기주의로는 달성할 수 없는 것들입니다.

국가나 공동체는 말할 것도 없습니다. 기업보다 훨씬 더 공공성을 띠고 있기 때문입니다. 개인 역시 단기주의로는 아무것도 할 수 없습니다. 하루아침에 인생이 역전되는 경우는 지금까지 없었고 앞으로도 없을 것입니다. 장기적인 비전과 꾸준한 노력만이 근본 문제를 해결할 수 있습니다. 비범한 결과를 낳는 것은 평범한 행위의 축적입니다.

단기주의를 극복하려면 근본적으로 지성, 지적 역량이 필요합니다.

제도적으로 불평등과 불공정을 개혁하는 노력과 함께 개인과 공동체의 지성, 지적 역량이 필요합니다. 지적 역량만이 단기를 넘어 장기 비전을 마련할 수 있고 꾸준하고 일관된 실천을 가능하게 합니다. 지적 역량은 개인에게는 지성으로 나타나고 국가나 사회에서는 지적인 공동체로 나타납니다. 특히 공동체의 지적 역량은 공동체의 미래비전 설계와 실천을 담보하는 핵심적인 역할을 합니다. 개인과 공동체의 지적 역량을 높이려면 어떻게 해야 할까요? 지금까지 사람들이 지적 역량을 높여온 방식 중 가장 오래되었고 가장 효과적인 것은 인문학입니다.

인문학은 긴 시간을 다룹니다(강상중, 2017). 누스바움도 복수와 정의를 설명하면서 고대 그리스의 비극에서 시작합니다(누스바움, 2018). 나카자와 신이치는 현대 인간에게 닥친 문제를 해결하기 위하여 아득한 옛날에 정리된 신화부터 분석합니다(나카자와 신이치, 2001). 인간, 사회, 자연, 우주의 본질은 잘 변하지 않는 법입니다.

변화의 시기에는 더욱 장기적인 시각이 필요합니다. 인문학은 변화의 과정에 있는 불확실함을 극복하고 삶의 의미를 밝히려고 노력합니다(강상중, 2017). 인문학의 노력은 수천 년 동안 축적되어 왔고 지금도 영향을 미치고 있습니다.

현재의 위기는 잔재주로는 극복할 수 없을 정도로 심각한 위기입니다(강상중, 2017). 인간, 사회, 자연, 우주의 진리를 이야기하는 인문학을 통해 사물의 본질에 접근함으로써 단기주의를 극복할 수 있습니다. 인문학에는 철학, 종교, 사상, 역사, 문학 등이 있습니다. 위기의 인문학 시대에 역설적으로 인문학에 관한 책이 많이 출판되는 것은 바로 인문학과 그 방법론에 문제해결의 열쇠가 있다는 것을 말하는 것일지도 모릅니다. 인문학인 철학, 종교, 사상, 역사, 문학에서 모든 것이 시작되었습니다. 경제도, 법률도, 경영도, 과학도 장구한 세월 동안 인류의 위대한 지성들이 발견하고 창조한 지혜를 이용하고 있습니다.

인문학은 개인에게도 필요하지만 공동체에게 더 필요합니다. 공동체가 존속하려면 지적인 공동체가 필요하기 때문입니다. 탁월한 개인은 어쩌다 출현하는 행운이지만 건강하고 튼튼한 지적 공동체는 조건이 맞고 노력한다면 만들 수 있습니다. 지적인 공동체가 있을 때 탁월한 개인이 나올 가능성이 높아집니다. 지적 공동체는 사회를 건전하게 운영하는 하나의 토대입니다. 지적 공동체의 부실함은 사회의 부실함을 의미합니다. 현재보다 미래 세대의 부실함으로 나타납니다. 지적 공동체가 없다면 미래를 제대로 기획할 역량이 부족해지기 때문입니다.

지적 공동체는 개인의 노력만으로 만들어지지 않습니다. 공동체가 관심을 가지고 지원을 해야 합니다. 사람들은 자신의 지적 역량을 해당 공동체의 문제를 해결하는 데 집중합니다. 이때 해당 공동체가 자신의 문제를 해결하는 지적 공동체를 제도적으로 지원한다면 그 역량은 많이 발전할 수 있습니다.

공동체가 당면한 가장 중요한 문제를 해결하는데 지식인들이 모이는 것은 당연한 이치입니다. 우리도 이러한 경험이 있습니다. 한국의 고유한 문제 중 하나는 저개발국가에서 선진국으로 진입하는 것이었습니다. 산업화를 통한 경제성장이었습니다. 여기에 최고의 인재들이 모인 것은 말할 것도 없습니다. 그다음 군부독재에서 벗어나 민주주의를 수립하는 것이 한국의 문제였습니다. 80년대와 90년대 많은 학생들과 시민들이 민주화운동을 한 것은 한국의 당면한 문제가 바로 군부독재에서 벗어나는 것이었기 때문입니다. 지식인들은 공동체가 당면한 문제에 관심을 가지기 마련입니다.

문제는 지식인과 대중의 관심을 제도적으로 보장하고 지원하는 것입니다. 한국의 경우 산업화에는 제도적 보장과 지원이 이루어졌습니다. 그러나 민주화는 군부독재 시절에는 탄압의 대상이었고 민주화 이후에도 제도적 보장과 지원은 제대로 이루어지지 않았습니다. 이 때문에 한국은 아직 정의와 공정의 문제, 윤리의 문제를 안고 있습니다. 인재가 안심하고 지적인 결과물을 낼 수 있는 제도적 보장과 지원이 지적 공동체 건설에는 필수적입니다.

12. 과거의 집착과 미래의 공포에서 벗어나야

단기주의를 극복하기 위해서는 현재에 집중해야 합니다. 고통의 뿌리는 과거에 대한 집착과 미래에 대한 공포입니다. 그래서 과거에 대한 집착과 미래에 대한 공포로부터 벗어나 현재에 집중하면 단기주의를 극복할 수 있습니다.

과거는 이미 흘러갔지만 여전히 남아 개인을 괴롭힙니다. 과거는 이미 지나갔을 뿐 아니라 바꿀 수 없습니다. 한번 발생한 일은 없어지지 않습니다. 나쁜 행위이든 좋은 행위이든 없어지지 않습니다. 다만 다른 행위로 희석할 수는 있습니다. 사라진 것처럼 보여도 관념상으로만 없어질 뿐 실제로는 여전히 남아 있습니다. 모두가 잊은 듯이 보여도 자신의 깊은 의식, 깊은 기억 속에는 존재합니다. 무의식에 남아 존재합니다. 이 의식이 자신을 괴롭힙니다.

과거에서 벗어나려면 현재의 삶을 충실히 살아 과거의 행위를 희석하는 수밖에 없습니다. 나쁜 행위를 독약이라고 생각하고 착한 행위를 마실 수 있는 물이라고 생각해봅시다. 나쁜 행위를 하여 독약을 한 병 만들었을 때 같은 분량의 착한 행위를 하여 식용수를 만들어 섞더라도 그 물은 마실 수 없습니다. 그런데 착한 행위를 무한대로 많이 하여 한강물만큼 많이 한다면, 그래서 독약을 한강물만큼 많은 물과 섞는다면 그 물은 마실 수 있는 무해한 물이 될 것입니다. 부처님의 말씀입니다.

과거는 바꿀 수 없지만 현재의 행위로 희석할 수 있습니다. 과거에 집착하면 조급하게 변하려고 합니다. 조급하게 변하려고 하면 단기주의에 사로잡힙니다. 무한한 양의 물을 만들 듯이 무한한 행위를 해야 과거 행위를 희석할 수 있습니다. 과거의 잘못, 과거의 문제를 극복하려면 무한한 현재의 행위가 필요합니다. 단기주의에 입각해서는 도저히 달성할 수 없는 목적입니다.

미래는 아직 오지 않았습니다. 미래의 자신의 모습, 미래의 고민 역시 현재 존재하지 않습니다. 하지만 사람들은 미래의 자신의 모습, 미래의 고민을 미리 가져와 고민합니다. 미래에 대한 공포 중 가장 큰 공포는 병들고 늙고 죽는 공포일 것입니다. 미래의 모습과 현재의 모습을 비교하고 그래서 불안과 공포에 떨고 있습니다. 미래가 어떤 것일지는 모두가 궁금해합니다. 하지만 미래의 모습은 누구도 확실하게 예상할 수 없습니다. 미래의 사실 중 단 하나 확실한 것은 어떤 미래를 상상하든 자신이 만나게 되는 미래는 지금 상상한 미래와는 다르다는 것입니다. 왜냐하면 미래는 현재의 행위가 쌓여서 이루어지는 것이기 때문입니다.

미래에 행복해지려면 지금 행복한 행위를 해야 합니다. 오지 않는 미래의 고민과 불안을 지금 할 하등의 이유가 없습니다. 아직 존재하지 않는 고통을 스스로 만들어 괴로워하는 것은 어리석은 자들이 하는 행위입니다. 미래에 집착하면 공포와 고통이 생깁니다. 미래는 하나의 행위로 바뀌지 않습니다. 미래는 수많은 행위의 결과, 축적이기 때문입니다. 현재의 무수한 행위를 통해서만 미래는 바뀝니다. 미래 역시 단기주의에 의해서는 절대로 바꿀 수 없습니다.

과거와 미래가 없으므로 남은 것은 현재뿐입니다. 그런데 위에서 말씀드린 바와 같이 현재는 시간개념이 아니고 행위 개념입니다. 지금 이 순간 살아가는 것만이 현재로서 우리 앞에 남아 있습니다. 집중해야 할 것은 현재뿐입니다. 현재라는 시간으로 표현되는 지금의 행위가 중요합니다. 과거에 한 일에 집착하지 않고 미래에 발생할 일을 두려워하지 않으니 온전히 지금 이 순간, 여기에 집중할 수 있습니다. 지금 이 순간, 여기에 집중하게 되면 충실한 삶을 살게 되고 충실한 삶을 살면 과거의 악행도 희석되고 미래의 공포도 사라집니다. 충실한 행위를 무수히 많이 하기 때문입니다. 무수히 많은 행위가 쌓이면 단기주의의 뿌리인 두려움에서 벗어날 수 있습니다.

단기주의가 팽배한 것은 자신이 내일 당장 사라질지 모른다는 불안감 때문입니다. 과거와 미래에서 벗어나 지금 이 순간, 여기에 집중하면 이러한 불안감에서 벗어날 수 있습니다.

여기에서 한발 더 나아갈 수도 있습니다. 현재는 과거와 미래 사이에 존재하는 것입니다. 그런데 과거는 흘러가서 존재하지 않고 미래도 아직 오지 않아 없다면 현재도 없습니다. 이렇게 되면 현재 존재하는 나도 없어지게 되고 나와 사물 사이의 차별도 없어지게 됩니다. 서로 나누어 다투는 분별이 없어지게 됩니다. 이렇게 되면 모든 것이 서로 연결된 세계가 열립니다. 총체적이고 종합적이며 시간 초월적 세계입니다. 이러한 세계에 도달하면 이미 단기주의는 더 이상 존재하지도 않게 됩니다. 개인을 중심으로 말하면 개인은 없어지고 행위만이 남는 단계가 됩니다. 이때 단기주의는 분별심 없는 행위 속에서 사라집니다.

CHAPTER 3

초과잉, 불평등과 윤리

◇◇◇◇◇

1. 초과잉과 윤리의 변화

현대사회의 주요 특징, 그중에서도 미래사회까지 지배할 주요 특징은 첫째, 개인의 등장, 둘째, 초과잉과 불평등 확대, 셋째, 보편적 가치 등장입니다. 현대와 미래사회의 특징은 정의의 문제, 특히 공정의 문제를 핵심 과제로 제기합니다. 현대와 미래사회의 특징 중 개인의 등장 문제는 앞에서 살펴보았습니다. 개인의 등장은 곧 억압적인 공동체의 해체, 나아가 전반적인 공동체의 해체로 나타난다는 점을 살펴보았습니다. 이제는 초과잉과 불평등 문제, 그리고 보편적 가치 문제를 윤리의 관점에서 살펴볼 때입니다. 이 중 보편적 가치 문제는 세계화와 관련하여 구체적으로 살펴보도록 하고 여기에서는 초과잉 · 불평등과 윤리의 관계를 생각해 봅니다.

초과잉 사회는 윤리보다 정의와 공정의 문제를 먼저 제기합니다. 사회제도로서 정의와 공정이 확립되지 않으면 초과잉 문제를 제대로 해결할 수 없습니다. 현대사회는 물자가 부족한 시대가 아닙니다. 한국 역시 급속한 경제성장으로 초과잉 시대에 돌입했습니다. 공업 생산력은 전세계에 물건을 수출할 정도로 높고 농업 생산력 역시 국민들에게 쌀을 공급하고도 남을 정도입니다. 집도 전국적으로 보면 남아도는 지경입니다. 옷은 이미 재활용품 중의 대표가 될 정도로 흔해졌습니다.

초과잉시대에는 분배가 중요해집니다. 분배를 공정하게 하는 것이 핵심적인 과제입니다. 상품과 서비스는 충분하므로 이를 모자라는 곳 없이 골고루 나누어 갖는 것이 필요합니다. 그렇다고 무차별적인 평등을 이야기하는 것은 아닙니다. 능력에 따라 일하고 그 결과에 대해 정당한 대우를 받는 것이 필요합니다. 이렇게 될 때 성장의 동력도 유지되고 사람의 창의성도 발휘됩니다.

분배가 중요하다는 말은 곧 교환만 잘해도 충분할 수 있다는 것을 의미합니다. 물건은 남아돌고 빈곤층은 사라지고 있으니 교환만 잘해도 현실의 고통은 상당히 줄어듭니다. 분배에는 증여와 복지가 포함되지만 분배의 중심은 교환입니다. 시장을 통한 교환이 상품과 서비스의 유통에 핵심적입니다.

문제는 교환만으로는 지금의 문제를 해결할 수 없고 사람의 마음을 행복하게 할 수 없다는 것입니다. 교환하면 할수록 부는 집중되고 가난한 자는 자신의 처지를 벗어날 수 없습니다. 지금의 빈부격차, 불평등을 낳은 것은 자본주의의 등가교환에 의한 것입니다. 노골적인 사기행각으로 부를 축적하는 것은 아무리 자본주의 사회라고 하더라도 허용되지 않습니다. 자본주의에서는 등가교환만 하더라도 부자는 더 부자가 되고 가난한 자는 더 가난하게 됩니다. 등가교환만으로는 초과잉시대의 격차, 불평등을 해소할 수 없습니다.

화폐를 이용한 교환으로는 필요는 해결하지만 마음의 충족감은 확보할 수 없습니다. 교환만으로는 환경과 생태계를 보호할 수 없고 미래 세대의 안전 역시 지킬 수 없습니다. 교환은 지금 바로 직접 눈앞에 보이는 것들 사이의 거래입니다. 직접 눈에 보이지 않는 환경과 생태계, 미래의 가치는 대상이 아닙니다. 지금은 환경, 생태계, 미래를 생각해야만 하는 때입니다. 그만큼 사람들이 많은 것을 파괴했습니다.

현재 사람들은 화폐에 근거한 등가교환경제를 보완하기 위하여 여러 가지 분배형태, 교환형태를 고민하고 있습니다. 공유경제, 순환경제, 착한 소비 등이 여기에 해당합니다.

2. 공유경제

공유경제는 함께 나누는 것을 핵심으로 하는 사회경제적 시스템입니다. 구체적으로 누구도 손대지 않은 가능성, 상품, 작업 공간, 화폐, 서비스를 서로 공유하는 것(바이난트 용건, 2019)을 말합니다. 바이난트는 공유경제는 물자가 부족한 과거부터 있어 온 사회경제 시스템이라고 봅니다. 대표적으로는 철도, 도로, 상수도 등 사회간접자본이 여기에 해당합니다. 호텔, 목욕탕, 빨래방, 세탁소 등 여러 사람이 이용하는 시설 역시 이에 해당합니다. 이러한 의미의 공유경제는 예전부터 있었던 시스템입니다.

서로 도우면서 사는 것은 인간의 본성 중의 하나입니다. 도움을 주는 쪽은 보시를 했다는 의미에서 좋은 행위를 쌓고 행복을 얻습니다. 도움을 받는 쪽은 도움을 받아 어려움을 해결하고 나중에 그만큼 베풀게 됩니다. 이웃의 재능을 활용하거나 본인의 재능을 다른 사람에게 빌려주는 것은 과거에는 다반사였습니다. 물론 물자나 서비스가 부족한 시대의 일이었습니다. 그래서 불편함도 있었습니다. 물자나 서비스를 여러 사람이 이용하다 보니 개인 공간이 부족하게 되고 개인은 중시되지 않았습니다. 부족한 상품과 서비스 때문에 벌어지는 일이라고 하여 이 문제를 해결하기 위하여 상품과 서비스를 많이 생산했습니다. 이제 과거의 공유경제는 사라졌습니다.

공유경제의 뿌리는 오래되었으나 지금의 공유경제는 과거와 다릅니다. 초과잉 시대이기 때문입니다. 개인이 너무 많은 것을 가지고 있다는 것을 확인하고 자신이 가진 것을 공유함으로써 본인은 이익을 얻고 다른 사람에게는 편리함을 주는 방법을 모색합니다. 가구당 자동차는 한 대 이상이 있지만 사람들은 보통 90%이상 집 또는 회사의 주차장에 고이 모셔놓고 있습니다. 집에는 마치 창고처럼 사용하는 방이 있습니다. 초과잉 시대에 남는 물건을 어떻게든 공유하려는 노력이 나타나고 있습니다.

현대의 공유경제는 세 가지 점에서 과거의 공유경제와 다릅니다. 초연결성을 바탕으로 한 정보통신기술의 채용, 기술에 바탕으로 둔 높은 신용, 그리고 자본에 의한 대규모화 등이 현대 공유경제의 특징입니다.

적지 않은 약점에도 불구하고 공유경제는 계속 확대될 것입니다. 근본적으로 공유경제가 인간의 윤리에 호소하고 있기 때문입니다. 상품과 서비스를 낭비하지 않고 여러 사람이 함께 사용한다는 것, 여러 사람에게 공유를 통하여 만족감을 주는 것은 바람직한 행위의 하나입니다. 현대 공유경제는 이를 자본의 논리로 추구하지만 자신이 가진 것을 다른 사람에게 준다는 면에서 자비에 바탕을 둔 보시와 공통점이 있습니다.

공유경제는 좋은 삶의 한 형태입니다. 일부 사람들이 이윤을 위하여 공유경제에 뛰어들지만 전체적으로 공유경제가 좋은 삶, 윤리에 기반하고 있다는 점은 변함이 없습니다. "공유는 깨끗하고 선명하며 도회적이고 포스트 모던하다. 소유는 지루하고 이기적이고 소심하고 퇴행적이다"라는 마크 레빈Mark Levine 시인의 말이 있을 정도입니다(바이난트 용건, 2019).

3. 순환경제, 지속 가능한 경제

순환경제는 지속 가능한 경제와 유사한 개념입니다. 순환경제는 자원의 순환에 더 관심을 기울이고 지속 가능한 경제는 환경과 생태계, 미래세대에 더 관심을 갖습니다. 순환경제는 제품의 효율적인 사용을 통해 활용을 쉽게 하거나 재활용을 유도함으로써 상품의 가치나 그 부속물과 필요한 자원을 보호하는 사회경제적 시스템을 말합니다(바이난트 용건, 2019). 제품의 설계와 생산, 사용, 제품 재활용, 부품 재활용, 제품 수거, 제품의 재생산 등 일련의 과정이 모두 포함됩니다.

예를 들면 설계와 생산 과정에서 부품이 분해될 수 있도록 설계하여 부품마다 재활용하는 방안이 있습니다. 사용주기가 끝난 제품을 다른 용도로 사용하거나 제품을 수거하여 아예 다른 상품으로 만드는 방안도 있습니다. 제품의 반납을 쉽게 하기 위해 생산자가 제품의 소유권을 갖고 소비자는 사용료만 지급하는 것도 하나의 방법입니다. 같은 물건을 서로 사용하는 공유경제 역시 순환경제의 일환이라고 할 수 있습니다.

지속 가능한 경제는 제조과정에서 모든 사회적 차원의 가능성을 고려하는 동시에 소비자의 구매행위가 환경적으로도 민감하게 이뤄질 수 있도록 하는 사회경제적 시스템입니다. 사회와 기술, 환경에 미치는 영향이 소비자에게 돌아갈 이득보다 훨씬 중요하다고 봅니다(바이난트 용건, 2019). 지속 가능한 경제는 순환경제보다 더 큰 개념입니다. "지속 가능"이라는 용어는 현재 유엔을 비롯하여 지구적 차원에서 관심을 갖는 용어입니다. 지속 가능한 발전을 통하여 환경, 생태계, 미래 세대의 자원을 보존하는 것이 핵심입니다.

순환경제, 지속 가능한 경제는 선형경제에 대한 반대 흐름입니다. 현재 상품의 80% 정도는 6개월이 지나면 폐기됩니다(바이난트 용건, 2019). 수명이 다해서 폐기되는 상품보다는 사용하지 않아서 폐기되는 상품이 더 많습니다. 이렇게 되면 미래 세대는 자원을 이용하기는커녕 쓰레기를 처리하기 바쁠 것입니다. 환경과 생태계에도 좋지 않습니다.

그렇다고 이 문제는 과학기술로 해결할 수 없습니다. 과학기술에는 제본스Javons의 패러독스가 있습니다. 제본스의 패러독스에 의하면 높아진 에너지 효율성은 경제성장에 기여해서 더 많은 에너지 소비나 더 많은 탄소배출로 이어집니다(바이난트 용건, 2019). 에너지 효율이 좋은 자동차를 만들어 단위당 에너지는 적게 들지만 전체적으로 자동차를 더 많이 생산하고 더 많이 사용해 에너지 소비 총량은 늘어나는 것이 여기에 해당합니다. 현재의 문제를 해결하기 위하여 사물인터넷을 이용하는데 정보통신혁명 과정에서 엄청난 에너지를 사용한다는 점도 유의해야 합니다. 즉 효율성을 높이기 위해 정보를 수집하는데 정보의 수집에 엄청나게 많은 에너지를 사용해야 하는 모순이 발생합니다(바이난트 용건, 2019).

순환경제, 지속 가능한 경제는 더욱 발전할 것입니다. 형식적으로는 유엔을 비롯한 국제사회가 합의한 발전의 형태이기 때문입니다. 내용적으로는 자원 부족과 환경파괴에 관한 관심에서 시작된 것이므로 더욱 많은 사람들이 관심을 가질 것입니다. 이 모든 것의 바탕에는 윤리가 있습니다. 윤리가 기반이 되지 않으면 순환경제는 지속되기 어렵습니다.

사람들은 조그마한 편리함에도 쉽게 중독됩니다. 선형경제가 주는 편리함은 그야말로 눈부실 정도입니다. 지속 가능한 경제를 위하여 핸드드릴과 같은 공구를 개인들끼리 빌려주고 빌리는 것, 그리고 회사가 이를 빌려주는 것은 매우 좋은 일로 보입니다. 그러나 빌리는 것보다 사는 것이 더 편리하고 가격도 별 차이가 나지 않는다면 대부분의 사람은 사는 것을 선택합니다. 그래서 공유경제든 순환경제든 자동차와 같은 큰 물건부터 시작합니다. 구입비용이 크고 대부분의 시간을 활용하지 않는 상품이 대상인 것입니다.

순환경제에서 발생한 불편함을 극복해주는 것은 윤리입니다. 좋은 삶으로서 윤리는 공동체와 조화를 생각합니다. 공동체와 조화를 통해 개인의 행복과 공동체의 존속을 꾀합니다. 이 과정에서 어느 정도 불편함은 불가피합니다. 사실 순환경제, 지속 가능한 경제는 이러한 불편함을 대중의 각성, 네트워크, 과학기술, 자본 등 모든 힘을 동원해 극복하고자 하는 노력입니다. 경제적 관점에서만 본다면 순환경제, 지속 가능한 경제도 경제성장 제일주의에 비하면 취약합니다. 공동체를 중요시하는 건강한 윤리, 좋은 삶에 기반한 과학기술의 발전과 대중의 각성이 필요합니다.

4. 착한 소비

착한 소비는 경제를 움직이는 힘을 생산자가 아닌 소비자에게 찾는 하나의 흐름입니다. 소비자가 좋은 소비를 하면 생산자들이 이에 따라 좋은 상품을 생산할 것이라는 믿음에 따라 소비하는 것을 말합니다. 좋은 소비의 대표적인 행태는 공정무역입니다. 공정무역은 주로 후진국에서 생산된 상품을 선진국의 소비자들이 중간상이 아니라 생산자로부터 직접 구매함으로써 생산자들에게 도움을 주는 무역체제입니다. 공정무역은 하나의 무역 형태로 정착했습니다만 소비자 운동은 여기에 머물지 않습니다. 좋은 제품의 구매로 확대됩니다. 유기농 작물, 무농약 채소를 구매하고 잔인한 방법으로 도축하지 않은 고기를 구매하는 것까지 확대됩니다.

착한 소비 운동은 윤리에 기반을 두고 있습니다. 소비자가 좋은 제품을 구매하면 생산자는 자동적으로 좋은 제품을 만들 것이라는 가정에 기반합니다. 소비자는 충분한 비용을 지불하고 생산자는 정당한 가격을 받아 좋은 제품을 만들어 소비자도, 생산자도, 그리고 환경도 혜택을 받는다는 생각은 참으로 윤리적입니다. 타인을 배려하는 마음이 바탕에 있습니다. 착한 소비 운동은 소비자 마음의 변화가 출발점입니다. 소비자의 힘이 커지고 있는 현대사회에서 어울리는 운동 중의 하나입니다.

하지만 착한 소비 운동은 한계를 안고 있습니다. 소비자는 같은 성향을 지닌 단일한 집단이 아닙니다. 착한 소비자도 있지만 그렇지 않은 소비자가 훨씬 많습니다. 상품의 질보다는 가격, 편리함에 열광하는 사람들이 더 많이 있습니다. 착한 소비를 하는 소비자는 항상 소수입니다. 그 결과 착한 소비에 응하는 생산자도 적습니다. 대부분의 생산자는 절대 다수의 소비자를 대상으로 더 싸고 더 편한 상품을 만듭니다. 착한 소비 운동은 생산자를 견제하려고 하지만 실제로는 수요가 적기 때문에 대규모 생산자를 통제하지 못합니다.

착한 소비에 응하는 생산자들은 공급과잉의 위험이 있습니다. 현대의 생산방식은 비용 절감의 대량생산방식입니다. 그런데 착한 소비는 대량소비가 되기 어렵습니다. 착한 소비에만 초점을 두는 생산자는 대규모가 되기 어렵고 그래서 구조적으로 위기상황인 경우가 많습니다. 수요와 공급의 불일치가 항상 문제가 됩니다. 착한 소비자의 소비는 생각보다 영향력이 크지 않습니다.

착한 소비는 제도의 문제를 개인의 문제로 바꾸는 문제가 있습니다. 고래와 같은 멸종 위기종을 보호하려면 국제협약을 통해 포경을 금지하는 것이 가장 효과적입니다. 그렇지 않고 개인이 고래고기를 먹지 않도록 도덕적으로 각성시키고 수요를 줄여 포경업이 자연 도태되도록 한다는 발상은 너무 간접적이고 점진적입니다. 이런 프로세스를 밟아나가면 아마 포경업이 없어지기 전에 고래가 먼저 멸종할 것입니다.

개인들이 모두 도덕적으로 각성하는 것은 불가능합니다. 고래고기를 먹는 사람은 거의 확실하게 계속 고래고기를 먹을 것입니다. 고래를 잡고 고래고기를 공급하는 생산자는 여러 가지 방식으로 고래고기의 소비를 촉진합니다. 소비자의 변화가 생산자의 변화로 직접 연결되지 않습니다. 멸종 동물을 보호하는 좋은 방법은 멸종 동물을 보호하는 법률을 제정하고 밀렵꾼을 단속하는 것입니다.

착한 소비는 비난받아야 할 곳을 잘못 선택하는 문제도 있습니다. 멸종 동물을 보호하기 위해서 우리가 먼저 비난하고 투쟁해야 할 대상은 멸종 동물을 포획하는 기업과 밀렵꾼입니다. 그 다음에야 멸종 동물 고기를 먹는 사람을 비난할 수 있습니다. 먼저 비난을 받아야 할 곳은 지나치게 농약을 사용하거나 유전자 조작 생물을 키우거나 잔인하게 가축을 도축하는 기업이지 그 기업이 만든 채소와 고기를 사 먹는 소비자들이 아닙니다. 소비자는 그 다음입니다. 수치심을 전가하면 안 됩니다.

착한 소비가 윤리적인 것은 틀림없습니다. 다만 그 효과는 제한적입니다. 생산자를 직접 규제하는 제도의 변화가 우선이고 이와 함께 착한 소비가 이루어질 때 좋은 결과를 낳습니다. 비록 효과가 제한적이지만 착한 소비가 계속 시도되는 것은 그만큼 윤리의 영향력이 아직 남아 있다는 것을 보여주는 것입니다. 사라지고 있는 것처럼 보여도 윤리는 여전히 경제에 영향을 미칠 정도로 힘을 가지고 있습니다.

5. 증여와 윤리

극심한 불평등은 현대사회의 중요한 특징이자 미래사회 규정 요인입니다. 지금의 불평등은 과거의 불평등과 다릅니다. 초과잉 시대이므로 물자 부족이 문제되는 시대는 아닙니다. 물론 지금도 일부 계층은 최저생활의 위협 속에 있습니다. 무료급식을 전전하는 분들도 있습니다. 하지만 농촌에서는 과잉생산으로 밭을 갈아엎고 공장에서는 재고를 산더미처럼 쌓아놓고 있습니다. 초과잉생산, 복지 확대 등으로 물자 부족을 걱정하는 단계는 극복했거나 극복하고 있습니다.

지금의 불평등은 극단적으로 확대되고 있지만 완화될 가능성은 매우 낮습니다. 현대 자본주의 경제는 전 세계를 대상으로 승자독식의 원칙에 따라 움직입니다. 운동하는 자본의 규모도 역대 최고입니다. 자본은 엄청난 부를 축적하고 있습니다. 이에 비해 노동자들이 가져가는 몫은 계속 줄어들고 있습니다. 현재와 같은 시장경제체제, 교환에 근거한 경제행위로는 불평등을 완화할 수 없고 오히려 더 극심한 불평등을 만들 것입니다. 불평등 문제를 해결하기 위해서는 다른 방식의 경제행위가 필요합니다.

극심한 불평등으로 많은 사람들이 고통을 받고 있습니다. 대중들은 먹고사는 문제가 해결되었다고 하여 구조화된 불평등, 구조화된 불공정을 용인하지는 않습니다. 이를 증명하는 사례는 바로 프랑스의 노란 조끼 투쟁입니다. 구조화된 불평등에 분노한 시민들은 항의운동을 일으킵니다. 변화는 불가피합니다. 아무리 정부가 민주적 선거로 출범했다고 하여 면죄부를 받는 것은 아닙니다. 정부의 정통성에는 출범의 정통성도 있지만 민주적으로 통치해야 한다는 통치의 정당성도 있습니다.

시민들은 새로운 경제체제를 모색합니다. 그 과정에서 공유경제, 순환경제, 공정무역과 같은 여러 방안이 나옵니다. 여기까지는 교환이라는 시장경제의 틀에 속해있습니다. 하지만 이런 방식으로는 극심한 불평등을 부분적으로만 해결할 수 있을 뿐입니다. 다른 방식이 필요합니다.

이 지점에서 우리는 교환이 아닌 증여, 베풂, 자선, 보시에 기초한 경제방식을 생각할 필요가 있습니다. 증여는 오랫동안 사람들과 함께해 왔습니다. 증여는 소비를 통하여 나타납니다. 과거 자본주의 이전의 경제는 소비가 더 중요했습니다. 얼마나 재산을 많이 가지고 있는가를 과시하는 방법은 통장의 잔고나 보유한 주식 수를 보여주는 것이 아니었습니다. 소비를 통하여 부를 과시했습니다. 그 영향이 남아 현대의 부자들도 사치품을 소비합니다.

현대의 부자들은 대부분의 돈을 다시 투자합니다. 자신이 보유한 부는 사실은 자신의 것이 아닙니다. 대부분 투자되어 있거나 담보로 잡혀 있습니다. 과거의 진정한 부자는 자신의 부를 소비를 통하여 과시했습니다. 큰 축제나 제사를 열기도 하고 자신이 가지고 있는 것을 그냥 남에게 주었습니다. 이런 과정을 통하여 사회에 다시 상품이 유입되고 경제가 돌아갔습니다.

증여는 현대에 다시 등장합니다. 기부가 그것입니다. 세계 최고의 갑부인 마이크로 소프트의 빌 게이츠와 멀린다 부부는 재단을 만들어 기부합니다. 2016년 현재 빌 게이츠가 재단을 통해 기부한 규모는 270억 달러, 약 31조 원입니다. 투자의 귀재라는 워런 버핏은 죽기 전에 자신의 재산 99%를 기부하겠다고 발표했고 2006년부터 2015년까지 기부금 총액은 255억 달러, 약 25조 원이었습니다. 세계 2위 면세점 듀티프리쇼퍼스 공동창업자인 척 피니는 매일 백만 달러를 기부하고 2020년까지 전 재산을 기부할 것을 약속했다고 합니다(노컷뉴스, 볼수록 대단한 세계 기부천사 톱 5, 2016.8.10.).

현대사회에서 증여가 기부의 형태로 다시 등장하고 있는 것은 증여가 윤리에 기반을 두고 있기 때문입니다. 좋은 삶으로서 윤리는 주위의 어려움을 해결하는데 관심을 갖습니다. 증여는 전형적으로 좋은 삶의 일부입니다. 실제로 증여는 사회의 문제를 제법 많이 해결하며 개인에게는 좋은 삶을 선사합니다. 불교 역시 보시를 강조합니다. 불교의 보시는 기부나 증여보다 더 적극적입니다. 자신이 가진 것을 모두 줄 것을 요구합니다. 재물 보시에 그치지 않고 두려움을 없애주는 보시, 깨달음을 주는 보시도 있습니다. 보시는 깨달음을 얻는 6바라밀 중의 하나입니다. 보시가 깨달음, 지혜를 얻는 중요한 과정이라는 것은 보시가 좋은 삶이라는 것을 의미합니다.

증여는 현대사회에서 한계가 있습니다. 증여는 현대 경제를 부분적으로만 보완합니다. 증여, 베풂, 자선, 보시는 상품의 유통형태이기는 하지만 제한적으로만 벌어지는 현상입니다. 대규모의 일상적인 유통은 등가교환을 통하지 않을 수 없습니다. 등가교환은 상품에 체현된 인격의 요소를 삭제함으로써 대규모 유통을 가능하게 합니다. 상품에 붙은 인격적 요소는 가능한 한 제거되어야 모든 사람들이 접근할 수 있고 모든 이들이 얻을 수 있습니다.

증여에는 증여자의 인격이 체현되어 있습니다. 그래서 증여를 받은 사람은 받은 물건을 보면 준 사람을 항상 생각합니다. 증여와 비슷하게 생산자의 인격이 체현된 물건에는 주문생산 방식의 물건이 있습니다. 장인들이 만든 물건은 인격적 요소가 결합되어 있어서 대규모 유통에는 적합하지 않습니다. 예술가의 개성이 강한 예술품 역시 일반 상품과는 다른 방식으로 유통됩니다.

자본주의 경제는 상품과 서비스의 대규모 유통에 기반을 두고 있습니다. 비인격적인 등가교환 이외에는 이를 달성할 방법이 없습니다. 온라인쇼핑은 이러한 경향을 더욱 촉진합니다. 증여에 기반한 상품 유통이 중요하고 인간의 윤리를 보여주는 것이기는 하지만 현대사회에서는 부차적인 위치만 가질 수 있습니다. 그래서 더욱 증여, 베풂에 기반한 유통 방식을 강화해야 할 필요가 있습니다.

CHAPTER 4

직업과 윤리

◇◇◇◇◇

1. 직업윤리 등장

현대 윤리의 특징 중의 하나로 직업윤리의 변화가 있습니다. 윤리는 좋은 삶을 추구하는 것입니다. 직업의 귀천이 없어진 현대사회에서 좋은 삶은 직업과 별 관련이 없습니다. 다만 바른 말과 바른 행위를 어기게 만드는 직업이라면 선택해서는 안됩니다(비구 보디, 2019).

직업과 윤리가 직접 관련이 없다고 하더라도 사람의 생명을 직접 다루는 직업에는 더 조심스러운 접근법이 필요합니다. 사람의 생명을 다루므로 더 높은 윤리가 요구됩니다. 현대사회에 들어서서 이들 직업군을 둘러싼 환경이 변했고 이에 따라 새로운 윤리가 필요하게 되었습니다. 직업윤리의 등장과 변화는 현대 윤리를 특징짓는 중요한 현상입니다.

현대 직업윤리의 대표는 의료윤리와 법조윤리입니다. 의료윤리와 법조윤리를 바탕으로 다른 직업으로 윤리가 확대되고 있습니다. 최근 확대되고 있는 기업윤리, 경제윤리, 과학윤리, 공학윤리 등도 의료윤리와 법조윤리 발전에 힘입은 바 큽니다.

의사, 간호사 등 의료인은 사람의 생명을 직접 다루므로 고도의 윤리가 필요합니다. 환자는 의사가 윤리적이지 않다면 자신의 생명과 신체, 비밀 등을 맡길 수가 없습니다. 수술을 받는 환자는 자신의 전부를 의사에게 맡깁니다. 의사가 환자의 이익을 우선으로 생각하지 않고 환자를 그냥 돈벌이의 도구나 자신의 욕망 충족의 대상으로 삼는다면 진료와 치료가 제대로 될 수 없습니다.

이점은 법률가도 같습니다. 변호사가 제대로 변호를 하려면 의뢰인의 비밀을 알아야 합니다. 의뢰인의 좋은 행위만이 아니라 나쁜 행위도 알아야 최선의 변호를 제공할 수 있습니다. 역시 변호사와 의뢰인 사이에는 강력한 신뢰가 있어야 합니다. 그렇지 않다면 의뢰인은 자신의 사회적 생명을 맡기지 않을 것입니다. 판사나 검사도 사리사욕이 아니라 공적 가치에 충실해야 합니다. 판사나 검사의 결정 하나하나에 개인의 사회적 생명이 좌우됩니다.

의료윤리와 법조윤리는 갈수록 중요해지고 있습니다. 의료와 법률 서비스를 받는 사람이 많이 늘어났습니다. 의학의 발전에 따라 안락사, 존엄사, 낙태, 인간복제 등 생명에 관한 새로운 쟁점도 많이 등장하고 있습니다. 법조계에서도 사법개혁, 검찰개혁이 전면에 등장하면서 윤리적 법률가의 중요성이 높아지고 있습니다. 이들 직업은 현장에서 사람의 운명을 직접 좌우합니다. 사람의 수준에 따라 서비스의 질이 좌우되고 나아가 사람의 생명이 좌우됩니다. 직접 현장에서 의료와 법률을 다루는 사람들의 윤리는 매우 중요합니다.

2. 자기결정권

의료윤리와 법조윤리 등 전문가 윤리는 최근 큰 변화를 겪었습니다. 이 변화는 현대사회의 특징과 현대 직업윤리의 흐름을 잘 보여줍니다. 그 첫 번째 특징은 바로 충분한 설명에 기초한 자기결정권입니다. 의사는 수술할 때 어떤 수술을 하고 이때 어떤 효과가 있고 부작용이 있는지를 설명합니다. 그리고 수술을 할지 말지를 환자가 결정합니다. 변호사는 변론할 때, 변론의 내용을 의뢰인에게 설명하고 상의한 후 의뢰인이 그 변론을 할 것인지를 선택합니다. 충분한 설명과 함께 최종적인 결정권을 환자나 의뢰인에게 부여합니다. 컨설팅에서도 최종적인 결정은 역시 컨설팅을 받는 개인 또는 기업입니다. 일반 상품도 같습니다. 상품의 설명서는 잘 보이지도 않는 작은 글자로 되어있어서 문제이기는 하지만 말입니다.

최종적으로 상품 또는 서비스를 구매할 것인지 결정하는 사람은 소비자입니다. 상품과 서비스 구매 결과, 효과를 누리고 책임을 지는 사람도 최종적으로 환자, 의뢰인, 소비자입니다. 충분한 정보를 제공받고 최종 결정을 한 것은 이들이니까요.

충분한 설명에 기초한 자기결정권 논리는 깔끔해 보입니다. 환자, 의뢰인, 소비자는 전문가의 결정을 수동적으로 받아들이는 객체가 아니라 능동적으로 결정하는 주체가 됩니다. 결정권을 가진 이들은 의사, 변호사,

생산자에 의해 휘둘리지 않습니다. 환자, 의뢰인, 소비자가 최종선택권을 가진 주체라는 점은 인간의 존엄성과 평등을 상징하는 것 같습니다.

과거에는 정보의 비대칭성 때문에 환자, 의뢰인, 소비자는 주어진 결정을 일방적으로 수용할 수밖에 없었습니다. 자신이 원하지 않는 처치도 받아야 했습니다. 결과가 좋더라도 자신이 원하지 않는 치료를 받는 것은 현대사회에서는 수용하기 어렵습니다. 자신에게 좋은 것은 자신만이 알고 있으며 다른 누구도 알지 못한다는 광범위한 공감대가 있습니다.

충분한 설명에 기초한 자기결정권에는 몇 가지 전제조건이 있습니다.

첫 번째 전제조건은 개인이 해방되어야 한다는 것입니다. 가부장제에서는 자식의 직업 및 결혼 여부도 부모가 정합니다. 가부장이 압도적 권위를 가지고 있기 때문에 이에 저항할 수 없습니다. 이런 사회 구조하에서 압도적 권위를 가진 의사, 변호사 앞에서 자신의 목소리를 낸다는 것은 사실상 불가능합니다. 추상적인 차원에서는 의사와 환자가 평등하다고 할 수 있으나 구체적인 현실에서는 평등하지 않습니다. 지식과 정보에서 큰 차이가 있고 권위에도 큰 차이가 있습니다.

두 번째 전제조건은 개인이 철저히 합리적이어야 한다는 것입니다. 하지만 실제로 개인은 경제학에서 생각하듯이 철저하게 합리적이지는 않습니다. 경제학자 올리버 윌리엄스Olive E. Williamson의 지적과 같이 인간은 제한된 합리성만 가지고 있을 뿐이며 그 합리성마저도 기회주의적으로 이용합니다(박기찬 외 2, 2005). 과거에는 정보를 얻기 힘들어, 현대에는 정보가 너무 많아서 정보를 바탕으로 한 합리적인 결정을 내릴 수 없습니다. 모든 정보를 수집하다 보면 시간과 노력이 너무 많이 소모됩니다. 맹장염 수술을 받으려고 종합병원 열 군데를 돌아다닐 수는 없습니다. 이때 인간은 제한된 합리성에 기초하여 판단을 내립니다. 정보가 부족하더라도 수술 여부는 결정해야 합니다.

세 번째 전제조건은 개인이 판단을 내리는 명료한 의식 상태에 있어야 한다는 것입니다. 개인의 결정은 첫째, 아무런 강압이나 제약이 없는 조건에서 둘째, 지금 자기가 하고 있는 일의 의미, 즉 수술을 하는 것인지 혹은 자백을 하는 것인지를 정확히 알고 셋째, 그 효과와 부작용까지도 아는 상태에서 이루어져야 합니다(김인회, 2018b). 여기에 더해 환자는 설명을 알아듣고 결정 이후 자신의 결정을 설명할 수 있는 의식 상태에 있어야 합니다(핫토리 겐지 · 이토 타카오, 2016). 그런데 이 조건을 모두 충족하기가 쉽지 않습니다. 당장 환자 중에는 의식이 없는 상태에서 병원에 오는 경우가 많습니다. 피고인도 구속된 상태라면 아무런 강압이나 제약이 없다고 보기 어렵습니다. 그 외에도 재산이나 가족 등 많은 제약이 있습니다.

결정적으로 의료, 법률의 세계는 불확실성이 지배하고 있습니다. 자신이 선택하더라도 그 선택의 결과가 원하는 대로 나타나지는 않습니다. 수술은 해 봐야 성공 여부를 알 수 있고 재판은 끝나봐야 결과를 압니다. 낮은 가능성에도 수술과 무죄 주장을 하는 경우가 있습니다. 통계적으로 한국의 무죄율은 2% 정도이므로 사실 무죄 주장을 하면 오히려 불리한 경우가 생길 수 있습니다. 이처럼 불확실한 환경에서는 개인의 자유로운 결정이라는 것은 사실 과장된 것일 가능성이 높습니다.

네 번째 전제조건은 충분한 정보를 완전히 공유한다는 것입니다. 그러나 환자와 의사, 의뢰인과 변호인 사이에는 정보의 비대칭이 존재합니다. 한쪽은 평생 한두 번 병원이나 법원을 찾는 문외한이고 다른 쪽은 그 분야의 전문가입니다. 그 차이는 압도적입니다. 사실 환자나 의뢰인은 의사나 변호사가 하는 말을 제대로 이해할 수 없습니다. 이처럼 정보의 불충분과 비대칭으로 환자나 의뢰인이 자유의지로 결정을 한다는 것은 사실 하나의 가정에 지나지 않아 보입니다.

다섯 번째 전제조건은 당사자가 책임을 지고 의사나 변호사는 책임을 부담하지 않는다는 것입니다. 최종적으로 결정하는 사람은 환자나 의뢰인이므로 이들이 최종적으로 책임을 부담합니다. 이것은 상당히 큰 문제입니다. 이러한 사고방식이 정착된 이유는 법정 다툼, 즉 소송 때문입니다. 의사의 의료과오가 있을 때, 변호사의 법률자문에 오류가 있을 때 환자나 의뢰인은 가만히 있지 않고 소송을 제기합니다(핫토리 겐지 · 이토 타카오, 2016). 환자나 의뢰인의 소송제기는 미국에서 시작하여 전세계로 퍼져나갔습니다. 우리나라도 소송이 증가하고 있으나 미국보다는 훨씬 늦게 시작되었고 지금도 소송이 많은 편은 아닙니다. 국민건강보험제도가 완비되어 있어 의료비가 상대적으로 저렴한 현실이 크게 작용합니다. 법률가에 대한 소송은 법률가들이 압도적인 권위를 가지고 있어 여전히 쉽지 않습니다.

소송은 의사나 법률가에게 큰 부담이므로 소송을 피하기 위해서 결정권을 의사나 변호사가 단독으로 행사하는 것이 아니라 환자, 의뢰인과 나눌 필요가 생겼습니다. 정보를 제공하는 것을 전제로 결정권을 넘긴 것입니다. 확실히 이 방법은 과거의 방법에 비하여 소송의 가능성을 줄입니다. 하지만 어떻게 보면 교묘하게 의사나 변호사의 책임을 회피한 것이라고도 할 수 있습니다.

당사자의 자기결정권이 전면에 등장하기 전에는 의사나 변호사는 환자나 의뢰인의 이익을 위하여 스스로의 판단 하에 최선의 의료와 법률 서비스를 제공했습니다. 환자나 의뢰인은 의사나 법률가를 믿고 모든 것을 맡겼습니다. "맡기는 의료"(핫토리 겐지 · 이토 타카오, 2016), "맡기는 재판"이 대부분이었습니다. 사실 병과 싸울 때 아무 것도 모르는 환자가 합리적이고 과학적인 결정을 할 수 있다고 보는 것은 무리입니다. 재판의 경우도 그렇습니다. 그래서 수천 년 동안 의료는 "맡기는 의료"가 주류를 차지했습니다. 심각한 병으로 환자가 의식이 없는 경우에는 다른 방법도 없었습니다. 법률 서비스도 그렇습니다. 그래서 의사나 법률가에게는 고도의 윤리가 필요했던 것입니다.

그런데 이 관계는 마치 귀족과 노예의 관계와 유사합니다. 자신에게 가장 중요한 육체적 생명과 사회적 생명을 남에게 맡기고 남이 마음대로 처분할 수 있다면 그 관계는 평등한 관계가 아닙니다. 개인의 해방, 억압체제가 해체되자 이 관계도 해체됩니다. 과거의 "맡기는 의료"가 결점투성이인 것은 아닙니다. 만일 결점투성이였다면 수천 년을 지속할 수 없었을 것입니다. 오히려 일장일단이 있었다고 보아야 할 것입니다. 다만 현대사회에서는 죽음조차 자신이 선택할 수 있는 것으로 보기 때문에 과거의 "맡기는 의료", "맡기는 재판"은 더 이상 유효하지 않습니다.

3. 전문가 윤리의 변화 1 — 평범한 윤리

전문가 윤리는 변화의 과정에 있습니다. 의사나 법률가 윤리는 "맡기는 의료", "맡기는 재판"이 원칙이었던 과거에 확립되었습니다. 의사나 법률가의 책임을 강조하던 시대였습니다. 그런데 지금은 책임을 나누어지거나 혹은 당사자에게 넘겨버립니다. 이 상태에서는 윤리가 변화할 수밖에 없습니다.

전문가 윤리의 변화를 강요한 것은 우선 의료과오소송, 법률과오소송입니다. 피할 수 없는 추세입니다. 그런데 이것은 좀 이상합니다. 의사나 변호사가 나중에 소송당할 것을 걱정한다면 최선을 다하는 의료, 최선을 다하는 변호는 어려워집니다. 환자나 의뢰인을 보호하기 위하여 소송을 고안했는데 결과는 반대로 최선을 다하지 않는 안전하기만 한 의료, 변론이 되는 것입니다.

전문가 윤리의 변화를 추동하는 다른 힘은 대량으로 의료와 법률 서비스를 처리해야 할 필요성입니다. 현대의 의료와 법률 서비스는 대량, 신속한 해결을 필요로 합니다. 의료와 법률 서비스 수요가 너무 많기 때문입니다. 한 사람 한 사람에 대한 개별적인 서비스제공은 어렵습니다. 표준화를 통한 획일적인 서비스제공이 필요합니다. 의료와 법률 서비스의 표준화, 획일화는 윤리의 표준화, 획일화를 낳습니다.

전문가 윤리의 변화는 크게 세 가지 방향으로 나타납니다. 평범한 윤리로 변화, 문서로 정리하는 공식화, 윤리의 축소가 그것입니다.

첫째, 의사와 법률가는 과거 사람의 육체적 생명과 사회적 생명을 다룬다는 무거운 의무를 지고 있었습니다. 과거 맡기는 의료, 맡기는 재판 체제에서는 의사나 법률가에게 무거운 의무가 있어야 했습니다. 환자나 의뢰인은 아무것도 모르는 사람들이었기 때문입니다. 그래야 최소한 이론적으로 균형이 성립합니다.

이 관계는 수술이나 변론이 성공하는 경우에는 아무 문제가 없습니다. 하지만 의사나 법률가가 높은 윤리를 갖지 않고 최선을 다하지 않을 때 대책이 없습니다. 수술이 실패하여 환자가 죽거나 더 크게 다치는 경우, 변론이 실패하여 피고인이 무거운 형을 선고받고 구속되는 경우 문제점이 드러납니다. 환자나 의뢰인은 치료나 변호의 대상일 뿐, 치료방법과 변호방법을 정하는 주체가 아닙니다. 잘못되었을 때 저항하지 못합니다. 권위 때문에 불만을 말하지 못합니다. 전문가들은 압도적인 지식과 권위로 자신의 잘못된 판단, 잘못된 수술, 잘못된 변론도 쉽게 정당화시킵니다. 대중의 권리 의식이 높아지면 당연히 변할 수밖에 없는 취약한 구조입니다.

대중의 권리 의식이 높아지고 잘못된 치료, 변론에 대한 책임을 묻기 시작하면서 윤리 역시 변합니다. 의료와 법률의 세계가 소비자와 공급자의 세계로 재해석되면서 의사, 법률가가 시장경제 하에서 전문적인 서비스를 제공하는 여러 직업 중의 하나가 되어 버립니다. 의사나 법률가에게 다른 직업보다 더 높은 윤리를 강요할 근거는 사라져버렸습니다.

4. 전문가 윤리의 변화 2 — 규범화

현대 전문가 윤리의 두 번째 특징은 바로 문서로 정리되는 규범화입니다. 규범화는 세 가지 특징을 가지고 있습니다. 규범화의 첫 번째 특징은 글로 정리하는 명문화입니다. 그동안 말이나 행동으로 도제식으로 전해지던 윤리를 글로 정리합니다. 이 과정에서 불분명하고 추상적인 내용, 불필요한 내용은 제거됩니다. 그렇다고 불분명하거나 추상적인 내용이 모두 제거되는 것은 아닙니다. 여전히 남습니다만 가능한 한 분명하게 표현하려고 노력합니다. 문서화의 결과 의사와 변호사에 대하여 윤리강령이 만들어졌습니다.

의사윤리강령

1. 의사는 인간의 존엄과 가치를 존중하며, 의료를 적정하고 공정하게 시행하여 인류의 건강을 보호 증진함에 헌신한다.
2. 의사는 의학적으로 인정된 지식과 기술을 기반으로 전문가적 양심에 따라 진료를 하며, 품위와 명예를 유지한다.
3. 의사는 새로운 의학지식 · 기술의 습득과 전문직업성 함양에 노력하며, 공중보건의 개선과 발전에 이바지한다.
4. 의사는 환자와 서로 신뢰하고 존중하는 관계를 유지하며, 환자의 최선의 이익과 사생활을 보호하고, 환자의 인격과 자기결정권을 존중한다.
5. 의사는 환자의 알 권리를 존중하며, 직무상 알게 된 환자의 비밀과 개인정보를 보호한다.
6. 의사는 환자에 대한 최선의 진료를 위해 모든 동료의료인을 존경과 신의로써 대하며, 환자의 안전과 의료의 질 향상을 위해 함께 노력한다.
7. 의사는 국민 건강 증진과 삶의 질 향상을 위해 기여하며, 의료자

원을 적절히 사용하고, 바람직한 의료 환경과 건강한 사회를 확립하기 위해 법과 제도를 개선하도록 노력한다.

8. 의사는 의료정보의 객관성과 신뢰성 확보를 위해 노력하며, 개인적 이익과 이해 상충을 적절히 관리함으로써 환자와 사회의 신뢰를 유지한다.
9. 의사는 사람의 생명과 존엄성을 보호하고 존중하며, 죽음을 앞둔 환자의 고통을 줄이고, 환자가 인간답게 자연스러운 죽음을 맞을 수 있도록 최선을 다한다.
10. 의사는 사람 대상 연구에서 연구 참여자의 권리, 안전, 복지를 보호하며, 연구의 과학성과 윤리성을 유지하여 의학 발전과 인류의 건강 증진에 기여한다.

우리 의사는 위의 의사윤리강령을 자유의사에 따라 성실히 이행할 것을 엄숙히 선언한다.

변호사윤리강령

1. 변호사는 기본적 인권의 옹호와 사회정의의 실현을 사명으로 한다.
2. 변호사는 성실 · 공정하게 직무를 수행하며 명예와 품위를 보전한다.
3. 변호사는 법의 생활화 운동에 헌신함으로써 국가와 사회에 봉사한다.

4. 변호사는 용기와 예지와 창의를 바탕으로 법률문화향상에 공헌한다.
5. 변호사는 민주적 기본질서의 확립에 힘쓰며 부정과 불의를 배격한다.
6. 변호사는 우애와 신의를 존중하며, 상호부조 · 협동 정신을 발휘한다.
7. 변호사는 국제 법조 간의 친선을 도모함으로써 세계 평화에 기여한다.

의사윤리강령이나 변호사윤리강령은 윤리규칙 중에서도 가장 기본입니다. 추상적인 표현을 피할 길이 없습니다. 예를 들어 두 직업 모두 명예와 품위를 강조합니다. 그런데 명예와 품위가 무엇인지는 정확히 알 수 없습니다. 의사나 변호사도 개인으로서의 삶이 있습니다. 의사나 변호사가 불륜, 간통을 저질렀다고 합시다. 간통죄는 이미 위헌으로 선언되었기 때문에 법적으로는 문제가 안 됩니다. 이런 행위로 의사나 변호사가 명예와 품위를 위반했다고 비난할 수 있을까요? 일반인보다 더 많은 비난을 받아야 마땅할까요? 1970년대까지는 그렇다고 할 수 있겠으나 지금은 이러한 의견에 동조하는 사람은 극소수일 것입니다. 의사나 변호사도 개인으로서 충분한 자유와 권리를 누려야 합니다.

규범화의 두 번째 특징은 명확화입니다. 규범화를 통하여 추상적인 내용은 명확하게 됩니다. 문서화를 통하여 불분명한 의미는 줄어들고 명확한 내용만 남게 됩니다. 소위 도제식 방식으로 은밀하게 전수되어 왔다고 하는 윤리가 문서화를 통해 명확하게 외부로 공개됩니다. 토론과 비판, 감시의 대상이 됩니다.

의사윤리강령, 변호사윤리강령은 곧 의사윤리지침과 변호사윤리규약으로 구체화됩니다. 의사윤리지침은 총 45개 조항, 변호사윤리규약은 총 51개 조항으로 구성됩니다. 예를 들어 의사윤리지침 중 죽음을 앞둔 환자에 대한 의료중단에 관한 규정은 상당히 구체적입니다.

> 第16조(회복 불능 환자의 진료 중단)
>
> ① 의사는 의학적으로 회생의 가능성이 없는 환자의 경우라도 생명유지치료를 비롯한 진료의 중단이나 퇴원을 결정하는 데 신중하여야 한다.
>
> ② 의학적으로 회생의 가능성이 없는 환자나, 가족 등 환자의 대리인이 생명유지치료를 비롯한 진료의 중단이나 퇴원을 명시적으로 요구하는 경우, 의사가 의학적으로 무익하거나 무용하다고 판단하는 생명 유지치료에 대하여 그러한 요구를 받아들이는 것은 허용된다. 그러나 통증 완화를 위한 의료행위와 영양분 공급, 물 공급, 산소의 단순 공급은 시행하지 않거나 중단되어서는 안된다.
>
> ③ 의사의 충분한 설명과 설득 이후에도 환자, 또는 가족 등 환자 대리인이 회생의 가능성이 없는 환자에 대하여 의학적으로 무익하거나 무용한 진료를 요구하는 경우, 의사는 그것을 받아들이지 않을 수 있다.

위 규정은 회복 불능 환자에 대한 진료의 중단, 퇴원과 관련한 내용을 자세히 규정하고 있습니다. 진료를 중단하려면 환자의 요구, 가족의 요구, 환자 대리인의 요구가 있어야 합니다. 순서는 환자가 명시적 요구가 최우선입니다. 만일 환자가 의식불명으로 명시적 요구를 할 수 없다면 환자가 의식이 있을 때의 명시적 요구를 찾아야 합니다. 의식이 있을 때의 명시적 요구를 발견할 수 없다면 가족, 대리인의 명시적 요구를 확인해야 합니다. 그런데 가족이나 대리인 의사를 확인할 때에는 조심해야 합니다. 가족은 의외로 비정하고 이기적인 경우가 있습니다. 환자의 의사를 무시하고 자신들의 요구를 앞세우기도 합니다.

유명한 보라매병원 사건(1997년)에서는 부인이 남편을 살해하기 위하여 퇴원을 요구했습니다. 당시 사실관계는 다음과 같습니다.

> 피해자는 1997.12.4. 14:30 술에 취한 채 화장실을 가다가 중심을 잃어 기둥에 머리를 부딪치고 시멘트 바닥에 넘어지면서 다시 머리를 바닥에 찧어 경막 외 출혈상을 입고 병원으로 응급후송되었다. 피해자는 의료진에 의하여 수술을 받고 중환자실로 옮겨져 의식이 회복되고 있었다. 하지만 뇌수술에 따른 뇌부종으로 자가 호흡을 할 수 없는 상태에 있었으므로 호흡 보조장치를 부착한 채 계속 치료를 받고 있었다. 피해자의 처는 여러 차례 의료진에게 집으로 퇴원시키겠다는 의사를 밝혔다. 피해자의 처는 위와 같은 피해자의 상태에 비추어 인공호흡 장치가 없는 집으로 퇴원하게 되면 호흡을 제대로 하지 못하여 사망하게 될 것이라는 설명을 들었다. 따라서 피해자를 집으로 퇴원시키면 호흡 정지로 사망하게 된다는 사실을 명

백히 알게 되었다. 그럼에도 피해자의 처는 피해자가 차라리 사망하는 것이 낫겠다고 생각한 나머지 피해자를 퇴원시키는 방법으로 살해할 것을 결의하고, 1997.12.6. 14:20경과 18:00경 주치의에게 도저히 더 이상의 치료비를 추가 부담할 능력이 없다는 이유로 퇴원을 요구하였다. 의료진은 피해자를 집으로 퇴원시킬 경우 호흡이 어렵게 되어 사망하게 된다는 사실을 충분히 알고 있었다. 주치의는 여러 차례의 설명과 만류에도 불구하고 치료비 등이 없다는 이유로 계속 퇴원을 고집하자 상사인 전문의에게 직접 퇴원 승낙을 받도록 하라고 했다. 전문의는 1997.12.6. 10:00경 주치의로부터 위와 같은 피해자 처의 요구사항을 보고 받은 후, 자신을 찾아온 피해자의 처에게 피해자가 퇴원하면 사망한다고 설명하면서 퇴원을 만류하였다. 그렇지만 피해자의 처가 계속 퇴원을 요구하자 이를 받아들여 주치의에게 피해자의 퇴원을 지시하였다. 피해자의 처가 퇴원수속을 마치자 주치의는 수련의에게 피해자를 집까지 호송하도록 지시하였다. 그에 따라 같은 날 14:20경 수련의와 피해자의 처가 피해자를 중환자실에서 구급차로 옮겨 싣고 피해자의 집까지 데리고 갔다. 수련의는 피해자 처의 동의를 받아 피해자에게 부착하여 수동 작동 중이던 인공호흡 보조장치와 기관에 삽입된 관을 제거했다. 피해자는 곧 호흡 정지로 사망했다.

가족이 항상 환자 중심으로 생각하지는 않는다는 점은 유의해야 합니다. 가족이나 환자 대리인의 요구만으로는 생명의 위기에 처한 환자를 퇴원시켜서는 안 됩니다. 만일 그렇게 한다면 가족이나 환자의 대리인은 살인범이 되고 의사들은 살인의 방조범이 됩니다. 따라서 의사윤리지침은 "의사가 의학적으로 무익하거나 무용하다고 판단"하는 경우에만 생명 유지치료를 중단할 수 있다고 밝히고 있습니다. 이에 대한 제한도 있습니다. 통증 완화를 위한 의료행위와 영양분 공급, 물 공급, 산소의 단순 공급은 시행하지 않거나 중단되어서는 안 됩니다. 이 정도면 회복 불능 환자에 대한 진료 중단에 대한 명확하고 확실한 기준이 될 것입니다.

그렇다고 모든 것이 명백한 것은 아닙니다. 현실은 항상 법률이나 규정보다 훨씬 복잡합니다. 현실에서는 원칙을 구체적인 사안에 맞게 적용하는 것이 중요합니다. 이것이 바로 임상 윤리입니다. 규범은 명확화를 통하여 임상 윤리를 위한 기초를 제공합니다.

규범화의 세 번째 특징은 세분화입니다. 세분화는 의사나 변호사의 행위를 단계별로 나누어 단계별 기준을 마련하는 것을 말합니다. 세분화는 표준화의 기초이고 불필요한 행위를 줄이는 출발점입니다. 의사윤리지침은 중 환자에 대한 윤리와 개별 의료분야 윤리를 다음과 같이 나눕니다.

환자에 대한 윤리

— 의사와 환자의 상호신뢰

— 환자의 인격과 사생활 존중

— 환자의 선택권 존중

— 진료의 거부금지

— 환자의 알 권리와 의사의 설명의무

— 회복 불능 환자의 진료 중단

— 환자 비밀의 보호

— 응급의료 및 이송

개별 의료분야 윤리

— 태아 관련 윤리

— 보조생식술 관련

— 연명의료

— 안락사 등 금지

— 뇌사의 판정

— 장기이식술과 공여자의 권리 보호

— 장기 등 매매금지

— 의학연구

— 연구의 진실성

— 연구결과의 발표

변호사 윤리규약도 의사윤리규칙과 비슷하게 일반적 윤리, 직무에 관한 윤리, 의뢰인에 대한 윤리, 사건의 수임과 처리, 보수, 법원 · 수사기관에 대한 윤리, 정부 기관에 대한 윤리, 제3자에 대한 윤리, 업무형태에 따른 윤리, 사내변호사의 윤리 등으로 나누어 단계마다 필요한 윤리를 규정하고 있습니다.

세분화는 명확화, 표준화를 위한 기초입니다. 노동현장에서는 생산성을 높이고 불량을 낮추기 위하여 인간의 행동을 연구합니다. 노동자의 행동을 잘게 나누어 구분한 다음 이를 표준화합니다. 이를 통해 불필요한 동작을 없애는 데 집중합니다. 새로운 행위를 하는 것이 아니라 불필요한 동작을 없애는 것만으로도 생산성을 높이고 불량률을 낮출 수 있습니다. 대량생산시대는 기본적인 교육만 받은 노동자라면 누구든지 컨베이어 벨트의 어떤 자리에도 배치될 수 있는 것을 목표로 합니다. 이를 위해서 행동을 세분화하고 표준화합니다. 같은 이유로 윤리 역시 대량의 의료와 법률 서비스제공을 위해 세분화되고 명확화, 표준화됩니다.

세분화, 명확화, 표준화되는 행동의 수준은 다릅니다. 가장 심각한 행위는 법률에서 규정하고 그다음으로 심각한 행위는 규칙이나 규약에서 규정합니다. 법률을 위반하면 징역이나 벌금과 같은 형벌을 선고하고 규칙, 규약을 위반하면 징계합니다. 그런데 강령은 좀 어정쩡합니다. 강령 역시 규범 중의 하나이기 때문에 징계의 근거이기는 하지만 너무 추상적이어서 직접적인 징계의 근거라고 보기는 어렵습니다. 전문가 윤리 중 중요한 부분은 법률이 규정하는데 여기에서 우리는 윤리가 축소되면서 또한 명확하게 되는 경향을 발견할 수 있습니다.

5. 전문가 윤리의 변화 3—윤리의 축소

현대 전문가 윤리의 세 번째 특징은 윤리의 축소입니다. 전문가 윤리의 축소는 앞에서 본 공식화, 명확화에 따른 결과입니다. 의사나 법률가는 어려운 처지에 있는 사람들을 돕기 때문에 그 자체로 좋은 직업이고 좋은 삶인 것은 틀림없습니다. 하지만 직업윤리인 전문가 윤리는 좋은 삶으로서 윤리와는 다른 윤리입니다. 의사와 법률가로서 최고의 가치를 실현하고 남을 돕고 자신도 행복해지는 좋은 삶은 전문가 윤리에서는 찾을 수 없습니다. 좋은 삶은 직업윤리가 아닌 다른 곳에서 찾아야 합니다.

별로 멀지 않은 과거에는 의사, 법률가는 많은 사람들의 존경을 받았습니다. 한국에서는 이들 직업을 선비에 비유하면서 바람직한 지식인상, 인간상으로까지 높인 적이 있습니다. 하지만 전문가윤리가 규범화되고 세분화되고 명확해지면서 이들은 선비라는 틀을 과감히 벗어던지고 직업인, 비즈니스맨으로서의 성격을 분명히 했습니다. 큰 윤리는 사라지고 작은 윤리만 남은 것입니다. 현대인들이 모두 고매한 인격이라는 목표를 버릴 때 의사와 법률가도 이를 따랐고 어떤 때는 앞장서기도 했습니다. 물론 아직도 좋은 삶과 이상을 실현하는 의사와 법률가는 있습니다만 다수는 아닙니다.

작은 윤리는 전문가 윤리의 세분화 경향에 따라 의료와 법률 서비스를 단계별로 나누고 나누어진 절차에 구체적인 지침을 제공합니다. 그동안 윤리적으로 문제 되지 않았던 절차까지 윤리의 범위에 포괄됩니다. 이 과정은 윤리를 확장시키는 역할을 합니다. 예를 들어 의사는 환자에게 언제 어떻게 상황을 설명해야 하는지 윤리 단계에서 검토합니다. 회복 불능의 환자를 퇴원할 때 지켜야 할 절차가 무엇인지 잘 알고 있어야 합니다. 이것이 전문가로서 의사의 윤리입니다. 법률가는 의뢰인에게 언제 어떤 주의를 주어야 하고 어떤 사건을 수임할 수 있고 수임할 수 없는지 검토해야 합니다. 필요하다면 이런 문제를 전담하는 조직을 병원과 로펌에 만들어야 합니다.

전문가 윤리의 확장은 주어진 단계나 절차를 확대하는 것으로서 포괄적 윤리의 확장은 아닙니다. 오히려 기술적인 성격이 강합니다. 단계나 절차에 따른 기계적인 행동요령에 가깝습니다. 나중에 소송을 당하지 않기 위하여 준비하는 성격을 갖습니다. 그렇지만 내용에는 상대방에 대한 존중, 환자 · 의뢰인과 의사 · 법률가의 평등이 포함되어 있기 때문에 윤리의 성격이 없다고 보기는 어렵습니다. 전문가 윤리에서 윤리는 단계와 절차라는 측면에서는 세분화되고 있지만 큰 윤리는 축소되고 있습니다.

6. 프라이버시 보호와 그 확대

전문가 윤리 발전이 현대 윤리에 미친 영향 중 자기결정권 다음으로 중요한 것은 프라이버시 보호 문제입니다. 전문가 윤리 중 프라이버시 문제는 개인에 대한 존중이라는 일반적인 윤리를 뛰어넘는 쟁점을 가지고 있습니다. 전문가들이 가지는 정보는 다른 사람이 가지는 정보보다 훨씬 중요하기 때문입니다.

현대사회에서 정보는 일반적으로 중요하지만 전문가 영역의 정보는 더 중요합니다. 핸드폰 위치추적기능을 이용한 개인의 이동 경력 정보도 개인정보로서 국가나 기업이 일방적으로 수집해서는 안 되는 중요한 정보입니다. 하지만 한 사람이 암 또는 유전적 질환이 있다거나 전염성이 강한 바이러스를 가지고 있다는 정보는 더 중요합니다. 만일 이 정보가 누설된다면 개인은 엄청난 차별을 당할 수 있습니다.

법률의 세계도 같습니다. 한 사람의 범죄경력 정보는 누설되어서는 안 됩니다. 사회복귀를 어렵게 하고 차별의 대상이 될 수 있기 때문입니다. 재판에서 등장하는 피고인의 가정환경, 개인의 역사, 친구 관계 등도 재판이 끝나면 누설되면 안 됩니다.

그렇지만 사회가 개인의 내밀한 비밀을 알아야 할 때도 있습니다. 사스, 메르스, 코로나바이러스 19와 같은 신종 바이러스가 갑자기 유행할 때에는 환자들의 보균 여부, 병력, 이동 경로, 접촉자 등의 정보를 보건 당국이 알아야 합니다. 공중은 이보다는 제한적이지만 보균자가 방문한 곳이 어딘지는 알 필요가 있습니다.

변호사 역시 자신이 변호하는 피고인이 어린이를 납치할 계획이 있다거나 여러 사람을 다치게 하는 테러 행위를 계획하고 있다면 그 내용은 경찰에 알릴 수 있어야 합니다. 의료인이나 법률가가 업무상 알게 된 개인정보는 거의 절대적으로 보호되어야 하지만 공중에게 큰 영향을 미친다면 공개할 필요성이 있습니다.

의사나 변호사는 업무 과정에서 정보를 얻을 수밖에 없습니다. 관련된 모든 정보를 알아야 제대로 된 치료와 변론을 할 수 있습니다. 의사는 환자가 다른 곳에서 어떤 치료를 받았는지, 어떤 약을 먹고 있는지 알아야 합니다. 변호사는 피고인을 변호할 때 피고인이 어떤 범죄를 어떻게 저질렀는지 알아야 합니다. 그래야 무죄 변론을 할지 아니면 유죄를 인정하고 잘못을 반성하면서 가벼운 형을 받도록 변론을 할지를 결정할 수 있습니다. 만일 피고인이 다른 범죄를 이미 저질렀거나 새로운 범죄를 계획하고 있다면 그것도 알아야 합니다. 피고인이 어떤 환경에서 성장했는지도 알아야 합니다. 양형 변론을 할 때 필요하기 때문입니다. 피고인이 어렸을 때 불우한 환경에서 자랐다면 피고인의 범죄에 대해서는 사회도 일부 책임을 져야 합니다. 변호사는 피고인의 전부를 파악할 필요는 없고 파악해서도 안 되지만 범죄와 관련해서는 내밀한 부분까지 알아야 합니다.

다루는 정보의 중요성과 정보를 알아야만 하는 사정은 전문가들에게 엄격한 비밀유지의무를 부여합니다. 형법의 규정을 살펴봅시다. 형법은 전문가들의 비밀과 관련하여 다음과 같은 규정을 두고 있습니다.

> 형법 제317조 ① 의사, 한의사, 치과의사, 약제사, 약종상, 조산사, 변호사, 변리사, 공인회계사, 공증인, 대서업자나 그 직무상 보조자 또는 차등의 직에 있던 자가 그 직무 처리 중 지득한 타인의 비밀을 누설한 때에는 3년 이하의 징역이나 금고, 10년 이하의 자격정지 또는 700만원 이하의 벌금에 처한다.
> ② 종교의 직에 있는 자도 같다.

그렇다고 모든 비밀의 누설이 다 처벌받는 것은 아닙니다. 형법도 이 죄를 친고죄, 즉 고소가 있어야 공소를 제기할 수 있는 범죄로 규정하여 비밀을 누설 당한 피해자가 고소하지 않으면 처벌할 수 없도록 하고 있습니다. 즉, 피해자가 사전 동의하거나 사후 추인하면 처벌할 수 없습니다.

의사윤리지침은 정보 보호에 대하여 형법보다 자세한 규정을 두고 있습니다.

제17조(환자 비밀의 보호)

① 의사는 그 직무상 알게 된 환자의 비밀을 보호하여야 한다.

② 의사가 환부 촬영 등 의무 기록상 필요한 사항 이외의 진료장면을 촬영하는 경우에는 사전에 환자의 동의를 받아야 한다.

③ 의사는 미성년 환자의 진료에 필요하다고 판단하는 경우 부모나 이에 준하는 보호자에게 진료에 관한 사항을 알릴 수 있다.

④ 의사는 환자가 자신이나 다른 사람에게 심각한 위해를 가할 명백한 의도를 가지고 있고, 그 계획이 구체적인 경우 위해를 방지하기 위하여 불가피하다고 판단되는 경우에는 환자의 비밀을 제3자에게 알릴 수 있다.

⑤ 의사는 의학적 조사 및 연구 등을 수행함에 있어 환자의 개인정보를 보호하여야 한다.

의사가 환자의 비밀을 제3자에게 알릴 수 있는 경우는 환자가 "심각한 위해"를 가할 "명백한 의도"를 가지고 있을 뿐 아니라 그 계획이 "구체적인 경우"에 한정됩니다. 이외에 의사가 환자의 정보를 제공해야 하는 경우로는 법률이 정한 경우가 있습니다. 『감염병의 예방 및 관리에 관한 법률』 제18조의4 및 제29조에 따라 보건복지부장관, 질병관리본부장, 시 · 도지사 또는 시장 · 군수 · 구청장이 감염병의 역학조사 및 예방접종에 관한 역학조사를 위하여 필요하다고 인정하여 의료기관의 장에게 감염병 환자 등의 진료기록 및 예방접종을 받은 사람의 예방접종

후 이상 반응에 관한 진료기록의 제출을 요청하는 경우(의료법 21조 3항 16호)가 대표적인 사례입니다.

법률가인 변호사도 이와 비슷합니다. 형법 규정 이외에 변호사법이 이에 대하여 다시 규정하고 있습니다. "변호사 또는 변호사이었던 자는 그 직무상 알게 된 비밀을 누설하여서는 아니 된다. 다만, 법률에 특별한 규정이 있는 경우에는 그러하지 아니하다"(변호사법 제26조). 변호사 윤리규약은 이를 더 구체화하고 있습니다.

> 제18조(비밀유지 및 의뢰인의 권익보호)
>
> ① 변호사는 직무상 알게 된 의뢰인의 비밀을 누설하거나 부당하게 이용하지 아니한다.
>
> ② 변호사는 직무와 관련하여 의뢰인과 의사교환을 한 내용이나 의뢰인으로부터 제출받은 문서 또는 물건을 외부에 공개하지 아니한다.
>
> ③ 변호사는 직무를 수행하면서 작성한 서류, 메모, 기타 유사한 자료를 외부에 공개하지 아니한다.
>
> ④ 제1항 내지 제3항의 경우에 중대한 공익상의 이유가 있거나, 의뢰인의 동의가 있는 경우 또는 변호사 자신의 권리를 방어하기 위하여 필요한 경우에는, 최소한의 범위에서 이를 공개 또는 이용할 수 있다.

변호사에게는 정보를 공개하는 경우가 좀 더 자세하게 규정되어 있습니다. 중대한 공익상의 이유, 의뢰인의 동의가 있는 경우, 변호사 자신의 권리를 방어하기 위하여 필요한 경우 등이 그것입니다. 중대한 공익상의 이유는 의사윤리지침과 비슷하게 의뢰인이 다른 사람의 생명과 신체에 “심각한 위해”를 가할 “명백한 의도”를 가지고 있고 범죄계획이 “구체적인 경우”입니다. 폐수 방류나 증권거래조작과 같이 많은 사람에게 심각한 신체상, 재산상의 피해를 끼칠 구체적인 계획을 가진 경우도 포함될 것입니다. 의뢰인의 자발적인 동의는 이해하는데 어려움이 없습니다. 변호사 자신의 권리를 방어하기 위한 경우는 의뢰인과 분쟁이 생겨 법정에서 다투는 경우 증거로 의뢰인의 정보를 제출하는 경우를 말합니다.

의사나 변호사와 같은 전문가들은 환자와 의뢰인의 매우 내밀한 비밀까지 알아야 하는 만큼 그 비밀유지의무, 프라이버시 보호 의무가 높게 설정되어 있습니다. 그 전제는 전문가들이 접하는 비밀이 일반인이 접하는 비밀에 비하여 개인에게 더 중요하고 누설되었을 때 회복할 수 없는 피해가 발생한다는 점입니다. 전문가와 일반인이 가지는 정보의 경계는 분명했고 쉽게 넘어설 수 없었습니다.

하지만 최근 전문가와 일반인이 가지는 정보 경계가 무너지고 있습니다. 중요한 정보를 포함하여 정보가 많아졌고 정보의 수집도 쉬워졌기 때문입니다. 모든 개인들이 24시간 웹에 접속하여 일거수일투족을 웹에 저장하는 이상 웹에는 개인의 모든 것이 저장됩니다. 기업은 개인의 이력, 이동, 거래 등 개인의 모든 정보를 수집합니다. 개인의 내밀한 세계까지 수집하고 저장합니다. 이 정보는 누구나 모두 발견할 수 있고 다운받을 수 있으며 유통시킬 수 있습니다. 가공도 가능합니다. 정보수집기관의 담당자에게는 비밀유지의무가 있으나 해킹이나 다른 방식으로 정보는 실제로 많이 유통됩니다. 모든 개인이 다른 사람의 정보를 마음대로 수집하고 활용하는 세상이 열렸습니다. 모든 정보에 전문가 수준의 정보 보호가 필요하게 되었습니다.

7. 관여하지 않기

현대사회의 정보윤리는 다른 사람의 정보를 누설하지 않는 것으로부터 시작됩니다. 그런데 이것보다 더 중요한 태도가 있습니다. 다른 사람의 정보를 아예 가지지 않는 것입니다. 비밀을 알게 되면 지켜야 하는 의무가 발생하지만 아예 비밀을 알지 않으면 누설하는 것 자체가 불가능합니다. 의무도 발생하지 않습니다. 적당한 무관심, 관여하지 않기, 거리두기가 중요합니다.

의사나 법률가의 중에는 환자나 의뢰인의 인생 자체를 알아야 제대로 된 치료나 변론이 가능하다고 생각하는 사람이 있습니다. 그러나 환자나 의뢰인의 인생을 알려고 하는 욕구는 사실 치료와 변론을 위한 것이 아니라 단순한 호기심, 또는 엿보기 심리일 수 있습니다. 예를 들어 어떤 사람이 다리를 다쳐 병원에 왔을 때 환자의 이혼 경력, 성장 과정, 학력, 비임균성 요도염의 과거력, 음주습관은 치료와 아무런 관련이 없습니다(핫토리 겐지 · 이토 타카오, 2016). 음주운전으로 수사와 재판을 받는 사람의 이혼 경력이나 성장 과정을 법률가들이 알 필요는 없습니다.

이러한 태도는 단순히 치료나 변호에 집중하는 것, 또는 치료나 변호에 필요한 정보만을 수집해야 한다는 것을 넘어섭니다. 상대를 존중하는 마음에서 비롯됩니다. 의사나 법률가가 제공하는 전문 서비스는 개인에게 중요하기는 하지만 여전히 일부분일 뿐입니다. 사람의 전부를 파악할 필요는 없고 사람의 전부를 파악한다고 해서 의사나 변호사가 그 사람의 인생을 통째로 짊어지고 받쳐줄 수도 없습니다(핫토리 겐지 · 이토 타카오, 2016). 카사하라 요미시의 다음 사례는 이와 관련하여 중요한 시사점을 제공합니다(핫토리 겐지 · 이토 타카오, 2016에서 재인용).

카사하라는 어머니가 죽고 난 후 우울증으로 고생하고 있는 남성을 진찰했다. 진찰실에서 남성은 카사하라 의사에게 자신과 어머니의 관계에 대해 말하기 시작했다. 어머니는 기녀였으며 남성은 그 지방의 유명 인사와의 사이에서 태어난 아이였다. 남성은 아름다운 어머니를 진심으로 사랑했고 불우한 성장 과정을 딛고 열심히 살아왔다. 고향을 떠나 대학에서 공부했으며 지금은 회사 간부라고 한다. 이제야 효도를 할 수 있겠다고 생각하고 있던 바로 그때 어머니가 쓰러졌다. 알고 보니 예전부터 혈압이 높았다고 한다. 어머니는 이것을 동생에게는 말했다고 한다. 왜 나에게는 한마디로 하지 않았을까. 그 남성은 자신과 어머니와의 관계에 대한 비밀을 숨김없이 털어놓았다.

"내가 제지하지 않았다면 그는 더 많은 이야기를 했을 것이다. 그러나 나는 이야기를 막았다. 그렇게 한 건 진찰 시간이 촉박해서가 아니다. 어쨌든 수면을 취하고 쉬는 것이 먼저라는 것, 그리고 언제가 그 이야기의 남은 부분을 당신이 이야기하길 원한다면 언제라도 기꺼이 듣겠지만 오늘을 이 정도로 하자고 제안했다." 치료 경과는 순조로워서 반년 만에 약을 끊을 수 있었다. 그로부터 5년이 지났지만 소설보다 더 기이한 남성의 성장 과정에 관한 이야기를 "나는 그 이후 듣지 못했다."

"우리의 목표는 환자의 치료이지 환자의 심리를 해석하는 것이 아니다. 아니 그러한 심리해석은 치료에 도움이 되는 범위 내에서 이루어져야지, 결코 해석을 위해서 환자를 이용해서는 안 된다. 될 수 있는 한 적은 부위를 깊지 않게 절개하는 것에 비유하고 싶다. 가령 환자의 감춰진 마음에 대해서 어떤 추론이 가능할지라도 노출할 필요가 없는 부분은 듣지 않아도 된다. 환자가 원한다고 해서 좋다고 말할 수 없다. 이점은 정신과 의사에게 중요한 절제라고 나는 생각한다. 환자에게 필요 이상의 것을 '고백'하게 할 이유는 아무것도 없다. 내가 초진 때 그의 '고백'적인 진술을 도중에 끊은 것은 이러한 생각에 기반을 두었기 때문이다."

환자나 의뢰인의 비밀에 접근하는 것은 테크닉의 문제가 아닙니다. 상대방 존중이라는 태도의 문제입니다. 환자나 의뢰인의 비밀을 많이 안다고 하여 좋은 치료나 변론이 되는 것은 아닙니다. 자신의 임무가 제한되어 있다는 것을 자각하고 제한된 범위의 비밀만을 아는 것이 중요합니다. 비밀에 접근하는 것 자체가 벌써 상대방에 대한 침해가 될 수 있음을 명심해야 합니다. 의사윤리규칙은 제12조(환자의 인격과 사생활 존중)에서 "① 의사는 환자를 단순히 치료의 대상으로 여기는 것이 아니라 인격을 가진 존재로 대우하여야 한다. ② 의사는 환자의 사생활을 존중하여야 하며, 치료목적 이외에 불필요하게 침해해서는 안 된다"라고 규정하여 의사의 윤리로 명확히 하고 있습니다.

전문가에 비하여 일반인에게는 업무상 비밀유지의무가 없습니다. 하지만 일반인에게 업무상 비밀유지의무가 없다는 결론을 오해해서는 안 됩니다. 업무상 비밀유지의무가 없다는 것은 중대한 비밀을 얻을 가능성이 없다는 것을 전제로 합니다. 그런데 지금은 중대한 비밀을 얻을 가능성이 열렸습니다. 정보통신혁명으로 모든 정보가 디지털로 저장되므로 일반인도 기술만 있다면 타인의 정보에 접근할 수 있습니다. 당장 이성의 신체를 촬영하는 것도 하나의 비밀접근이고 인터넷을 해킹하여 개인정보를 확보하는 것도 비밀접근입니다. 의사나 법률가보다 더 쉽게 더 치명적인 정보에 접근할 수 있습니다.

일반인이라도 비밀을 캐고 비밀을 누설하면 그 피해는 치명적입니다. 특히 의사, 변호사는 비밀에 접근하는 것이 위법은 아니지만 일반인은 비밀에 접근하는 것 자체가 위법이라는 점을 명심해야 합니다. 만일 일반인이 타인의 비밀에 접근하고 누설한다면 이중의 범죄가 됩니다.

정보통신혁명 시대에는 더욱 비밀에 대한 존중, 비밀접근 자제가 요청됩니다. 호기심, 엿보기 심리를 자극하는 온갖 기술들이 창궐하고 있습니다. 이런 때일수록 다른 사람에 대한 불필요한 호기심이 다른 사람의 비밀을 침해하고 내밀한 세계를 붕괴시키는 것임을 자각해야 합니다. 정보통신혁명 시대에 프라이버시 보호는 상대방에 대한 적당한 무관심, 관여하지 않기, 거리두기를 윤리적으로 요청합니다.

8. 비즈니스와 윤리의 분리

사회생활을 포함한 사람의 삶은 계속 반복되는 것입니다. 비록 찰라간에 생기고 사라짐을 반복하더라도 변화되는 상황 속에서 지속되는 것은 있습니다. 그래서 사람은 다른 사람과 장기적인 관계를 맺습니다. 장기적인 관계를 맺어야 생존이 가능합니다. 매일 얼굴을 보는 가족, 같은 마을에 사는 이웃집 식구나 빵집 주인, 식료품가게 주인, 직장 동료 등은 계속 만나야 하는 사람들입니다. 이들을 만나야 생존할 수 있습니다. 그래서 이들과의 관계를 유지하기 위하여 예의가 생겨나고 윤리가 발전합니다. 매일 보는 이들, 자신의 삶에 중요한 이들과 좋은 관계를 맺지 않으면 자신의 삶이 유지되지 않습니다.

사람의 모든 행위에는 윤리가 포함되어 있습니다. 삶이 지속되기 때문입니다. 경제생활에도 윤리가 있습니다. 윤리적인 소비를 생각하면 쉽게 이해할 수 있습니다. 잔인하게 도축된 고기를 먹지 않거나 아동노동으로 생산된 옷을 사지 않거나 환경파괴적인 물건을 구입하지 않고 재활용품을 구입하고 쓰레기를 분리수거하는 행위 등이 여기에 해당합니다.

그런데 경제, 비즈니스 생활은 지속적인 관계를 일회적인 관계로 만듭니다. 상품, 구체적으로 화폐만 있다면 관계를 얼마든지 만들 수 있고 또 변형시킬 수 있습니다. 돈만 있다면 빵집 주인, 식료품 가게 주인, 직장 동료가 없이도 얼마든지 생활할 수 있다는 착각을 퍼뜨립니다. 이웃집에 누가 사는지 몰라도 됩니다.

일회적인 관계는 지속성이 없기 때문에 윤리를 요구하지 않습니다.

딱 일회적인 거래에 적합한 태도만을 요구합니다. 교환관계만 성립한다면 다른 예의나 윤리는 요구하지 않습니다. 매도인은 매수인이 어떤 사람인지 알 필요가 없습니다. 매도인이 매수인에게 궁금해하는 것은 매수인이 화폐를 가지고 있는가 하는 점뿐입니다. 매수인도 매도인의 인격이나 윤리에 관심이 없습니다. 좋은 제품을 정직한 가격에 파는 것 이상으로는 관심이 없습니다.

경제행위와 윤리를 분리시키면 그만큼 편안합니다. 잔인하게 도축한 고기라 하더라도 저렴하고 구입하기 쉽다면 구입합니다. 아동노동으로 생산된 옷, 환경파괴적인 물건 역시 더 싸고 구입하기 쉽다면 소비자들은 구입합니다. 소비자도 대부분 빠듯한 생활을 하는 사람들입니다. 현대의 소비자는 대부분 상품 출처는 묻지 않고 싸고 편안한 상품을 부담없이 구입합니다. 지극히 합리적인 태도입니다. 그러나 그만큼 윤리로부터 자유로운 소비행위, 경제행위입니다.

경제행위와 윤리가 분리되면 경제생활, 비즈니스는 모든 것을 가능하게 합니다. 비윤리적인 행위도 경제활동, 비즈니스라는 이유로 허용됩니다. 먹고 살겠다는 것보다 더 강력한 방어기제는 없습니다. 물론 범죄행위는 허용되지 않습니다. 범죄행위는 어디까지나 범죄행위일 뿐입니다. 그렇지만 경제행위 중에서 비윤리적 행위와 범죄행위를 구분하기는 쉽지 않습니다. 거짓말과 허위광고는 허용되지 않겠지만 약간의 과장이 있는 광고는 어떨까요? 사실 자본주의 상품과 서비스 중에서 과장 광고를 하지 않는 것은 거의 없습니다. 요즘 가장 많이 선전하는 스마트폰과 자동차 광고는 스마트폰과 자동차가 인간의 행복을 보장하는 것처럼 광고합니다. 가만히 생각해보면 있을 수 없는 일이지만 당연히 허용되는 광고입니다. 건강보조제는 먹기만 하면 건강하게 될 것처럼 광고합니다. 심지어 비윤리적이라도 경제성장에 도움이 된다면 적극적으로 허용합니다.

같은 원리로 전문가들의 행위는 비즈니스가 되면서 윤리로부터 멀어집니다. 오히려 전문가들은 윤리와 관계없는 비즈니스화를 통하여 서비스를 더 잘 제공할 수 있다고 생각합니다. 비즈니스에 충실한 의사들은 제약회사로부터 리베이트를 받는 행위와 그 제약회사의 약품을 사용하는 것을 분리합니다. 각각 다른 비즈니스일 뿐입니다. 각 행위에서 최대한의 성과만 내면 됩니다. 리베이트와 의료서비스를 분리시킴으로써 자신을 정당화합니다.

변호사가 전관예우를 통하여 말도 안 될 정도의 높은 수임료를 받는 것도 이와 비슷합니다. 수임료와 법률 서비스를 분리시켜 행위의 윤리적인 측면을 무시합니다. 수임료를 책정하는 것도 하나의 비즈니스, 법률 서비스를 제공하는 것도 하나의 비즈니스일 뿐입니다. 각각 최대한 이익을 내려고 합니다.

하지만 위임계약과 법률 서비스는 서로 깊이 관련되어 있습니다. 사실은 하나의 비즈니스인 것이지요. 서로 주고받는 것이 계약이므로 두 개의 일을 분리할 수 없습니다. 의뢰인이 높은 수임료를 지불하고도 그에 걸맞은 충분한 법률 서비스를 받지 못하면 그것은 계약의 균형이 깨진 것입니다. 비즈니스와 윤리가 분리되면 개별 비즈니스의 윤리도 지키지 못했고 비즈니스 사이의 균형도 맞추지 못합니다.

제약회사의 리베이트와 의사의 처방, 변호사의 수임료와 법률 서비스는 동전의 양면으로 서로 연결되어 있습니다. 두 개의 일이 서로 연결될 때 균형을 요구하고 균형이 요구될 때 윤리가 필요합니다. 비윤리적인 행위는 분리될 수 없는 두 개의 관계를 비즈니스라는 이름으로 관념적으로만 구분할 때 생겨납니다.

9. 조직이기주의

경제중심주의, 비즈니스화는 전문가의 서비스에서 윤리를 제거합니다. 그러나 이것만으로는 전문가 윤리의 타락, 구체적으로 법조계의 전관예우를 설명할 수 없습니다. 전관예우는 윤리의 비즈니스화에 더하여 조직이기주의에도 뿌리를 두고 있습니다.

전관예우는 판검사 출신 변호사들이 과거 직위를 이용하여 정상적인 수임료보다 몇 배나 더 높은 수임료를 받는 것을 말합니다. 인맥을 동원하여 사건을 의뢰인에게 유리하게 바꾸는 것까지 포함합니다. 이중으로 정의를 왜곡하는 행위입니다. 정당한 수임료보다 높은 수임료를 받아 공정성을 왜곡하고, 사건의 결과를 좌우함으로써 정의를 또 왜곡합니다.

정식으로 변론의 대가로 높은 수임료를 받는 것은 그나마 양호한 전관예우입니다. 세무서에 신고하지 않고 수임료를 받아 탈세하거나 실제로는 변론도 하지 않으면서 변론했다고 높은 수임료를 받는 경우도 있습니다. 이쯤 되면 윤리위반행위를 넘어서서 범죄행위가 됩니다.

전관예우와 관련하여 가장 큰 의문은 다음과 같습니다. 전관예우를 하는 사람은 판검사였을 때 전관예우를 수사, 재판하던 사람들입니다. 즉 현직에 있을 때는 정의와 윤리의 화신으로서 전관예우를 처단하던 사람들이 옷을 벗자마자 바로 자신이 처단했던 범죄행위 또는 윤리위반 행위를 합니다. 어떻게 같은 인물이 단 하루를 경계로 착한 사람이었다가 악한 사람이 될 수 있을까요?

사람은 하루아침에 바뀌지 않습니다. 이미 현직에 있을 때부터 전관예우를 준비했다고 보아야 할 것입니다. 현직에 있으면서 어떻게 전관예우를 준비했을까요? 판사, 검사의 일을 보면 너무 바쁘기 때문에 따로 직장 동료들에게 인사를 하고 잘 봐달라고 이야기할 시간이 없습니다. 그렇게 하기에는 자존심도 허락하지 않고요. 개인은 따로 전관예우를 준비하지 않습니다. 그렇다면 변호사가 되면 바로 전관예우를 할 수 있는 시스템이 내부에 갖춰져 있다는 이야기가 됩니다.

개인은 준비하지 않는데 전관예우를 할 조건은 갖추어져 있는 이 모순을 설명할 수 있는 유일한 방법은 조직 전체가 전관예우에 익숙하다는 것입니다. 조직 속에 있는 사람들은 자신이 이미 전관예우를 해 주었기 때문에 그만두면 전관예우를 받을 것임을 기대합니다. 이러한 구조가 전 조직에 퍼져 있는 것입니다.

이것은 조직이기주의 그 자체입니다. 조직이기주의가 작동하는 곳에서는 조직원 여부가 결정적인 의미를 갖습니다. 아무리 유능하고 잘 나가더라도 조직에 속해 있지 않으면 전관예우를 받을 수 없습니다. 전관이 아님에도 전관예우에 가까이 가려면 뇌물을 노골적으로 바치는 방법을 써야 합니다.

조직이기주의가 작동하려면 이익이 있어야 하고 그 이익은 조직 자체에서 나오는 것이어야 합니다. 조직에 속해있을 동안에는 조직의 이익을 지키고 조직을 그만두면 조직의 이익을 나누어 줍니다. 전관예우는 어디까지나 이익의 사후실현입니다. 이익은 조직의 권한 행사 대상으로부터 나옵니다. 법조계의 경우 이익은 의뢰인들에게서 나옵니다. 터무니없이 높은 수임료가 그 비밀입니다.

조직이기주의가 생길 수 있는 토대는 결정 과정의 독점과 불투명성입니다. 수사와 재판은 끊임없는 판단의 과정입니다. 이 판단과정을 경찰, 검사, 법관이 개별적으로 독립적으로 합니다. 판단과정의 독립성, 중립성은 제도적으로 보장됩니다. 독립성은 정치권력, 관료권력, 자본권력, 언론권력 등으로부터 수사와 재판의 순수성을 지키는 좋은 방안입니다. 그렇지만 독립성, 중립성에 따른 문제점도 있습니다. 독단에 흐르거나 이기주의로 사건을 왜곡하는 문제점입니다. 이에 대한 견제장치로 높은 수준의 윤리가 필요합니다.

그런데 비즈니스라는 이름으로 윤리가 탈락하게 됩니다. 윤리가 사라지면 독립성은 조직이기주의와 결합하게 됩니다. 독립성은 견제와 감시의 부재, 불투명과 공개 거부로 변질됩니다. 여기에 고시 출신들이 갖는 엘리트주의가 합쳐지면 조직은 왕국으로 바뀌고 자신들의 권력과 이익을 지키기 위한 교두보로 변질됩니다.

전관예우라는 전문가 윤리의 타락은 비즈니스화로 인한 윤리와 행위의 분리, 조직이기주의, 견제와 감시가 없는 결정권의 독립에서 비롯됩니다. 따라서 문제를 해결하기 위해서는 첫째, 윤리와 활동을 결합하는 근본적인 관점의 변화가 필요하며 둘째, 관료제 개혁을 통한 조직이기주의 청산, 셋째, 견제와 감시의 부활, 공개와 참여 확보 등이 필요합니다. 당장은 전관예우를 행하는 변호사에 대한 엄격한 감시와 처벌이 필요합니다.

CHAPTER 5

인구감소와 윤리

◇◇◇◇◇

1. 대한민국 소멸은 과장

많은 사람들이 세계적으로는 인구증가, 한국에서는 인구감소를 예측하고 있습니다. 인구감소, 저출산 고령화, 인구구성의 변화는 한국과 세계에 매우 심각한 영향을 줄 것입니다. 윤리에도 큰 영향을 미칠 것입니다.

인구감소가 한국 경제에 파멸적인 영향을 미칠 것이라고 많은 경제학자, 사회학자들이 주장합니다. 노동력이 절대적으로 부족해서 생산에 차질이 발생하고, 소비자가 부족해서 총수요도 줄어들 것이라고 합니다. 인구감소로 인한 군인 수요 부족, 사회복지 등 국가운영에 따른 세금 부족 등을 지적합니다. 심지어 인구가 감소하여 지방이 대부분 소멸하고 마지막으로는 대한민국도 소멸할 것이라고 주장하는 학자도 있습니다.

실제로 인구가 이렇게까지 감소할까요? 그 과정에서 지방은 소멸하고 대한민국도 소멸할까요? 이 문제는 인구감소 요인만으로는 풀 수 없는 문제입니다. 극단적인 예이지만 인구가 절대적으로 감소했던 역사적 사례를 살펴봅시다.

중세 유럽의 인구감소가 우선 가장 먼저 눈에 띕니다. 중세 유럽은 1350년대 페스트 사태로 인구가 3분의 1에서 2분의 1 정도가 갑자기 줄었습니다(서양중세사학회, 2003). 당시 정확한 통계가 없었으므로 7천5백만 명 내지 2억 명이 죽은 것으로 추정하는 학자도 있습니다. 만일 가족이 4인 내지 6인이었다면 1가구당 2명 내지 3명이 죽었다는 것을 말합니다. 사실 서양에서 죽음이 이렇게 가까웠던 시대는 그때까지 없었고 이후에도 없었습니다. 이때를 기점으로 서양 중세시대는 죽음과 가깝게 지내면서 죽음과 관련한 문화가 발전하게 됩니다. 해골형상으로 낫을 들고 다니는 죽음의 신의 모습이 친숙하게 등장합니다.

이 시기 가장 많이 희생된 직업은 어떤 직업일까요? 직업적으로는 의사가 가장 많이 희생되었을 것 같습니다만 그렇지 않습니다. 가장 많이 희생된 직업은 사제, 수도사 등 종교인이었습니다. 이들은 죽은 자들을 보내야 하는 의무를 지고 있었습니다. 모든 죽음을 다루어야 하는 사제들은 페스트로 죽은 자도 마지막 의식을 베풀어야 했습니다. 장례식을 집전함으로써 사제나 수도사는 페스트균에 가장 가까이 접근했고 가장 많이 노출되었습니다. 여기에 중세의 무지가 더해졌습니다. 사람들이 페스트를 하느님의 벌이라고 생각하여 환자와 시체를 교회에 들고 와 기도를 했습니다. 의학이 발전하지 않았던 당시 수많은 사람을 죽음으로 몰아넣는 병은 당연히 하느님의 벌이라고 생각할 수밖에 없었습니다. 교회의 의식을 주재한 것은 사제, 수도사였습니다. 이들은 끝까지 교회를 지키면서 마지막 의례를 행했습니다. 이들의 희생이 지금도 남아 유럽에서 사제, 수도사의 지위를 보장하고 있는 것인지도 모릅니다. 그런데 신기하게도 페스트는 끝났습니다. 현대와 같이 의학의 힘을 극복한 것은 아니었지만 페스트는 끝났습니다. 모든 것은 끝이 있기 마련입니다. 어쨌든 페스트라는 역사상 유례없는 질병을 겪고 중세 유럽인들은 살아남았습니다. 살아남아 새로운 시대를 열었습니다. 결과론이기는 하지만 중세 유럽인들은 페스트를 극복했습니다.

중국의 사례로는 위, 촉, 오를 배경으로 영웅호걸들이 활약했다고 하는 삼국시대의 인구감소가 눈에 띕니다. 한서 지리지에 기록되어 있는 전한 평제 원시 2년(기원 2년) 중국 인구는 5천959만 명이었습니다. 이후 왕망의 전란으로 인구가 격감하여 후한 광무제가 죽은 건무중원 2년(57년) 인구는 2천100만 명으로 줄어들었습니다. 후한은 전한보다 화려하지 않았던 시대입니다. 워낙 인구가 줄어 화려한 문화를 만들 여력이 없었기 때문입니다. 그렇지만 평화시대의 효과는 곧 나타났습니다. 후한의 질제가 죽은 본초 원년(146년)에는 4천756만여명으로 회복되었습니다.

그러나 우리가 삼국지연의를 통하여 알고 있는 삼국시대가 끝나고 진나라가 촉나라를 병합했을 때인 263년, 인구는 550만 명 정도였고 진나라가 오나라를 병합했을 때인 280년, 중국의 인구는 800만 정도였습니다(진순신, 1995d). 조조, 유비, 손권, 제갈공명, 관우 등 수많은 영웅이 활약했던 그 화려한 시대의 진실은 이러했습니다. 야수들이 사람들을 마구 죽이고 또 죽이는 야만의 시대였던 것입니다.

이때에도 사람들은 숨을 죽이며 살아남았고 새로운 시대를 열었습니다. 물론 중국의 인구수는 단순히 사망으로 줄어든 것이 아니라 가혹한 정치를 피하느라 고향을 등지고 떠돌아다니는 사람이 증가했기 때문이기도 합니다. 하지만 참혹한 전쟁의 시기에 수십만, 수백만의 백성이 희생된 것은 엄연한 사실입니다.

현재의 인구감소는 이 정도로 절망적이지 않습니다. 인구의 절반 이상이 갑자기 죽는 사태는 더 이상 생기지 않습니다. 과거 어느 때보다 평화롭고 깨끗한 위생 상태와 고도의 의학이 있는 시대에 살고 있습니다. 오히려 교통사고로 죽는 사람들의 수가 전쟁으로 죽는 사람 수보다 많은 시대입니다. 사람들은 지금보다 더 혹독한 변화에도 적응하고 살아남았습니다. 인간의 생명력은 참으로 위대합니다. 인구감소로 인한 지방소멸과 대한민국 소멸 주장은 과장일 가능성이 큽니다.

이렇게 설명하면 인구가 갑자기 감소하는 것보다 서서히 줄어드는 것이 더 문제라고 반박하는 사람도 있을 것입니다. 하지만 점진적인 변화는 시간적 여유를 주기 때문에 그리 위협적이지 않습니다. 인구감소는 온난화 등 지구환경의 변화와 비슷합니다. 지구환경의 변화는 급격하기는 하지만 인간에게 대응할 시간도 줍니다. 기후변화에 둔감한 자가 있다면 이에 민감한 자도 있기 마련입니다. 기후변화에 대한 대응은 생태계에 민감한 사람들이 이끌어 왔고 앞으로도 이끌 것입니다. 인구 문제도 같습니다. 인구감소에 민감한 사람들이 먼저 고민하고 대안을 내고 정책을 수립하고 시행할 것입니다. 아기를 낳고 키우는데 편한 사회를 만들 것입니다. 이 변화가 쌓이면 인구 문제는 해결될 가능성이 큽니다.

유럽은 인구감소 문제를 어느 정도 해결하여 상대적으로 높은 출산율을 기록하고 있습니다. 사람은 대부분 아기를 가지려는 본성을 가지고 있습니다. 사회가 이 본성을 충족시키지 못하고 오히려 방해하기 때문에 문제입니다. 장애물을 걷어내면 인구감소 문제는 서서히 해결될 것입니다.

2. 노동력 감소

인구의 감소로 인한 가장 큰 문제는 노동력 감소라고 합니다. 노동력 감소로 생산능력이 떨어지고 생산능력이 떨어지면 경제가 멈춘다고 합니다. 그런데 노동력 감소는 자본에는 큰 위기가 아닙니다. 인구감소로 인한 노동력 감소 문제는 기계화, 자동화로 극복하고 있습니다. 오히려 기계화, 자동화로 인한 노동 수요 감소가 더 큰 문제입니다. 인구는 줄어들지만 그보다 더 빠른 속도로 노동력 수요, 일자리가 줄어들면 실업은 불가피합니다. 적어도 단기적으로는, 최소 20년 동안은 인구감소보다 노동력 수요 감소, 노동력 공급과잉 문제가 더 심각할 것입니다. 자본과 노동의 관계가 역전되는 사태는 자본주의 체제에서는 좀처럼 발생하지 않습니다.

자동화 등으로 오히려 일자리가 늘어나고 노동력이 부족할 것이라는 전망도 있습니다. 미국은 20년 이내 702개 직업 가운데 47%가 자동화, 로봇으로 대체되고 신기술은 생산성 향상, 소득증대, 소비증가로 이어져 2023년까지 최소 5% 일자리가 늘어날 것이라는 분석도 있습니다

(이승규, 2019). 하지만 신기술이 일자리를 창출할 것이라는 기대는 아직까지 실현되지 않았습니다. 최소한 현재까지의 흐름은 일자리의 급격한 축소입니다. 자본에 의한 자동화는 극단까지 추구될 것입니다. 이미 2020년이 되었음에도 불구하고 일자리가 더 늘었다는 보고는 없습니다. 2020년에 일자리가 늘어나지 않았는데 갑자기 2023년에 일자리가 늘어날 리 없습니다.

최소한 노동력에 관한 한 인구감소로 노동력이 줄어들 것이라는 지적은 동의할 수 없습니다. 과학기술의 발전으로 노동력 수요가 줄어들고 일자리가 부족할 것이라는 전망이 더 근거가 있습니다.

거시적인 일자리 변동도 중요하지만 단기간 미시적인 차원의 일자리 문제 역시 중요합니다. 개별 기업 수준의 구조조정이나 정리해고는 급격한 과학기술의 변화와 경기 침체로 계속 확대될 것입니다. 초과잉시대인 지금 구조조정과 정리해고는 이전보다 더 심각하고 더 자주 진행될 가능성이 큽니다. 노동력의 수요를 극단적으로 줄였고 앞으로도 줄일 것입니다. 아무리 인구가 줄어도 노동자들이 느끼는 실업에 대한 공포는 변함이 없습니다. 실업에 대한 공포는 고용보험 등 사회안전망의 확충으로 일부 해소할 수 있지만 완전히 해소할 수는 없습니다. 복지체제가 노동시장이라는 제1차적 분배구조를 대체할 수 없듯이 말입니다.

인구감소로 인한 총수요 감소, 구매력 감소 문제 역시 절망적일 정도로 심각하지는 않을 것으로 예상됩니다. 한국은 개방형, 수출형 경제구조입니다. 무역의존도가 매우 높은 경제구조입니다. 한국은행에 따르면 2017년 국민총소득GNI 대비 수출입 비율은 84.0%를 기록했습니다.

OECD 평균인 53%보다 훨씬 높습니다. 한국기업은 이미 국내 시장이 아니라 국제시장을 목표로 영업활동을 합니다. 대기업이 수출의 67% 정도를 차지하여 수출의 대기업의존도가 극히 높습니다. 인구감소로 인한 국내의 소비 감소는 대기업이나 이와 연결된 중소기업에는 큰 영향이 없을 것입니다. 세계적인 차원에서는 인구가 오히려 늘어나고 있는 점도 고려해야 합니다. 설혹 총수요가 줄어들더라도 급격한 축소가 아니라면 충분히 적응할 것입니다. 구조적으로 문제가 되는 것은 국제적 차원에서는 초과잉생산이며 국내적 차원에서는 구조조정입니다.

총수요의 부족으로 어려움을 겪는 곳은 국내를 소비시장으로 하는 중소기업과 자영업입니다. 이 분야는 항상 구조조정 대상이라고 할 만큼 불안정한 상태를 보이고 있습니다. 유통 관련 중소기업과 식당 등 생계형 자영업자는 매우 위험한 수준입니다. 이들이 대상으로 하는 시장은 축소되고 있습니다. 경기변동에 따른 구조조정이 아니라 거대한 문화변화에 따른 구조조정입니다. 1인 가구 증가, 혼밥 문화 확산 등은 생계형 자영업의 생존을 위협하고 있습니다. 이들 분야는 수요의 조그마한 축소도 치명적인 결과를 낳습니다. 향후 심각한 재편이 진행될 것으로 보입니다. 총수요 감소 추세에 맞추어 적응할 수 있도록 정책적 지원이 필요합니다.

3. 사람을 귀하게 여기는 문화

인구가 줄어들면 사람을 귀하게 여기는 문화가 생길 수 있습니다. 저출산 사회에서 어린이와 임산부를 귀하게 여기는 문화가 생겨나고 있듯이. 지하철을 타면 임산부를 배려하여 임산부석이 마련된 것을 볼 수 있습니다. 저출산 사회이기 때문입니다. 기업 역시 노동력이 부족해지면 사람을 귀하게 여기게 될 것입니다.

기업이 사람을 귀하게 여긴다는 것은 사람을 소비자로 대우하는 것을 말하지 않습니다. 소비자는 이미 기업에 의해 충분히 대우받고 있습니다. 기업의 이해관계자 중 주로 노동자와 지역 주민이 앞으로 귀하게 대접받아야 할 사람들입니다. 단순히 노동력 제공자나 무시당하는 존재에서 기업 전략 수립에서 중요한 요소가 될 것입니다. 자동화를 극단적으로 추진하더라도 인간의 노동력이 필요한 부분은 남기 마련이고 또 자동화가 완성되기 전까지는 인간의 노동력이 필요합니다.

사람 존중 문화는 사회에서 먼저 생겨납니다. 사회 분위기를 반영하여 사람 중심의 기업문화를 만드는 기업의 결단도 칭찬할 만 하지만 근본적인 변화는 사회에서 먼저 일어납니다. 기업은 자신의 존속을 위해서, 장기적인 비전을 위해서도 사회 분위기를 반영해야 합니다. 사회의 분위기, 문화는 이미 사람을 귀하게 여기는 쪽으로 이동하고 있습니다. 기업도 이를 쫓아가고는 있으나 여전히 간극은 있습니다. 사회 속에 존재하는 기업은 사회가 필요로 하는 상품과 서비스를 인간적이고 윤리적인 방법으로 제공해야 하는 책임을 집니다. 기업의 책임은 기업가의 자각, 기업가의 윤리로 구체화됩니다. 기업 자체의 전망과 비전을 가지면서도 사회의 분위기, 문화를 적극적으로 받아들이는 자세가 필요합니다.

인구감소는 국가 차원에서도 사람을 귀하게 여기는 문화를 만듭니다.

국가의 가장 큰 구성요소는 사람이고 국가의 존재 목적은 시민들의 행복과 평화를 보장하는 것입니다. 국가는 국가 자체로 존재하지 않습니다. 국가는 국가의 구성원인 사람의 평화와 안전, 행복과 이익을 위해 존재하고 국민에 의하여 운영됩니다. 국가 자체가 하나의 생물처럼 독립적인 목적이 있다는 전체주의적 시각은 이미 발붙일 곳이 없습니다.

국가운영을 위해서 사람이 필요합니다. 국가를 운영하는 공무원, 군인, 경찰도 사람입니다. 국가운영을 위한 자금도 사람에게서 나옵니다. 인구감소는 담세자, 복지비용 부담자의 감소를 의미합니다. 담세자가 줄어들면 당연히 세금이 줄어들고 세금이 줄어들면 국가의 운영은 위기상황에 빠집니다. 복지서비스 제공도 줄어들지만 가장 기본적인 국방, 치안, 사법 등의 활동도 부실해집니다. 복지서비스는 국가의 운영자금이 부족해지면 시민들에게 높은 수준의 서비스를 제공할 수 없을 뿐 아니라 서비스제공이 불평등하게 이루어질 가능성이 큽니다. 국방, 치안, 사법 등의 가장 기본적인 국가업무가 부실해지면 국가는 혼란에 빠집니다. 혼란에 빠진 국가는 분열될 가능성이 높고 갈등 수준 역시 높아집니다.

정책들 사이에는 우선순위가 있기 마련입니다. 모두에게 동일하게 적용되는 정책은 있지도 않고 있을 수도 없습니다. 복지정책만 하더라도 복지가 가장 필요한 계층, 계급에게 먼저 이루어져야 합니다. 소수자 우대정책도 같습니다. 이를 정책의 불평등한 집행을 통한 평등의 실현이라고 합니다. 정책의 확대과정, 국가의 발전과정에서 피할 수 없는 현상입니다.

그렇지만 불평등이 지나치면 갈등을 낳습니다. 국가 운영자금이 부족하면 정책의 효과를 누리지 못하는 계층, 계급이 늘어납니다. 이 계층,

계급은 미래에도 혜택을 누리지 못할 가능성이 큽니다. 불평등은 현재의 계층 사이뿐 아니라 시차를 두고 현재 세대와 미래 세대 사이에도 발생합니다. 복지서비스의 근간인 세대 간의 신뢰, 약속이 위협받는 상황이 생길 수 있습니다.

4. 다양성 증대

사람의 중요성 증대는 다양성 증대를 의미하고 다양성 증대는 차이의 증대, 불평등의 증대를 의미합니다. 다양성은 달리 말하면 차이, 불평등입니다. 서로 같지 않음이 다양성이니 개념적으로 불평등과 큰 차이가 없습니다. 참을 수 있고 또 정당한 이유가 있다면 불평등은 다양성으로 존중받습니다. 하지만 참을 수 없을 정도의 차이가 있고 정당한 이유가 없다면 다양성은 불평등이 됩니다.

다양성이 존중받는 사회에서는 어느 정도의 차이, 불평등은 용인될 뿐 아니라 개인의 선택 사항에 속합니다. 개인의 다양성은 노동 방식의 유연성을 요구하는 측면도 있습니다. 자신이 처한 환경 때문에 재택근무나 유연 근무, 혹은 시간제 근무를 선호하는 사람은 있기 마련입니다. 이런 경우까지 모두 획일적으로 평등하게 만들 필요는 없습니다. 주의해야 할 것은 차이가 구조적이고 조직적인 차별이 되지 않도록 하는 것입니다.

다양성 증대는 개인 차원만이 아니라 계층, 계급, 세대, 성별, 지역 등

집단을 중심으로 표현되기도 합니다. 사회복지정책은 특정 집단에 대한 정책으로 나타납니다. 복지가 필요한 집단 사이에는 우선순위가 있기 마련입니다. 국가의 예산과 인력은 한계가 있습니다. 여기에서 차이, 불평등이 발생합니다. 사회복지정책은 필연적으로 공정성 문제를 제기합니다. 특정 집단에 대한 사회복지 정책, 우대정책이 다른 집단에 대한 차별이 될 수 있기 때문입니다. 지금까지는 우선적인 지원이 필요한 집단에 대해 공감대가 있었습니다. 국가도 성장하고 있었고 사회복지도 꾸준히 확대되고 있어 언젠가 나도 때가 되면 복지의 대상이 된다고 생각했습니다. 이런 이유로 정책의 차별성은 크게 문제가 되지 않았습니다.

하지만 미래에는 사회정책에서 공정성이 문제가 될 가능성이 큽니다. 사회복지의 무한 확대가 불가능하다는 것은 명백합니다. 국가의 재정이 이를 뒷받침할 수 없습니다. 경제는 지난 1970-80년대와 같이 폭발적으로 성장할 수 없습니다. 국가의 팽창을 더 이상 기대하기 힘든 시대입니다. 기다리면 혜택을 받을 수 있다는 믿음은 근거가 약해지고 있습니다. 이때에는 자기 몫을 챙기기 위해 목소리를 내야 한다고 생각하게 됩니다. 사회정책을 둘러싼 갈등은 불가피해지고 심각해집니다.

이때에는 불평등한 정책집행의 정당화 논리가 필요합니다. 특정 집단에 대한 지원이 정당화될 수 있는 합리적이고 설득력 높은 논리가 있어야 합니다. 노인복지정책이 청년복지정책보다 앞선다면 이에 대한 논리가 필요합니다. 그리고 그 논리가 사회적으로 광범위하게 받아들여질 정도의 공감대를 만들어내야 합니다.

불평등하지만 공정한 정책집행을 위해서 필요한 것은 소통, 참여, 신뢰입니다. 소통, 참여, 신뢰가 만들어지기 위해서는 우선 공정한 절차가 필요합니다. 만일 논리가 합리적이지 못하고 공정하지 못하거나 논리가 완벽하더라도 사회가 수용하지 못할 정도로 공감대를 얻지 못하면 사회복지 지출 확대는 오히려 사회적 갈등을 낳을 수 있습니다.

복지정책을 둘러싼 갈등 중에서 가장 중요한 갈등은 세대갈등입니다. 세대갈등은 국민연금, 건강보험 등 사회복지정책만이 아니라 부동산, 일자리 등 많은 분야에서 벌어지고 있습니다. 세대갈등은 우려되는 갈등입니다. 복지시스템이 세대 간의 약속 혹은 신뢰에 기반하고 있기 때문입니다.

남녀갈등 역시 상호 간의 불신 속에서 진행되고 있다는 점에서 위기 징후 중의 하나입니다. 문제를 더 어렵게 만드는 것은 젊은 남녀가 모두 사회적 약자로서 서로 연대하여 문제를 해결해야 함에도 불구하고 서로를 경쟁상대로 여기고 있다는 점입니다.

세대갈등과 남녀갈등을 극복할 수 있는 공정성이 필요합니다. 다양성과 차이, 불평등이 용인되면 될수록 공정성이 중요해집니다. 공정하지 않으면 차이는 차별이 되고 다양성은 혐오스러운 불평등이 됩니다.

현대윤리는 다양성 증대, 공정성 요구에 맞는 윤리가 되어야 합니다. 다양성을 존중하고 공정하게 행동하는 것이 바로 좋은 삶의 일부가 되었습니다.

윤리는 획일적인 성격이 있습니다. 공동체의 존속을 위한 규범, 질서이므로 획일적인 성격이 있습니다. 동양 윤리의 대표 격인 삼강오륜을 살펴보면 당사자에게 일정한 행위를 할 것을 강제하는 내용이 있습니다. 공동체의 유지를 강조하면 강조할수록 다양성은 좀처럼 인정될 수 없습니다.

다양성을 존중하지 않으면 사회적 약자, 소수자, 상처받기 쉬운 자는 피해를 입기 마련입니다. 피해를 입는 사람은 민감하게 반응하지만 사회는 이들의 아픔에 둔감합니다. 이들의 존재 자체를 인정하지 않기 때문입니다. 현대사회가 되어 갑자기 사회적 약자, 소수자, 상처받기 쉬운 자들이 많이 등장한 것처럼 보이는 이유는 과거에는 이들이 존재하지 않았기 때문이 아닙니다. 옛날에도 거의 같은 비율로 이들은 존재했습니다. 그렇지만 사회는 이들의 존재를 무시해 왔습니다. 극단적일 때에는 밀폐된 시설에 감금하기도 했습니다. 유명한 이야기이지만 한센병에 걸린 분들을 시설에 수용한 사례가 여기에 해당합니다.

현대의 윤리가 다양성을 인정하기 위해서는 사람을 있는 그대로 보아야 합니다. 먼저 존재하는 사람을 마치 존재하지 않는 것처럼 취급해서는 안 됩니다. 과거 가부장제 사회에서는 여성이 바로 옆에 있어도 자연스럽게 여성을 무시하는 말을 했습니다. 가부장제에 젖은 사람에게는 여성은 아예 존재하지 않기 때문입니다. 사회적 약자라고 하더라도 실제로 존재하는 사람이라는 점을 받아들여야 합니다. 이것은 가만히 관찰해보면 알 수 있는 일입니다.

그다음 존재하는 그들이 바로 사람이라는 점, 서로 다른 점이 있지만 온전한 사람이라는 점을 받아들여야 합니다. 사람은 모두 하나의 우주입니다. 사회적 약자, 소수자, 상처받기 쉬운 자도 하나의 우주입니다. 다만 정도의 차이가 있을 뿐입니다. 상대방을 나와 같이 하나의 우주로 볼 때 상대방을 인정하고 존중할 수 있습니다. 다양성의 인정이 시작되는 것입니다.

다양성의 인정은 곧 모든 인간의 존엄성을 인정하는 것입니다. 모든 인간이 존엄하다는 것은 곧 사회적 약자, 소수자, 상처받기 쉬운 자도 존엄하다는 것을 의미합니다. 상대와 나를 분별하지 않는 총체성의 철학, 윤리는 이를 지지합니다.

CHAPTER 6

세계화와 윤리

◇◇◇◇◇

1. 세계윤리의 등장

현대 윤리는 세계화로 큰 변화를 맞고 있습니다. 전통윤리는 폐쇄된 공동체를 전제로 합니다. 다른 공동체와의 교류는 없거나 제한적이었습니다. 그래서 윤리는 전통의 색채, 문화의 색채를 강하게 띱니다. 각국은 음식습관, 음식 예절이 서로 다릅니다. 서양과 동양은 음식 먹는 도구도 다릅니다. 서양의 포크와 칼은 동양의 관점에서 보면 너무 위험한 도구입니다. 칼과 창을 상징하기 때문입니다. 숟가락과 젓가락은 서양의 관점에서 보면 너무 불편한 도구입니다. 손기술이 없다면 젓가락을 사용할 수 없습니다. 한국과 일본만 하더라도 한국인은 밥그릇을 식탁에 놓고 숟가락으로 떠먹지만 일본사람은 밥그릇을 손에 들고 젓가락으로 먹습니다.

참선이나 명상, 수행하는 동안 겪는 현상도 다릅니다. 불교도는 참선

도중 부처님이나 문수보살, 관음보살을 친견하는 경험을 합니다. 기독교인들은 명상과 기도 중에 예수님이나 성모 마리아를 만나는 영적 경험을 합니다.

현대에 들어서서 폐쇄성은 사라졌고 개방성이 이를 대체했습니다. 현대 기술은 먼저 지역의 경계를 무너뜨렸습니다. 기차, 배, 자동차, 비행기 등 이동 수단의 발전 때문입니다. 지금은 하루만 시간이 주어지면 세계 어디든지 갈 수 있습니다. 이동시간을 단축하는 시도는 계속되고 있습니다. 정보통신혁명은 상품과 서비스, 정보의 유통을 세계적 규모로 발전시켰습니다. 온라인쇼핑은 물건과 서비스 구입에 대한 거의 모든 장애를 극복했습니다.

과학기술 교류, 책자와 논문 발표, 새로운 정보는 디지털로 정리되고 웹을 통하여 세계에 공급됩니다. 과거 선진학문을 공부하기 위해서는 그 나라로 직접 가야 했습니다. 개인이든 국가든 직접 그 나라에 가서 몇 년씩 체류하면서 자료를 수집하고 학문을 해야 했습니다. 그러나 지금은 이럴 필요가 없습니다. 필요한 논문, 정보, 자료는 모두 웹상에 올라 있습니다. 사실상 국경이 없어진 것입니다.

자본, 정보, 과학기술에는 국경이 없습니다. 이 분야에 관해서는 세계는 이미 단일한 세계가 되었습니다. 자본, 정보, 과학기술은 세계를 기본 단위로 생각합니다. 그 결과는 좋은 점이 일단 많아 보입니다. 엄청난 경제 성장, 자본 축적, 과학기술 발전을 낳았기 때문입니다. 세계화는 현재의 풍요로운 삶을 지탱하는 큰 기둥입니다.

그렇다고 좋은 점만 있는 것은 아닙니다. 전쟁과 테러, 범죄와 사고,

질병과 바이러스도 세계화되었습니다. 질병은 최근 발생한 코로나바이러스 19처럼 순식간에 세계로 퍼집니다. 사람과 물건의 이동이 그만큼 많기 때문입니다.

한국, 중국, 일본만 하더라도 1년에 각각 1천만 명씩 오갑니다. 바이러스는 더 많이 오고 갈 것입니다. 지역의 사고가 곧 세계의 사고가 됩니다. 일본의 원전 폭발사고는 일본만의 문제가 아니라 한국의 문제이기도 합니다. 지금도 해결되지 않았습니다. 전쟁, 테러, 범죄는 세계화를 통하여 더욱 기승을 부리고 있습니다.

세계화는 세계적 차원의 불평등을 낳았습니다. 불평등은 초불평등이 되었고 격차는 초격차가 되었습니다. 세계적 규모에서 부를 축적하므로 부의 축적 속도도 엄청나게 빠릅니다. 이에 비하여 서민들의 생활은 큰 변화가 없고, 심지어 신자유주의로 더 나빠지게 되었습니다.

국경이 없는 지구촌의 등장으로 새로운 윤리가 필요합니다. 개인윤리, 국가윤리를 뛰어넘어 세계윤리가 필요합니다. 새로운 세계윤리는 세계가 안고 있는 문제를 해결함으로써 개인의 문제를 해결하는 것이어야 합니다. 세계윤리 중 중요한 문제들을 살펴봅니다.

2. 빈곤 탈출

빈곤 탈출은 세계의 문제이고 새로운 세계윤리를 요구합니다. 빈곤 탈출은 세계화가 낳은 좋은 성과 중의 하나입니다. 세계화에 따라 많은 사람들이 빈곤에서 벗어났고 다른 사람의 빈곤에 대해서도 관심을 갖게 되었습니다. 자신과 일면식도 없는 사람의 빈곤 해결을 위해 노력하는 개인의 등장, 이것은 세계화 시대 윤리의 중요한 특징입니다.

빈곤탈출은 공식적인 세계 과제입니다. 유엔이 2030년을 목표달성 시점으로 설정한 '지속가능개발목표(SDG) 17가지' 가운데 첫손에 꼽은 아젠다는 빈곤 퇴치입니다. (WWF 지구생명보고서 2014, 윤순진, 2019). 유엔의 '지속가능개발목표(SDG) 17가지'는 다음과 같습니다. 빈곤 퇴치는 너무 중요한 과제여서 다른 과제들도 빈곤퇴치와 직간접적으로 관련이 있습니다. 특히 ②, ③, ⑥, ⑦, ⑧, ⑪, ⑫번 과제는 직접 관련이 있습니다.

① 지구촌 모든 지역에서 모든 형태의 빈곤 퇴치
② 기아 종식, 식량 안보 달성, 개선된 영양상태의 달성, 지속 가능한 농업 강화
③ 모든 연령층의 모든 사람을 위한 건강한 삶 보장 및 복지증진
④ 포용적이고 공평한 양질의 교육 보장 및 모두를 위한 평생학습 기회 증진
⑤ 양성평등 달성 및 모든 여성과 소녀의 권익 신장
⑥ 모두를 위한 물과 위생의 이용가능성 및 지속가능한 관리 보장
⑦ 모두를 위한 저렴하고 신뢰성 있으며 지속가능하고 현대적인 에너지에 대한 접근 보장
⑧ 모두를 위한 지속적이고 포용적이며 지속가능한 경제성장 및 완전하고 생산적인 고용과 양질의 일자리 증진
⑨ 회복력 있는 사회기반시설 구축, 포용적이고 지속가능한 산업화

증진 및 혁신 촉진

⑩ 국가 내 및 국가 간 불평등 완화

⑪ 포용적이고 안전하며 회복력 있고 지속가능한 도시와 정주지 조성

⑫ 지속가능한 소비 및 생산 양식 보장

⑬ 기후변화와 그 영향을 방지하기 위한 긴급한 행동의 실시

⑭ 지속가능개발을 위한 대양, 바다 및 해양자원 보존 및 지속가능한 사용

⑮ 육상 생태계의 보호, 복원 및 지속가능한 이용 증진, 산림의 지속가능한 관리, 사막화 방지, 토지 황폐화 중지, 역전 및 생물다양성 손실 중지

⑯ 모든 수준에서 지속가능개발을 위한 평화롭고 포용적인 사회 증진, 모두에게 정의에 대한 접근 제공 및 효과적이고 책임 있으며 포용적인 제도 구축

⑰ 이행수단 강화 및 지속가능개발을 위한 글로벌 파트너십 활성화

세계화의 결과 빈곤 탈출이 빠르게 이루어지고 있습니다. 2018년 미국 브루킹스 연구소의 보고서에 따르면 인류문명이 시작된 지 1만 년 만에 중산층은 세계 인구의 절반을 넘었다고 합니다. 2018년 9월 현재 세계 중산층 이상은 세계 인구 76억 명의 절반인 약 38억 명이라고 합니다. 이때 중산층은 하루 11~110달러(약 1만2000~12만 원)를 지출할 수 있는 그룹을 말합니다. 이들은 오토바이, 냉장고, 세탁기 같은 내구소비재를 구매하거나 영화 관람, 여행 등 몇몇 여가활동을 하는 데 필요한 가처분

소득을 가지고 있습니다.

더 중요한 것은 중산층의 증가속도입니다. 같은 연구소에 의하면 현재 1초마다 1명씩 빈곤에서 벗어나고, 1초마다 5명씩 중산층에 진입하고, 2초마다 1명씩 부자가 탄생하고 있다고 합니다. 중산층 증가속도가 다른 계층에 비하여 가장 빠릅니다(Homi Kharas and Kristofer Hamel, 2018). 중산층이 인류의 절반 정도를 차지함으로써 인류의 절반은 굶주림의 공포에서 벗어났습니다. 인류 모두의 완전한 빈곤 퇴치가 2030년에 달성될 것이라고 장담할 수는 없지만 세계차원의 빈곤 퇴치가 불가능한 것은 아닙니다. 바로 눈앞에 보이는 목표입니다.

빈곤 탈출 성과는 우리에게 세 가지 시사점을 줍니다.

첫째, 지금까지의 빈곤 탈출 방법이 크게 틀리지 않았다는 점입니다. 빈곤 탈출의 주역은 개인, 국가, 기업, 국제사회입니다. 빈곤을 탈출하기 위해서는 개인의 성실하고 진지한 노력, 빈곤 탈출을 위한 국가 정책 수립과 집행, 빈곤을 퇴치할 수 있는 기업의 탄생과 성장, 그리고 원조를 포함한 국제사회의 지원 등이 필요합니다. 이 모든 것이 함께했을 때 빈곤 탈출은 가능합니다. 개인의 노력도 더없이 중요하지만 국가와 기업의 활동 역시 중요합니다. 한국이 빨리 빈곤에서 벗어날 수 있었던 것은 바로 이러한 여러 요소가 잘 결합되었기 때문입니다.

빈곤 탈출의 요소 중 역시 결정적인 것은 개인의 노력, 특히 노동자들의 성실하고 진지한 노력, 희생적인 노동입니다. 노동자들의 헌신적인 노력이 없었다면 한국은 가난한 국가에서 벗어날 수 없었을 것입니다. 노동자들의 헌신적인 노력은 존경할 만한 것이지만 장시간 노동으로 나타나면 문제입니다. 장시간 노동은 인간다운 생활을 방해하므로 해결해야 합니다.

빈곤 탈출에는 국가의 역할이 중요합니다. 국가는 경제 규모가 작을 때에는 경제계획 수립과 집행을 통해, 그리고 경제 규모가 커졌을 때는 경제를 지원하는 공정한 경제정책 수립과 집행으로 경제발전을 이끕니다. 국가가 빈곤 탈출, 경제성장 과정에서 양극화를 최소화하고 빈곤계층에 우선적으로 부를 분배하는 등 공정한 정책을 펴면 빈곤 탈출은 빨리 그리고 안정적으로 이루어집니다.

극단적인 양극화, 부의 불평등 분배, 토지귀족이나 자본귀족 등 귀족계급의 지배 등이 있다면 아무리 개인이 노력하더라도, 그리고 아무리 외부의 원조가 많다고 하더라도 빈곤을 벗어날 수 없습니다. 소수 계층만 엄청난 부를 누릴 뿐입니다.

다행히 한국에는 귀족계급이 존재하지 않습니다. 일제 강점기와 한국전쟁, 이어진 토지개혁 등을 통하여 귀족계급은 철저히 무너졌습니다. 최근 부의 극단적인 불균형이 확대되면서 귀족계급이 탄생하는 것이 아닌가 하는 불안감이 있습니다. 하지만 한국인의 민주주의 의식은 이를 허용하지 않을 것입니다.

경제를 직접 담당하는 기업의 활약도 중요합니다. 시대의 변화에 맞는 투자를 통하여 경제발전을 이끄는 기업의 역할은 아무리 강조해도 지나치지 않습니다. 특히 장기적인 안목을 가지고 기간산업에 투자하는 기업의 결정은 빈곤 탈출의 버팀목입니다. 기업 성장의 요인에는 기업가의 좋은 판단과 훌륭한 투자와 좋은 경영이 있습니다. 그리고 그만큼 기업을 성장시킨 노동자의 노력, 기업을 사랑해 준 소비자의 힘도 있습니다. 이런 모든 요인이 합하여 기업을 성장시켰고 기업의 성장으로 빈곤 탈출은 가능했습니다.

둘째, 중산층의 증가는 구매력 증대로 이어진다는 점입니다. 구매력 증대는 소비확대로 이어집니다. 같은 물건을 더 많이 소비하며 내구재 소비재와 같은 고가의 제품들도 많이 소비함으로써 기업의 이윤 창출에 기여합니다. 중산층이 많지 않았다면 냉장고, 텔레비전, 세탁기 등 내구소비재와 컴퓨터, 스마트폰과 같은 정보통신기기는 이렇게까지 많이 소비되지 않았을 것입니다. 중산층이 거대한 소비시장을 형성하고 있습니다. 자동차 시장도 같습니다. 앞으로도 중산층 시장을 겨냥한 상품의 개발과 판매는 기업 이윤창출, 경제성장의 핵심요소가 될 것입니다.

중산층 증가 → 상품 및 서비스 수요 확대 → 기업의 공급 확대 → 기업 이윤 확대 → 기업 투자 확대 → 일자리 증가 → 중산층 증가의 선순환 구조가 중요합니다. 중산층 확대와 기업 발전, 경제발전의 선순환 구조는 드물게 일어납니다. 후진국은 좀처럼 이 구조를 만들기 어렵습니다. 선순환 구조가 바람직하지만 이것이 현실에서는 드물게 발생한다는 점을 인식하고 이를 잘 관리하는 것이 중요합니다.

중산층을 확대하려면 빈부격차를 완화하는 것이 매우 중요합니다. 중산층은 존재 자체로 극심한 빈부격차를 완화합니다. 또한 빈부격차가 적을 때 중산층이 존재할 수 있습니다. 빈부격차가 처음부터 발생하지 않도록 하고 이미 발생한 빈부격차는 줄이는 정책을 취하지 않으면 중산층은 존재할 수 없습니다. 중산층이 튼튼하게 존재하지 않으면 중산층 확대와 경제발전의 선순환 구조는 있을 수 없습니다.

중산층이 튼튼하면 빈부격차가 심각하지 않고 설혹 일부 빈부격차가 있다고 하더라도 국가 정책과 사회에 결정적인 영향을 미치지 않습니다. 자본과 토지를 독점하는 귀족계급이 국가와 사회를 장악하여 귀족계급의 요구대로 국가와 사회를 운영하는 일이 발생하지 않습니다. 이런 면에서 보면 중산층의 확대 · 강화 정책은 국가 경제의 기본 방향이라고 할 수 있습니다. 민주주의 측면에서 보더라도 중산층이 튼튼하다면 귀족계급의 지배를 막을 수 있어 정치적으로 훨씬 자유로운 국가를 만들 수 있습니다.

셋째, 중산층의 증가는 국가적으로 민주주의와 안전, 사회복지 강화를 요구합니다. 중산층은 국가의 정책이 중산층 중심으로 이루어질 것을 요구합니다. 중산층의 요구는 주로 민주주의 확대, 안전과 사회복지 강화 요구로 나타납니다.

중산층은 민주주의와 친합니다. 중산층이 되면 자연스럽게 자신들의 요구를 정치에 반영하려고 합니다. 중산층은 경제적으로 안정되어 있고 지적 수준도 높고 해외의 동향에도 민감합니다. 중산층은 독재보다는 민주주의가 훨씬 더 안정적인 체제이고 중산층의 존재에 유리하다는 것을 잘 압니다. 민주주의는 중산층을 확대하고 중산층은 민주주의의 토대가 됩니다. 한국의 중산층 역시 민주주의와 함께 발전해 왔습니다. 세계의 선진국들도 중산층이 발전할 때 민주주의를 발전시켜 왔습니다. 중산층은 민주주의의 토대입니다.

중산층은 안전을 요구합니다. 현대사회의 자연재해와 인공재해는 규모가 너무 커서 인간이 제대로 통제할 수 없을 정도입니다. 대부분 자연재해는 인공재해와 연결되어 있습니다. 인간은 과학기술을 통하여 자연에 엄청난 영향을 미칩니다. 자연재해가 발생하면 그 원인에는 반드시 사람의 영향력이 포함되어 있습니다.

최근의 코로나바이러스 19는 발생보다 확산이 더 문제입니다. 한 지역, 한 국가에서 발생한 바이러스를 사람들이 전세계로 퍼뜨렸습니다. 사람들이 바이러스를 무시하고 생활하면서 자연재해를 재앙으로 만들었습니다.

안전욕구는 국가 운명을 좌우할 정도로 중요합니다. 국가 혹은 지방정부가 조금이라도 잘못 대응하면 정권의 운명이 바뀌어 버립니다. 전염병이 창궐하면 현대인들은 정부를 비판합니다. 과거 과학기술이 발전하지 못했을 때도 정권이 위험했습니다. 하지만 중세 봉건시대에는 전염병이 하늘의 뜻이라고 핑계라도 댈 수 있었습니다. 지금은 전염병이 창궐하면 의료시스템의 문제를 지적하고 의료시스템을 운영하는 정부를 비판합니다. 일본 민주당은 지진에 제대로 대처하지 못해 정권을 자민당에게 내주었습니다. 우리의 경우에도 세월호라는 아픈 기억이 있습니다. 세월호를 기점으로 박근혜 정부는 리더십을 거의 상실했습니다. 메르스 사태 때도 비슷했습니다. 최근 발생한 코로나바이러스 19의 경우에도 정부가 잘못 대응했다면 그 책임은 정부가 오롯이 질 수 밖에 없었을 것입니다. 바이러스에 책임을 물을 수는 없고 개별 의사들에게도 책임을 묻지 않습니다.

사회복지 강화는 중산층이 특히 강하게 요구하는 정책입니다. 사회복지는 현대 국가에서 가장 강조하는 정책으로 그 이면에는 중산층의 성장이 있습니다. 복지 욕구는 중산층의 안전 욕구가 경제적인 측면에서 발현된 것입니다. 복지요구는 갈수록 중요해집니다. 특히 한국은 복지

수요에 비해 공급이 부족하므로 복지 확충 요구는 십 년 이상 계속될 것입니다. 중산층이 건전하게 성장하는 한 사회복지 강화 요구는 계속될 것입니다.

중산층의 요구는 민주주의, 안전, 사회복지에 한정되지 않습니다. 인권과 평등 실현, 평화, 정의, 공정 등 국제적이고 보편적 가치의 실현도 요구합니다. 중산층이 개방적이고 국제적인 감각을 지니고 있다는 점은 주목해야 할 부분입니다. 한국의 중산층은 특히 개방적입니다. 중산층으로 성장하는 과정 자체가 세계화, 개방의 과정이었습니다.

중산층의 증가는 국제질서의 보편성이 확대되는 과정이기도 합니다. 국제질서가 국내에도 정착되며 국가 정책 수립과 집행에서도 그대로 반영됩니다. 가치라는 측면에서 보면 국제사회에서 통용되는 보편적 가치가 국가 정책의 기본 토대가 되는 것입니다. 국제적이고 보편적인 가치에 대해 민감해야 합니다.

중산층은 국가 정책에도 영향을 미칠 뿐 아니라 기업에 대해서도 큰 영향을 미칩니다. 기업에 대해 윤리, 청렴, 투명, 공정, 사회적 책임을 더 많이 요구합니다. 최근 한국의 채용 비리에 대하여 많은 사람들이 분노했습니다. 아무리 사적 기업이라고 하더라도 윤리, 청렴, 투명, 공정이 무너졌기 때문입니다.

특정 계급이 특정 자리를 독점하면서 횡포를 부리는 현상은 중산층이 가장 반대하는 현상입니다. 물론 이런 현상은 중산층이 아니라 채용 비리로 이익을 얻는 사람을 제외한 어떤 계층도 용납하지 않겠지만 말입니다. 채용 비리에서 특히 분노한 것은 취업에서 기회도 평등하지 않았고 과정도 공정하지 못했기 때문입니다. 열심히 노력하면 기회가 주어지고 그 틀 내에서 경쟁하면 성공할 수 있다는 믿음은 깨졌습니다. 기업의 취업 현장에서도 공정성이 가장 중요한 요소가 되었습니다. 이 현상 역시 중산층 성장의 결과이기도 합니다.

3. 원조

세계화가 낳은 현상 중 하나인 원조는 윤리적인 측면에서 살펴볼 필요가 있습니다. 원조는 세계시민의 윤리이기도 하고 보편적 가치의 실현이기도 합니다. 원조는 인도주의 정신에서 시작됩니다. 이타적이며 자발적입니다. 거리에서 구걸하는 노숙자를 만나면 돈을 줄지 안 줄지는 오로지 그 사람에게 달려있습니다. 누구도 이를 강제할 수 없습니다. 이때 좋은 삶을 사는 사람, 착한 사람, 윤리적인 사람은 노숙자에게 돈을 줍니다. 더 큰 그림을 그리는 사람은 노숙자 없는 사회를 만들려고 합니다. 좋은 삶인 윤리, 좋은 삶인 베풂과 보시, 원조는 자발성을 특징으로 합니다. 자발성은 윤리의 핵심요소입니다. 그런데 국제원조는 자발적인 윤리적 행위를 넘어서 의무의 성격을 갖습니다.

국제원조의 의무적 성격은 원조의 규모에서 확인할 수 있습니다. 한국의 ODA(공적개발원조)규모는 2013년 17억5천만달러, 2017년 22억달러, 2018년 24억1천만달러입니다. 총국민소득대비 ODA 비율은 2018년 0.14%로 전체 29개 DAC(개발원조위원회) 회원 중 25위입니다. 그렇지만 증가율은 최고입니다. 한국은 2010년 DAC에 가입했는데 2010년부터 2018년까지 연평균 11.9%라는 최고의 증가율로 원조액수를 늘리고 있습니다. DAC 전체 회원국의 ODA 규모는 2015년 1,332억달러, 2016년 1,475억달러, 2017년 1,471억달러, 2018년 1,437억달러입니다(대한민국 ODA 통합홈페이지 자료). 만일 국제원조가 순전히 자발적인 것이라면 이렇게 많은 원조가 정기적으로 이루어지지는 않을 것입니다. 경제사정이 변하듯이 원조 액수도 일부 증감하고 있지만 경향적으로 원조액수는 증가하고 있습니다. 국제원조가 국가의 일종의 의무로 인식되고 있다는 점을 알 수 있습니다.

국제원조는 다양한 성격을 가지고 있습니다. 제3세계를 침공하여 식민지를 건설했던 제국주의 국가 입장에서는 식민주의를 청산하는 노력의 일환이기도 하고 선진국의 입장에서는 국제사회에서 리더십을 유지하는 방법이기도 합니다. 원조를 행하는 국가의 국제적인 이미지, 명성을 좋게 만드는 역할을 합니다. 원조는 국제사회에서 국가브랜드를 형성하는 중요한 요소입니다. 국가 사이의 관계를 좋게 만들고 평화 분위기를 만드는데 기여합니다. 피원조국에 자본이나 기업이 투자하기 좋도록 사회 분위기를 만들며 자본과 인력, 기술이 진출하는데도 도움이 됩니다.

국제원조는 빈곤 탈출의 중요한 방법 중의 하나입니다. 먹고 살기 어려울 정도로 절대빈곤에 처한 국가에는 당장의 원조가 필요합니다. 인적 역량을 높이기 위한 원조, 교육에 대한 원조도 필요합니다. 한편 원조국은 대부분 부유한 국가들로서 원조할 만한 여력을 가지고 있습니다. 최근에는 초과잉생산 때문에 자본과 상품이 남아도는 지경에 이르렀습니다. 원조국은 큰 어려움 없이 원조할 수 있고 피원조국은 큰 도움을 받습니다.

국제원조의 도덕적 정당성, 윤리적 필요성, 인도주의 정신은 누구도 부인할 수 없습니다. 국제원조는 더욱 확대될 것이며 더 확대되어야 합니다. 국제원조 확대와 관련하여 국가의 역할은 더욱 중요해지겠지만 이와 함께 개인의 역할도 중요하게 될 것입니다. 개인의 부가 국가와 맞먹을 정도로 커졌고 활발한 시민단체의 활동이 있어 국제원조에서 개인의 역할은 더욱 늘어날 것입니다.

하지만 원조가 미개발국가의 문제를 모두 해결해 주는 것은 아닙니다. 미개발국가의 문제는 미개발국가가 주체적으로 나서서 해결해야 합니다. 원조를 받는 국가의 주체적 의지와 노력, 그리고 사회 시스템이 필요합니다(장 지글러, 2007). 독재체제, 내전 상태, 심각한 부패, 심각한 갈등 상황 속에 있는 국가에는 아무리 많은 원조를 퍼부어도 빈곤과 질병을 해결할 수 없습니다.

원조는 피원조국이 빈곤 탈출 의지를 확고히 한 상태에서 주체적으로 발전계획을 세우고 청렴한 사회 시스템을 갖추어야 제대로 효과를 볼 수 있습니다. 원조받는 이들이 스스로 문제를 해결할 수 있도록 역량을 높이는 것이 원조만큼 중요합니다. 원조를 통하여 달성하고자 하는 목표는 피원조국이 주도적인 지위를 가지고 계획과 실행을 할 때 이루어집니다.

4. 원조와 증여

원조를 이야기하면 증여를 이야기하지 않을 수 없습니다. 증여의 윤리적 성격에 대해서는 이미 살펴보았습니다. 여기에서는 조금 더 깊이 살펴봅니다.

증여는 교환과 함께 인간관계의 핵심 원리입니다. 물론 지금은 증여가 교환만큼은 중요하지 않지만 말입니다. 우리가 증여를 확인할 수 있는 가장 원초적인 형태는 자연이 인간에게 무상으로 주는 것입니다. 대지는 씨를 뿌리면 풍성한 수확물을 인간에게 돌려줍니다. 인간이 노동을 하지만 노동 이상의 풍성한 수확물을 줍니다. 수렵시대에도 자연은 인간에게 먹을 것을 주었습니다. 고대의 사람들은 사람이 굶주릴 때 숲의 신인 곰은 동물을 보내주어 사냥하게 하고 물의 신인 용왕은 물고기를 보내주었다고 믿었습니다. 실제는 인간과 곰이 생명을 걸고 싸웠지만 신화의 세계에서는 인간은 숲의 신인 곰, 물의 신인 용왕이 직접 오거나 아니면 부하를 보내 인간에게 먹을 것을 준다고 생각했습니다.

자연은 항상 사람에게 무상으로 먹을 것과 입을 것을 보내주었습니다. 이런 이유로 사람과 자연은 깊은 감정적, 인격적 관계를 맺어 왔습니다. 사람과 자연의 관계는 증여를 수반하는 모든 관계에 확대 적용됩니다. 증여에는 감사의 마음, 경외심, 일체감 등의 감정이 스며들어 있습니다.

신과 인간의 관계도 이와 유사합니다. 신은 모든 것을 아무 대가 없이 주기 때문에 경외심을 낳습니다. 신을 섬기는 종교는 이와 같은 마음을 끝까지 추구한 결과입니다. 모든 것을 주는 존재에 대해서 항상 감사하는 마음이 생기게 됩니다. 가능한 한 감정을 배제하려고 하는 교환과는 다릅니다.

사람이 다른 사람에게 무상으로 물건을 줄 때, 즉 증여를 하면 사람과 사람 사이에 감정적, 인격적 관계가 생깁니다(나가자와 신이치, 2004). 증여는 물건을 매개로 사람과 사람 사이를 인격적인 무엇인가, 사랑이나 신뢰로 묶는 역할을 합니다. 물건을 매개로 불확정적이고 결정할 수 없는 가치가 움직이는 것입니다(나카자와 신이치, 2004).

따라서 증여에 대한 답례는 원천적으로 불가능합니다. 다만 공손히 이에 응하고 증여자에게 예의를 다할 뿐입니다. 마치 고대의 인간이 곰의 뼈를 잘 간수하거나 혹은 물고기의 뼈를 잘 다듬어 다시 숲이나 강으로 돌려보내는 것처럼 말입니다. 증여에서 답례는 비대칭적입니다. 교환에서 물건과 화폐가 대등하게 교환되는 것과 다릅니다. 증여의 비대칭적 관계는 주는 사람이나 받는 사람이나 모두에게 인격이나 영적 성격을 부여합니다.

교환은 증여를 부정함으로써 성립합니다. 교환에는 물건과 인격이 철저하게 분리됩니다(나카자와 신이치, 2004). 물건과 인격의 분리는 교환을 엄청나게 편리하고 또 대규모로 가능하게 합니다. 물건과 인격, 영성의 분리는 감정 없는 물건 교환 시스템, 거대한 교환체계를 만들었고 이것이 경제 발전의 토대를 이루었습니다.

인간이 경제적으로 번영하려면 물건의 교환이 가능한 한 빨리, 무차별적으로, 대규모로 일어나야 합니다. 교환되는 것은 겉으로는 물건과 물건, 물건과 화폐이지만 실제로는 서로가 서로에게 도움이 되는 혜택, 편리함, 효용입니다. 하루라도 교환 시스템이 중단되면 인간 사회는 붕괴해 버립니다.

증여에만 의존해서는 경제가 유지될 수 없습니다. 대규모 경제가 유지되려면 대규모의 무차별적이고 빠른 교환체제가 필요합니다. 교환체계를 얼마나 빨리 무차별적으로 대규모로 하느냐에 따라 경제의 성패가 좌우됩니다. 이것을 가장 잘 보여주는 사례는 아마존, 쿠팡으로 대표되는 온라인쇼핑입니다. 온라인쇼핑은 교환을 가장 빨리, 무차별적으로, 대규모로, 아무런 감정의 마찰 없이, 너무나 쉽게 만듭니다. 이를 통해 물건과 서비스, 자본이 엄청나게 빠른 속도로 이동하면서 경제를 발전시킵니다.

교환이 경제의 거의 전부를 차지하면서 물건과 인격이 분리되고 인간적 관계, 영적 관계는 사라졌습니다. 계산 불가능한 것은 계산 가능한 것으로 바뀌었습니다. 계산 가능한 것으로 바뀌자 이를 판단하는 기준이 필요했고 그 필요에 의하여 화폐가 생겨났습니다. 교환을 위하여 화폐, 돈이 만들어졌지만 화폐가 만들어짐으로써 비로소 참된 의미의 교환이 가능하게 되었습니다.

원조는 증여의 성격을 가지고 있습니다. 증여를 받은 쪽은 단순히 교환관계로 상대방을 인식하지 않습니다. 인격적인 관계, 영적인 관계를 생각합니다. 한국인들이 어려웠을 때 한국에 많은 원조를 한 미국을 고맙게 생각하고 소중하게 생각하는 것은 당연한 마음입니다. 한국전쟁으로 나라가 망할 위기에 처했을 때는 목숨을 걸고 구해주었으니 고맙게 생각하는 것은 당연합니다. 마치 신과 같은 힘을 가지고 있어 경외와 존경의 대상이었습니다. 종교인에게 모든 것의 기준이 신인 것처럼 한국인에게 모든 것의 기준은 미국이었습니다. 원조국가나 피원조국가가 이를 의식하는 것은 자연스러운 반응입니다. 증여의 본질적인 속성이기 때문입니다.

증여에서 생기는 경외와 존경의 마음은 자연스러운 것입니다. 문제는 증여하는 사람과 증여 받는 사람이 변하고, 변했음에도 불구하고 여전히 유아기적 감정에 머물러 있는 것입니다. 유아기적 관계에 집착하는 것이 문제입니다. 원조 받는 국가는 원조를 바탕으로 발전을 합니다. 원조국가 역시 피원조국가가 독립적인 국가가 되기를 바랍니다. 원조국가 입장에서는 원조를 통하여 피원조국가가 발전하여 원조를 할 정도의 국가가 되는 것이 최종 목적입니다. 한미관계는 미국의 입장에서도 가장 성공한 관계, 동맹입니다. 한국이 피원조국가에서 원조국가가 될 정도로 발전했기 때문입니다.

변화하는 국가의 역량, 국가 간의 관계에 기초하여 유아기적 감정에서 벗어나 성숙한 관계를 맺는 것이 중요합니다. 일방적인 관계에서 벗어나 대등한 친구로서의 관계를 맺어야 합니다. 이렇게 될 때 원조하는 국가도 자랑스러움을 느낍니다. 변화된 상황에 맞는 성숙한 관계의 형성이 증여, 원조의 결과이어야 합니다.

원조, 증여는 모든 것이 서로 연결되어 있다는 세계관에서도 좋은 삶으로 인정됩니다. 원조, 증여는 널리 베푸는 보시의 일종입니다. 사람 사이, 사람과 자연 사이에 경외와 존경의 마음이 생기게 합니다. 모든 것이 서로 연결되어 있다는 세계관인 불교는 서로 나누어 보는 분별심을 경계합니다. 나와 남이 서로 분열되어 있다는 세계관을 버리고 다르지 않다는 세계관을 가지고 있습니다. 자타불이自他不二의 세계관입니다. 이 세계관에 의하면 내가 행복하기 위해서도 남이 행복해야 합니다. 이기심과 이타심의 구분은 의미가 없습니다. 사람이라면, 그리고 생명 있는 존재라면 함께 행복해야 합니다. 세계적인 규모에서 가난으로 불행한 삶을 사는 사람이 있는 이상, 그리고 이들을 모두 행복한 삶으로 인도하지 않는 이상 자신이 잘 사는 것은 의미가 없습니다. 보살은 자신도 부처가 되어야 하지만 다른 사람도 함께 부처가 되도록 도와야 합니다.

원조, 증여, 보시는 이러한 세계관을 일부 드러내고 있습니다. 인간과 세계의 가장 깊은 진리 중의 하나를 표현한 것이지요. 이 진리는 수많은 사람들과 국가들의 증여, 보시의 뿌리입니다. 남은 과제는 인간의 본성에 기초한 원조를 체계적으로 확대하는 것입니다.

5. 주권양도

세계화는 국경을 낮춥니다. 국경을 낮춘다는 것은 주권의 양도 혹은 포기를 의미합니다. 세계화가 되려면 개별 국가의 존립의 근거인 독립성과 배타성을 일부 포기하고 양도해야 합니다. 주권은 외부 위협으로부터 국가의 물리적 안전을 확보하는 것, 즉 독립성과 국가의 영토체제 내에서 국가가 가지는 법률적 권한을 배타적으로 행사하는 것, 즉 배타성으로 구성됩니다(김기정, 2019). 그래서 모든 국가는 평등합니다. 최고 권력인 주권이 평등하기 때문입니다.

그렇지만 다른 나라와 관계를 맺게 되면 주권의 일부는 반드시 포기하거나 양도해야 합니다. 상호주의는 이를 이론적으로 설명하는 틀입니다. 예를 들어 외교관에 대해서는 외교관 주재 국가의 재판권이 없고 본국에서 재판권을 행사합니다. 이것은 주권의 일부인 재판권을 포기했다는 것을 의미합니다. 외국과 일대일 동맹을 맺거나 지역 내 다자간 동맹을 맺는 경우에도 주권은 독립성과 배타성을 일부 포기하고 상대국가에게 양도해야 합니다. 경제적인 측면에서도 주권의 포기가 있습니다. 관세를 부과하지 않는 것이 여기에 해당합니다.

국가는 독립적이고 배타적인 존재이지만 다른 나라와 함께 살아가려면 주권 일부를 포기하거나 양도해야 합니다. 이것은 개인이 공동체에 속해있는 이상 마음대로 자유를 남용할 수 없는 것과 동일합니다. 아무리 개인에게 자유가 인정된다고 하더라도 전염병에 걸렸는데 전국을 돌아다니면서 남에게 병을 옮겨서는 안 되는 것과 같습니다.

현재 인류가 당면하고 있는 문제는 모두 세계적인 문제입니다. 현재의 세계화는 단순히 이웃 국가와 좋은 관계를 유지하는 수준을 뛰어넘습니다. 현대 국가는 이웃한 나라를 넘어서서 지구 반대편에 있는 국가와도 깊은 관계를 맺고 있습니다. 관계하는 국가도 늘어났지만 관계의 정도도 깊어졌습니다. 세계 거의 모든 국가는 전쟁, 환경, 과학기술, 질병, 정보, 자본, 노동으로 연결되어 있습니다. 세계화의 정도가 모든 나라와 실시간, 거의 전면적인 관계로 발전했습니다. 특히 한국은 개방형 국가이기 때문에 세계정세에 민감합니다. 개방 정도에 따라 포기하거나 양도해야 할 주권의 내용이 증가합니다.

인류가 당면하고 있는 중요한 문제는 국가 간 협조 또는 국가를 뛰어넘는 국제조직만이 해결할 수 있는 문제들입니다. 유발 하라리는 그중에서도 평화, 환경, 과학기술이 진정 세계적인 문제라고 지적합니다(유발 하라리, 2018). 환경과 생태계, 과학기술에 국경이 없다는 것은 쉽게 이해됩니다. 쓰레기와 미세먼지, 방사능과 이산화탄소는 현재 한국을 비롯한 모든 국가를 괴롭히는 문제입니다. 각국이 함께 하지 않으면 해결할 수 없는 문제들입니다. 인간복제나 유전자 조작 같은 과학기술 역시 각국이 협력하지 않으면 아무런 제한 없이 자본의 논리에 따라 진행될 것입니다. 환경과 과학기술은 각국이 서로 협력하여 해결해야 하는 문제입니다. 평화 문제 역시 이와 같습니다만 약간의 설명이 더 필요합니다.

평화는 인류 절멸의 문제와 관련 있습니다. 핵무기를 가진 강대국 사이에 전면전이 발생한다면 인류는 멸망합니다. 아니 지구 자체가 폭발해 버릴 것입니다. 인류만이 아니라 지구상에 존재하는 모든 생명체와 비생명체가 사라지게 됩니다. 핵전쟁은 무슨 일이 있어도 막아야 합니다.

인류는 핵무기 개발 이후 핵전쟁을 막는 데 성공했습니다. 최소한 지금까지는 말입니다. 그러나 여전히 핵보유국 사이의 긴장은 남아 있고 국지전은 이어지고 있습니다. 핵을 가지려는 국가가 증가하고 있습니다. 작은 핵무기나 방사능 물질을 장착한 폭탄이 사용될 가능성도 높아지고 있습니다. 핵무기, 대량살상무기가 발전하면 할수록 평화를 유지해야 할 필요성은 높아집니다.

유엔의 첫 번째 임무는 전쟁방지, 평화유지입니다. 유엔은 제2차 세계대전의 참혹한 결과에 대한 반성으로 탄생했습니다. 전쟁방지는 인류 최고의 가치가 되었습니다. 지금까지는 전면전을 잘 막아왔지만 사람의 어리석음은 언제든 전쟁을 촉발시킬 수 있습니다. 제1차, 제2차 세계대전도 어리석음에서 비롯된 것입니다. 가장 경계해야 할 것입니다.

전쟁을 막기 위해서 다양한 방법이 동원됩니다. 한미동맹과 같이 국가 사이에 동맹을 체결하기도 하고 NATO처럼 지역안보체제를 만들기도 합니다. 유엔은 가장 큰 규모의 전쟁방지 기구입니다. 동맹과 지역안보체제, 유엔 등은 모두 개별 국가의 전쟁권을 부분적으로 포기 또는 양도할 것을 요구합니다. 이 과정에서 불가피한 선택을 할 수도 있습니다. 한국은 2002년 이라크 파병을 결정했습니다. 이라크와 크게 원수진 일은 없었지만 미국과 이라크가 전쟁을 하면서 한국은 파병을 했습니다. 2019년의 이란 파병도 같습니다. 국익에 따라 결정한 일이고 약소국의 동맹전략이라고는 할 수 있지만 주권의 제약임은 틀림없습니다.

이 원리는 남북관계에도 적용됩니다. 남북이 대화를 하고 평화를 정착시키려면 남북 모두 자신의 권한 행사를 자제해야 합니다. 특히 군사력 사용이라는 권한은 절대적으로 자제해야 합니다. 서로 행사하지 못하게 협정을 맺어야 합니다. 이것 역시 주권의 제약입니다. 평화를 위해서는 주권은 부분적으로 양도되거나 제한되어야 합니다.

일반적으로 주권의 제약은 독립국가의 주권을 침해하는 것으로 해석됩니다. 특히 식민경험이 있는 한국이나 제3세계 국가는 주권의 제약에 민감하게 반응합니다. 독립국가 수립을 위해 수많은 선열들의 희생이 있었기 때문입니다. 하지만 주권의 포기 또는 양도가 반드시 나쁜 것은 아닙니다. 주권의 제약이 있어야 전쟁을 막고 평화를 지킬 수 있습니다. 최종적으로 전쟁권을 영원히 포기할 수도 있습니다.

그렇지만 독립국가의 상징과도 같은 핵심 주권은 포기 또는 양도되어서는 안 됩니다. 주권의 일부는 포기 또는 양도될 수 있지만 주권의 전부는 포기 또는 양도되어서는 안됩니다. 그 외에는 독립국가의 위상을 지킬 수 있다면 포기 또는 양도되는 주권의 내용과 질은 얼마든지 조정될 수 있습니다. 세계정세나 국력의 변화에 따라 포기 또는 양도되는 주권의 내용은 재조정될 수 있습니다. 아무리 동맹이라고 하더라도 세월의 변화에 따라 재조정이 불가피합니다. 한미동맹도 세계적인 평화무드, 한국의 성장 등을 이유로 재조정되어야 합니다. 특히 전시작전통제권은 독립국가의 상징과도 같기 때문에 당연히 환수해야 합니다.

평화, 환경, 과학기술이 세계적인 문제이고 민족주의가 아니라 세계주의의 관점에서 해결되어야 하는 것은 분명해 보입니다. 세계주의에 입각해 해결해야 할 과제는 여기에 한정되지 않습니다. 세계주의의 정신으로 각국의 협력으로 해결해야 할 문제로 3가지가 더 있습니다. 질병, 정보, 인권입니다.

질병은 세계적인 문제입니다. AIDS/HIV 바이러스, 에볼라 바이러스, 사스, 메르스, 코로나바이러스 19 등 새로운 전염병은 계속 발생하고 한번 발생하면 국경을 넘어 전 세계를 감염시킵니다. 사람들은 질병에 시달리고 죽음을 맞습니다. 질병에 걸리지 않은 사람들도 움츠러듭니다. 사회생활은 마비되고 경제는 위축됩니다. 국경은 높아지고 전염병에 걸린 사람들은 격리되거나 추방됩니다. 미래에도 전염병은 발생할 것이고 발생하면 더 많은 피해를 미칠 것입니다. 사람이 자연을 더 많이 정복하고 동물을 더 많이 지배할수록 인수공통 바이러스는 더 많이 나올 것입니다.

세계는 모두 연결되어 있어 지구 어느 한 곳에서 전염병이 발생하면 세계가 영향을 받습니다. 메르스 사태 때에는 중동에서 발생한 질병이 다음날 한국에서 발견되었습니다. 100년 전만 해도 존재 자체를 몰랐던 국가에서 바이러스가 그다음 날 바로 이동해 왔습니다. 세계는 그 어느 때보다 긴밀하게 연결되어 있어 전염병이 발생하면 그 피해는 상상을 초월합니다. 국가 단위에서는 전염병을 극복할 수 없는 것이 현실입니다. 안타깝지만 세계화의 결과입니다.

전염병을 극복하기 위해서는 국가 간 협력이 필요합니다. 역학조사, 치료, 백신 개발 등 전염병 퇴치를 위한 노력에 국가 간 협력이 필요합니다. 전염병이 판데믹이 되면 한 나라가 이를 감당할 수 없습니다. 전염병에 대한 정보를 공유하고 공동의 연구를 한다면 질병은 극복할 수 있습니다. 전염병이 아니라 암, 당뇨, 고혈압, 고지혈증, 심장병 등 만성 질환 치료에 대해서도 여러 나라가 협조하는 것이 필요합니다. 인류 공통의 문제이기 때문입니다.

정보로 인하여 발생하는 문제도 국제 협조로 풀어야 합니다. 정보는 이미 세계화되어 있을 뿐 아니라 독점 양상까지 보입니다. 국가도 정보를 가지고 있고 기업도 정보를 가지고 있습니다. 국가의 정보는 국력에 따라 차이가 있습니다. 현대 국가는 자국 정보만 수집하지는 않습니다. 국가 안보와 국민 안전을 위해 외국의 정보도 수집합니다. 국가의 정보 수집은 국가 안보, 국민 안전, 치안 유지, 사회복지 서비스제공, 징세 등을 위한 필수 행위입니다. 그렇지만 남용의 위험이 있습니다. 엄격하게 통제해야 합니다.

현대사회에서 더 문제가 되는 정보는 기업의 정보입니다. 기업은 세계적으로 정보를 모을 뿐 아니라 그 정보를 바탕으로 새로운 사업을 기획합니다. 정보가 곧 생산수단인 시대입니다. 이 때문에 기업들은 정보를 독점하려고 합니다. 정보를 더 많이 더 독점할수록 더 많은 사업을 할 수 있습니다. 페이스북, 구글, 아마존은 자신이 수집한 정보를 독점적으로 사용하여 사업을 합니다. 이 정보들은 미국인만이 아니라 한국인을 비롯한 전 세계인의 것입니다. 기업이 개인의 정보를 마음대로 활용하는 것은 엄격히 통제받아야 합니다.

기업의 정보를 통제하기 위해서는 국가 간 협력이 필요합니다. 기업이 수집하고 분석하고 이용하는 정보가 전 세계 개인들의 정보이기 때문입니다. 기업의 틀, 국가의 틀을 뛰어넘어 수집된 정보를 보호하고 부당하게 활용하는 일이 없도록 해야 합니다. 이미 기업이 세계적으로 활동하고 있으므로 개별 국가는 적절하게 대응할 수 없습니다. 기업의 자체 규제도 필요하지만 기업에만 맡겨둘 수는 없습니다. 기업 간 협력은 기대하기 어렵습니다. 기업의 틀을 뛰어넘는 국가의 개입이 필요합니다만 국가의 견제는 초국적기업에 걸맞게 초국적인 규제이어야 합니다. 생산되고 유통되고 분석되고 활용되는 정보의 양이 많으면 많을수록 초국가적 대책이 필요합니다. 초국적 대책은 고전적인 관점에서 보면 주권의 제약입니다. 그렇지만 현대의 관점에서 보면 국가 간 협력입니다.

인권의 세계화 역시 주권을 제약하는 중요한 요인이면서 동시에 국가 간 협력이 절실한 분야입니다. 인권은 인간인 이상 보장되는 권리이므로 외국인이라고 하여 이를 소홀히 할 수 없습니다. 그러나 모든 나라가 모든 사람의 인권을 같은 수준으로 보장하는 것은 불가능합니다. 국가 간 인권 인식과 인권체제에 차이가 있습니다. 이론적으로도 참정권처럼 국민임을 전제로 설계된 것은 외국인에게 보장할 수 없습니다.

외국인의 기본적인 인권을 보장하지 않으면 인권국가, 문명국가라고 할 수 없습니다. 이때에는 두 가지 원리가 적용되는데 하나는 인권 중에서도 핵심적인 권리를 우선 보장하는 것이고 다른 하나는 정당한 이유 없이 차별하지 않는 것입니다.

인권 중 가장 기본적인 권리인 생명권, 고문이나 가혹 행위를 당하지 않을 권리, 신체의 완전성, 영장 없이 체포되지 않을 권리, 재판을 받을 권리, 사상과 양심의 자유, 이동의 자유 등은 어떤 순간에도 보장되어야 하는 가장 기본적인 권리입니다. 인권, 기본권을 모두 보장할 수 없다면 가장 기본적인 권리를 우선 보장해야 합니다.

그다음 외국인을 정당한 이유 없이 차별하지 않아야 합니다. 외국인은 국방의 의무를 지지 않기 때문에 참정권이 제한되는 것은 정당한 이유가 있는 차별에 해당합니다. 같은 노동에 종사하지 않으면 임금에 차이가 있을 수 있습니다. 그러나 동일한 노동을 하는데 임금에 차이가 있는 것은 정당하지 않습니다.

기본적인 인권 보장, 정당한 이유 없는 차별 금지라는 두 가지 원칙은 주권의 제약으로 나타납니다. 원래 주권은 국민과 외국인을 구분하는 것을 용인합니다. 그렇지만 인권은 주권의 배타성을 제한합니다. 정확하게는 인권이 주권에 앞서는 경우라고 해야 할 것입니다.

국제형사재판소는 인권이 국제화된 사례 중 가장 대표적인 사례입니다. 국제형사재판소는 전쟁범죄, 집단학살, 반인도범죄를 처벌하기 위하여 설립되었습니다. 국제형사재판소 설립 전에는 어떤 국가가 침략전쟁을 일으키고 집단학살을 벌이고 인종청소 등 반인도범죄를 범했어도 그 행위자를 처벌할 방법이 없었습니다. 해당 국가권력이 여전히 권력을 가지고 있거나 정치권력이 무너졌다고 하더라도 당시의 행위가 합법적인 경우가 대부분이었기 때문입니다.

전쟁범죄, 집단학살, 반인도범죄는 너무나 심각한 범죄이므로 처벌하지 않을 수 없습니다. 처벌하지 않으면 재발을 막을 수 없습니다. 인류는 제2차 세계대전이 끝나고 나치 전범을 처벌하기 위한 뉴렌베르그 전범재판, 일본 군국주의자를 처벌하기 위한 도쿄 전범 재판, 유고슬라비아 인종청소를 처벌하기 위한 유고국제형사재판, 르완다 내전과 관련한 반인륜범죄를 처벌하기 위한 르완다국제형사재판을 통해 전쟁범죄 등을 단죄했습니다.

그러나 일회적인 국제형사재판으로는 앞으로 발생할 전쟁범죄, 집단학살, 반인도범죄를 막을 수 없었기에 인류는 국제형사재판소를 설립했습니다. 이를 통해 최소한 전쟁범죄, 집단학살, 반인도범죄에 대해서는 재판권을 국제기구에 양도했습니다. 해당 국가가 먼저 처벌하면 그것이 우선입니다. 국제형사재판소는 해당 국가가 처벌하지 않을 때 보충적으로 적용됩니다.

한국도 국제형사재판소 설치 조약에 서명했고 이에 따라 『국제형사재판소 관할 범죄의 처벌 등에 관한 법률』을 제정했습니다. 이 법은 "인간의 존엄과 가치를 존중하고 국제사회의 정의를 실현하기 위하여 「국제형사재판소에 관한 로마규정」에 따른 국제형사재판소의 관할 범죄를 처벌하고 대한민국과 국제형사재판소 간의 협력에 관한 절차를 정함을 목적"으로 합니다. 최소한 이들 범죄에 대해서는 한국은 국제형사재판소에 관한 로마규정이 정한 것과 같은 법체계를 갖추고 있습니다. 역시 주권의 제약 사례에 해당합니다. 더 정확하게는 국제협력의 사례이고, 인권의 우선성을 보여주는 사례입니다.

세계화 시대에 주권이 일부 제약되거나 양도되는 것은 피할 수 없습니다. 그만큼 국제적인 협력이 필요한 시대입니다. 시민들에게 세계화 시대의 윤리, 세계윤리가 필요합니다. 주권을 제약하면서까지 해결하려고 하는 문제의 중요성을 인식하고 이를 해결하기 위한 노력을 펼쳐야 합니다. 세계윤리를 실천하는 것은 바로 인류의 존속을 위한 것이기도 하고 개인을 위한 것이기도 합니다. 개인과 집단의 좋은 삶을 위한 것입니다.

6. 지속가능성

공동체, 국가, 세계를 생각한다면 자연히 장기적이고 큰 시각을 가지게 됩니다. 현재 가장 크고 중요한 생각 중의 하나는 지구의 지속가능성입니다. 정확하게는 지구의 생존 가능성입니다. 지금처럼 성장을 하면 지구는 과연 버틸 수 있을지, 버틴다면 언제까지 버틸 수 있을지 의문입니다. 그만큼 인류는 지구환경에 엄청난 피해를 끼칩니다. 숨겨져 있던 미지의 세계도 탐험과 관광으로 모두 드러났습니다. 쓰레기와 공해, 이산화탄소와 미세먼지가 세상을 지배하고 있습니다.

우리도 선조들처럼 후손들에게 깨끗한 지구를 물려줄 수 있을까요? 깨끗한 지구를 물려주는 것은 이미 불가능하게 되었습니다. 그나마 살 만한 지구를 물려줄 수 있을지 의문입니다. 지구 생태계, 환경 위기는 이미 당면한 우리의 문제입니다.

그렇다고 인간다운 삶을 포기할 수도 없습니다. 지금 당장 경제성장을 멈춘다면 선진국은 괜찮겠지만 중진국과 후진국은 영원히 인간다운 삶을 누릴 수 없습니다. 지구의 절대다수를 차지하는 중진국, 후진국 사람들의 인간다운 삶을 위해서도 발전은 해야 합니다.

타협점으로 제시된 것이 바로 지속 가능한 개발입니다. 유엔도 이 목표를 제시하고 있습니다. 지속 가능과 개발은 이론적으로는 서로 잘 맞을 수 있습니다. 개발을 조금 줄이면 지구환경에도 큰 영향이 없고 미래세대에게 좋은 생태계를 물려줄 수 있을 것 같습니다.

그러나 현실은 그렇지 않습니다. 이미 생활 자체가 지속가능성과 너무 멀리 떨어져 있습니다. 우리가 사용하는 에너지, 자원, 상품, 서비스 등은 이미 지속가능성을 뛰어넘어 지구환경에 심각한 피해를 끼칩니다. 아무리 지구온난화를 말해도 이산화탄소 배출은 계속 증가하고 있습니다. 지속 가능한 개발이라는 말은 정착되었지만 현실은 여전히 과거와 같습니다. 지속 가능한 개발을 실천하는 개인과 조직, 공동체와 기업, 정부와 국제기구가 나오고 있습니다만 이들의 영향력은 제한적입니다. 지속 가능한 개발을 위한 새로운 과학기술은 단위 물건에 들어가는 에너지와 자원은 줄이지만 제품을 더 많이 생산하므로 전체 소비되는 에너지와 자원은 줄어들지 않습니다. 제철회사나 자동차회사가 신규 공법을 도입하여 단위당 투입되는 에너지와 자원을 줄이더라도 이를 바탕으로 더 많은 철과 자동차를 생산합니다. 사용하는 에너지와 자원의 전체 양은 줄어들지 않고 늘어날 뿐입니다.

지속 가능한 발전이 정착되어 성과를 내려면 모든 국가의 자제가 필요합니다. 그중에서도 선진국의 양보와 희생이 먼저 필요합니다. 후진국은 인간적인 삶을 위해서는 경제발전을 이룩해야 합니다. 물론 후진국도 경제성장의 속도를 조절해야 합니다.

현실은 이와 반대입니다. 선진국도 마치 자전거를 타고 있는 것과 같아 경제성장을 멈추는 순간 무너집니다. 후진국은 더 빨리 자전거 페달을 밟아야 합니다. 모두가 자전거에 올라타 정지하는 순간 쓰러지는 상태에 있습니다. 선진국과 후진국 모두 경제성장을 두고 이해관계가 대립합니다. 이해관계 충돌은 곧 리더십의 상실을 의미합니다. 리더십이 상실되었기 때문에 기후협약이 체결되기도 어렵고 체결되어도 이행하기 어렵습니다. 리더십이 상실된 이유는 여러 가지가 있습니다만 세계화 시대에 걸맞는 세계윤리가 없는 것은 근본 이유 중의 하나입니다.

7. 세계화와 세계시민

세계화를 검토한 것은 현대 세계시민의 윤리를 살펴보기 위한 것입니다. 세계화가 된 지금 민족주의에 기반한 국가윤리, 또는 민족윤리는 세계의 문제를 해결할 수 없습니다. 개인 차원에서는 좋은 삶을 살 수 없고 공동체 차원에서는 평화로운 공동체를 만들 수 없습니다. 개인의 좋은 삶은 공동체가 평화롭고 안정적일 때 달성되므로 개인과 공동체는 분별되는 둘이 아니라 하나입니다.

현대사회 윤리는 개인윤리에 그치지 않습니다. 사회와 직접 관련되어 있고 나아가 세계와 관련되어 있습니다. 세계화, 빈곤 탈출, 원조, 주권 양도, 지속가능성 등은 현대의 윤리가 세계적 차원에서 모두 연결되어 있다는 점을 잘 보여줍니다. 사회 전체, 지구 전체가 윤리 친화적이고 세계와 국가가 윤리에 적극적으로 반응할 때 개인의 윤리도 제대로 기능할 수 있습니다. 개인, 사회, 국가, 지구가 하나로 서로 연결되어 있습니다. 서로 분리되어 있다고 보는 분별심은 연결성이 극대화된 현대사회에서는 윤리의 기초가 될 수 없습니다. 연결성은 윤리의 핵심입니다.

세계시민 윤리는 민족주의 윤리와 공통점도 있지만 다른 점도 많습니다. 민족주의 윤리도 부족주의나 지역주의를 뛰어넘기 때문에 보편성을 가지고 있습니다. 부족이나 지역의 특수주의를 극복하면서 민족주의는 민족국가라는 새로운 공동체를 만들었습니다. 당시 사람들이 당면했던 많은 문제들을 해결했습니다. 독립을 달성하고 경제를 성장시켰으며 평화와 안전을 가져왔습니다. 이것은 민족주의가 등장할 당시의 문제가 부족주의나 지역주의, 귀족주의로는 해결할 수 없었기 때문입니다. 수천만 명의 사람을 동원하여 독립을 달성하고 근대시민혁명을 완수하고 경제를 발전시키려면 부족, 지역, 귀족 등 특수계층에 의존해서는 안되었습니다. 부족, 지역, 귀족을 뛰어넘는 광범위한 역량이 동원되어야 했습니다. 민족주의는 이 역할을 충실하게 수행했습니다. 민족주의가 발전하면서 민족주의 윤리가 국가윤리와 함께 발전했습니다. 민족주의 윤리만으로도 당시에는 충분히 문제를 해결할 수 있었습니다.

세계화가 된 지금 민족주의 윤리, 국가 윤리는 더 이상 문제를 해결하지 못합니다. 오히려 문제를 어렵게 만듭니다. 살펴본 바와 같이 전쟁,

환경, 과학기술, 질병, 정보, 인권 등 오늘날 중요한 문제들은 모두 민족과 국경을 뛰어넘어 존재합니다. 국가들의 협력이 없다면 문제를 해결할 수 없습니다. 실제로 국가 간의 협력이 진행되고 있습니다. 유엔과 유럽연합이 바로 그 증거입니다. 이에 걸맞게 민족주의 윤리가 아닌 세계시민 윤리가 필요합니다. 그렇다고 민족주의 윤리 중 중요한 원리를 버릴 필요는 없습니다. 세계가 국경을 가진 국가로 구성된 이상 민족주의는 여전히 중요한 역할을 합니다. 민족주의 윤리를 더 큰 관점인 세계시민 윤리로 수정하고 발전시켜야 할 때입니다.

제 5 장

윤리 정립의 출발점

ETHICS

사람에게는 윤리가 필요합니다. 현대사회에는 윤리가 더 필요합니다. 다만 과거의 윤리가 아닌 현대의 윤리, 세계윤리가 필요합니다. 현대의 근본적인 문제를 해결하려면 경제, 과학, 정치, 법률과 함께 윤리도 반드시 필요합니다. 윤리는 근본에서 문제해결을 시도합니다. 이렇게 귀중한 윤리를 제대로 세우기 위해서는 무엇을 해야 할까요? 저는 세 가지를 제안합니다. 먼저 윤리가 좋은 삶이라는 사실을 인식해야 합니다. 윤리가 단순히 장식품이나 교양이 아니라 좋은 삶 그 자체라는 점을 알아야 합니다. 다음으로 공동체에 관한 관심이 필요합니다. 우리가 속한 다양한 공동체에 관해 관심을 가져야 합니다. 마지막으로 개혁이 필요합니다. 윤리가 실제로 힘을 발휘하려면 좋은 토양이 있어야 합니다. 좋은 토양은 개혁으로 확보됩니다. 개혁 없는 윤리는 공허하고 윤리 없는 개혁은 더 공허합니다.

CHAPTER 1

윤리와 좋은 삶

1. 좋은 삶, 좋은 행위

윤리는 좋은 삶을 위해 필요합니다. 정확하게는 윤리는 좋은 삶 자체입니다. 삶은 개별 행위로 구성됩니다. 시간을 관통하여 사람의 인격, 정체성을 형성하는 것은 오로지 행위입니다. 행위는 생각에 따라 좌우됩니다. 좋은 삶을 살려면, 윤리적인 삶을 살려면 좋은 생각을 하고 좋은 행위를 해야 합니다. 좋은 행위를 하면 좋은 생각이 쌓이게 됩니다. 좋은 생각을 하면 좋은 행위가 따라옵니다. 반대의 경우도 같습니다. 나쁜 행위를 하면 나쁜 생각이 쌓이게 됩니다. 이것은 마치 향을 싼 종이에는 향냄새가 나고 생선을 싼 종이에는 생선 냄새가 나는 것과 같습니다. 행위는 인간의 깊은 무의식에 저장되고 무의식에 저장된 기억이 외부 사물을 만나 외부 사물을 인식하고 행위를 하게 됩니다.

이를 유식 불교에서는 아뢰야식에 근거하여 설명합니다. '현행훈종자', '종자생현행'이라고 하여 행위가 무의식에 있는 종자를 훈습하고 종자가 행위를 낳는다는 것입니다. 이렇게 연결고리가 마련되어 있기 때문에 행위가 좋은 방향으로 가면 좋은 삶을 살게 되고 나쁜 방향으로 가면 나쁜 삶을 살게 됩니다.

좋은 삶을 살기 위해서는 좋은 행위를 해야 합니다. 개인적인 습관, 인간관계, 사회생활, 경제생활, 정치활동 등 모든 행위가 좋은 행위가 되어야 합니다. 인간의 모든 행위, 일상생활이 윤리와 관계됩니다. 모든 행위가 쌓여서 사람의 의식을 형성하듯 모든 행위가 윤리적 삶으로 쌓이고 윤리는 모든 행위에 영향을 미칩니다. 윤리 없는 행위, 활동은 없습니다.

윤리적인 삶의 출발점은 좋은 삶을 살겠다는 다짐입니다. 이를 맹세라고도 하고 서원, 초발심이라고도 합니다. 무의식에 가지고 있는 종자는 서로 비슷하니 진리를 제대로 보고 좋은 행위를 하기 위해 맹세하는 것이 먼저입니다.

2. 삶과 윤리의 통일

현대인들은 대부분 삶과 윤리, 행위와 윤리를 분리시킵니다. 그래야 사회 활동을 마음껏 할 수 있습니다. 특히 경제활동과 관련해서는 윤리를 철저하게 분리합니다. 이러한 분리는 사실 분리할 수 없는 것을 분리하는 것이므로 공동체 차원에서는 신뢰를 붕괴시키고 개인적으로는 분열을 초래합니다. 삶과 윤리의 분리는 '이렇게 살아가도 괜찮은가'하고 의문을 갖는 것을 원천봉쇄합니다.

최근의 예를 들면 코로나바이러스 19 사태로 마스크가 귀해지자 일부에서는 마스크를 사재기하고 가짜 마스크를 생산했습니다. 이런 행위는 경제적인 관점에서 보면 지극히 합리적인 선택입니다. 그렇지만 윤리적이지 않습니다. 윤리적이지 않으니 사회적으로 혼란이 초래되고 마스크를 둘러싸고 갈등이 벌어집니다. 갈등은 개인과 개인, 개인과 공동체, 정부와 정당의 갈등으로까지 확대됩니다. 개인 내부에서도 갈등이 일어납니다. 돈은 벌지만 비윤리적인 행위이기 때문입니다. 아마 주위 사람들에게 어떻게 돈을 벌었는지 떳떳하게 말하기는 어려울 것입니다. 마음의 분열이고 심하면 이중인격이라고 할 수 있습니다. 윤리가 없는 경제활동은 이처럼 위험합니다.

그런데 왜 사람들은 윤리 없는 행위를 할까요? 그 원인은 무엇일까요? 의외로 깊은 곳에 답이 있습니다. 그래서 윤리 없는 행위를 마냥 비난하기도 어렵습니다.

첫째, 사람들은 윤리 없는 경제생활이 편리하고 자유롭게 때문에 윤리 없는 행위를 합니다. 윤리와 비윤리를 왔다 갔다 하면서 사는 것이 훨씬 편합니다. 사람은 조금이라도 편한 것이 있다면 그쪽으로 이동합니다. 정보를 얻는 방식이 신문과 텔레비전에서 스마트폰으로 바뀐 것은 스마트폰이 더 편하기 때문입니다. 정보가 넘치지만 다른 정보를 확인하지 않는 것은 자신과 맞는 정보가 더 편하기 때문입니다. 이렇게 편한 생활방식을 개발하는 것이 곧 기업의 성공으로 이어집니다.

편안함과 자유에 대한 추구는 철학적으로도 승리했습니다. 근대시민혁명 이후 사람들에게 자유는 가장 중요한 가치가 되었습니다. 하지만 자유를 얻음과 동시에 윤리의 가치는 격하되었습니다. 윤리는 마음에 기초하고 있고 마음 중 특히 부끄러움에 기초하고 있습니다. 그래서 자유와 상반되는 측면이 있습니다.

삶과 윤리의 분리는 자유와 부끄러움을 분리해 버렸습니다. 자유는 보란 듯이 즐기는 존재가 되었고 부끄러움은 숨기는 존재가 되었습니다. 부끄러움을 한곳으로 몰아넣고 나중에 보아도 되는 부차적인 존재로 만들었습니다. 나중에라도 보면 다행이지만 실제로는 부끄러움을 보지도 않습니다. 자유만이 중요하다고 생각하는 순간 윤리의 기초가 되는 부끄러움은 불필요한 존재가 됩니다. 이를 정당화시켜주는 것이 자유주의 철학입니다. 윤리가 오히려 나의 자유를 막는 존재라고 보기 때문에 윤리에 가능한 한 중요성을 부여하지 않습니다.

둘째, 현대사회의 성공 공식이 윤리를 배제하기 때문에 사람들은 윤리 없는 행위를 합니다. 현대사회의 성공 기준은 부의 축적 정도입니다. 세계 최고의 부자를 가리기 위해 매년 부자들의 랭킹을 매기는 것이 현실입니다. 세계에서 가장 성공한 사람은 빌 게이츠이고 한국에서 가장 성공한 사람은 이건희입니다. 2019년 한국에서 배당금을 많이 받은 순서는 이건희 4,748억 원, 이재용 1,426억 원, 정몽구 933억 원, 정몽준 777억 원, 홍라희 767억 원의 순서입니다. 우리 사회 성공의 순서입니다.

부자 되는 것이 성공인 시대에는 윤리가 낄 틈이 없습니다. 이들이 무슨 근거로 이렇게 많은 돈을 받는지는 이해하기 어렵습니다. 만일 외계인이 와서 인간들을 본다면 이들과 비정규직의 수입 차이는 절대로 이해하지 못할 것입니다. 논리적으로도 이해하기 어렵지만 윤리적으로는 더 수긍하기 어렵습니다. 만일 이들이 윤리적이라면 노동자가 1,000년 이상 일해야 만질 수 있는 돈을 배당받지는 않을 것입니다.

인간은 대부분 인정욕구를 가지고 있습니다. 사람들은 성공의 기준이 정해지면 그 성공의 기준에 따라 인정받고자 치열하게 노력합니다. 극히 일부의 사람들만이 인정욕구를 버립니다. 우리는 이들을 '깨달은 사람'이라고 부르며 존경합니다. 역사상 이런 사람들이 없었던 시대는 없지만 이들이 다수가 된 적은 한 번도 없습니다. 만일 이들이 다수가 되었다면 세상은 이렇게 되어있지 않았겠지요.

다른 각도에서 이 문제를 생각해봅시다. 위에서 본 가장 부유한 이들 중 대부분은 범죄경력을 가지고 있습니다. 이들 중 대부분은 비자금 조성, 뇌물, 정경유착으로 수사와 재판을 받고 교도소를 다녀왔습니다. 국가와 사회에 많은 해를 끼쳤습니다. 교도소에 갔다 올 정도의 인생은 개인적으로 성공한 인생이라고 할 수는 없겠지요.

이들은 한편으로는 세상을 호령하는 대기업의 총수이지만 다른 한편으로는 범죄인으로 수사와 재판을 받는 이중의 삶을 갖고 있습니다. 도저히 같은 사람이 했다고 보기 어려운 행위를 같은 사람이 하고 있습니다. 경제활동과 윤리, 삶과 윤리라는 분리될 수 없는 것을 분리함으로써 벌어지는 일입니다. 삶과 윤리를 분리하고 나와 너를 분리하고 나와 세상을 분리함으로써 결국에는 개인 속에 있는 정체성까지 분리시키게 됩니다.

셋째, 사람들은 다른 사람과 다르게 행동하면 어색하고 불이익을 입을 수 있다고 생각하기 때문에 윤리 없는 행위를 합니다. 다른 사람과 달리 행동하면 어울리지 못하고 튀어 보입니다. 착하고 친절하고 마음 약한 사람들은 대부분 튀는 것을 싫어합니다. 대부분의 사람은 평범한 인생을 살아갑니다. 한순간 유명해진다고 하더라도 평범한 일상을 포기할 생각은 없습니다.

현대사회에서 윤리적으로 생활하면 손해 보기 십상입니다. 대부분의 사람은 한 푼이라도 더 벌려고 노력하는데 나만 윤리적으로 행위를 하면 손해를 봅니다. 당장 누가 물건을 나누어주는데 다른 사람에게 양보하다가는 그 물건을 가지지 못합니다. 윤리적으로 행동하면 정신적으로 풍족함을 느끼지만 그것은 누구도 신경 쓰지 않습니다.

대다수 사람과 다른 윤리적 삶은 어색과 불이익을 넘어 차별을 당할 수 있습니다. 대다수 사람이 비윤리적일 때 윤리적으로 행동하면 소수자가 됩니다. 소수자의 위험은 이미 잘 알고 있습니다. 사회적 소수자가 얼마나 차별을 당하는지 이미 뼛속까지 체험해 보았습니다. 여성, 비정규직, 장애인, 성소수자 등은 지금도 차별을 당하고 있습니다. 일제 강점기 독립투사, 군부독재 시절 민주투사, 혁명가의 삶, 그리고 최근에는 사회를 개혁하려는 개혁주의자의 삶이 얼마나 힘들고 어려운지 잘 알고 있습니다. 소수자가 되면 차별을 당합니다. 차별은 혐오를 낳고 혐오는 증오를 낳습니다. 사회 주류로부터 차별, 혐오, 증오의 대상이 되는 것은 개인에게 매우 위험한 신호입니다. 인류역사상 소수자는 있어 왔고 앞으로도 계속 있겠지만 가능하면 사회적 약자를 줄이고 개인도 사회적 약자가 되지 않는 것이 좋다는 것은 말할 것도 없습니다.

현대사회에서 윤리는 자리를 잡기 어렵습니다. 삶과 윤리를 분리하지 않아야 윤리적인 삶, 좋은 삶을 살 수 있는데 이미 삶과 윤리는 분리되어 있습니다. 삶과 윤리의 분리를 독려합니다. 성공하려면 윤리는 잠시 접어두라고 합니다. 영원히 접어두면 더 성공할 것이라고 합니다.

삶과 윤리의 분리는 현대사회에서 불가피한 측면이 있습니다. 그러나 전부는 아닙니다. 대부분 사람들의 마음에는 여전히 삶과 윤리는 같이 있습니다. 사업을 시작할 때부터 사람들을 속이고 뇌물을 바치면서까지 반드시 성공하겠다고 다짐하는 사람은 없을 것입니다. 변호사 개업도 하기 전에 전관예우를 받아 평생 벌 돈을 1년 만에 다 벌어야겠다고 생각하는 변호사는 극히 소수입니다. 대부분 사람들의 마음에 있는 윤리적인 삶, 좋은 삶의 싹을 잘 키워내는 것이 필요합니다.

삶과 윤리를 통일적으로 보는 것이 필요합니다. 실제로 삶과 윤리는 같이 있으므로 있는 그대로 인정하기만 하면 됩니다. 무리하게 분리할 필요가 없습니다. 삶과 윤리가 같이 있다는 점을 아는 것에서부터 윤리는 시작됩니다.

3. 나를 보는 또 다른 나

사람은 외부의 다른 사람, 사물과 관계하면서 살아갑니다. 외부의 존재가 행복하면 자신도 행복하고 외부의 존재가 불행하면 자신도 불행합니다. 먹는 것만 해도 몸에 좋은 것을 먹으면 몸이 좋아지고 나쁜 것을 먹으면 몸이 나빠집니다. 좋은 말을 들으면 좋은 사람이 됩니다. 좋은 친구가 있다면 자신도 좋은 사람이 됩니다. 외부 존재의 행복을 신경 쓰지 않고 자기 마음대로 이용하면 당연히 관계가 망가집니다. 관계가 망가지면 자신은 심리적으로, 정신적으로, 육체적으로 병듭니다.

사람은 항상 자신의 행위를 점검해야 합니다. 윤리적으로 좋은 삶인지, 좋은 행위인지를 점검해야 합니다. 자신의 행위를 점검하는 것은 자신의 행위를 객관적으로 보는 것을 말합니다. 나와 외부 관계를 있는 그대로 보아야 합니다. 가만히 거리를 두고 세심하고 객관적으로 관찰하는 것이 필요합니다.

자신과 외부의 관계를 객관적으로 관찰하려면 과학적인 방법을 사용해야 합니다. 우리는 과학실험을 할 때 실험대상을 제3자의 입장에서 관찰합니다. 세포의 활동을 확인하려면 현미경으로 세포의 활동을 가만히 관찰하고 기록하고 평가합니다.

같은 이치로 나와 외부 존재의 관계를 관찰하려면 제3자가 필요합니다. 자신의 행위를 가만히 관찰하는 주체가 필요한데 그 주체는 바로 자기 자신입니다. 다른 사람은 관찰할 수 없습니다. 자신을 가장 잘 아는 것은 바로 자신이니까요. 제3자인 나는 나의 행위를 객관적으로 보고 기록하고 평가할 수 있습니다. 직접 관계를 맺는 나는 감정의 소용돌이에 파묻혀 있기 때문에 객관적으로 볼 수 없습니다.

지켜보는 것은 매우 중요합니다. 관찰하는 제3자, 관찰하는 또 다른 내가 있다고 생각하면 당연히 자세나 행위를 바르게 합니다. 교실에서 선생님이 아무 말도 하지 않고 가만히 있어도 학생들은 자세를 바르게 합니다. 지켜보는 나는 가만히 지켜보기만 해도 충분합니다. 좋은 삶의 출발점은 지켜봄, 관찰이므로 지켜만 봐도 됩니다.

자신의 행위를 스스로 관찰하지 않으면 좋은 행위든 나쁜 행위든 아무런 생각 없이 계속 반복하게 됩니다. 대부분은 나쁜 행위를 계속 반복합니다. 나쁜 행위, 악한 행위는 감각을 쫓아가는 행위이고 편안한 행위인 경우가 많습니다. 의식하지 않으면 행위는 감각을 쫓고 편안한 쪽으로 기울기 마련입니다.

자신의 행위를 관찰하면 좋은 행위를 할 수 있게 됩니다. 지금 하고 있는 행위가 좋은 행위인지 나쁜 행위인지 관찰하고 있으므로 의도적으로 좋은 행위를 하게 됩니다. 이것이 반복되면 자신의 내부에 좋은 행위를 쌓게 됩니다.

관찰하는 나는 보고 듣고 냄새 맡고 맛보고 접촉하고 느끼는 표면적인 나와는 다릅니다. 표면적인 존재가 아니라 본질을 추구하는 깊은 자아입니다. 본질을 추구하는 깊은 자아도 찰라 간에만 존재하는 임시적인 존재이지만 진리와 본질을 본다는 점에서 차이가 있습니다. 이 관찰하는 나를 훈련하고 성장시키면 점점 더 깨달음에 가까워질 수 있습니다. 이 과정이 바로 깨달음으로 가는 과정이고 좋은 삶, 윤리적인 삶을 사는 과정입니다.

지켜보는 나는 오염되지 않은 의식이므로 행위에 의하여 좌우됩니다. 선한 행위를 하면 선한 자아의식이 되고 악한 행위를 하면 악한 자아의식이 되는 것입니다. 이 자아의식 중 선한 자아의식을 따로 모으고 발전시키면 이것이 부처의 마음이 됩니다. 이런 의미에서 부처가 될 수 있는 가능성, 즉 불성佛性은 자신에게 있다고 말을 합니다. 물론 악한 행위를 하여 악한 의식이 발전하면 그 사람이 지옥이 됩니다. 그래서 지옥도 바로 자기 마음속에 있다고 합니다. 보통 사람인 중생은 이 두 마음을 아무 생각 없이 오고 갑니다. 의식하지 않으면 대부분 악한 행위에 이끌리므로 대부분의 사람은 지옥을 경험합니다. 자신을 제대로 관찰하지 않기 때문입니다.

관찰은 부분에 대한 관찰에서 시작됩니다. 관찰을 하려면 차분함과 집중이 필요합니다. 차분함과 집중은 상당히 힘든 일입니다. 그래서 처음에는 관찰이 부분에 대한 관찰에 머무릅니다. 자신의 행위, 자신의 내면을 보려면 먼저 차분해야 합니다. 개인의 마음은 파도치는 바다의 표면과 같습니다. 너무 변화무쌍합니다. 먼저 파도를 가라앉혀야 물에 비친 달도 볼 수 있고 물의 바닥도 볼 수 있습니다. 이것은 그친다는 뜻의 지止라고 합니다. 불교에서는 사마타라고 부릅니다. 그다음 정신집중을 통해 물의 바닥을 보아야 합니다. 이것을 본다는 뜻의 관觀이라고 합니다. 위빠사나라고 합니다.

지관수행은 그냥 되는 것이 아니므로 훈련이 필요합니다. 명상과 정신집중 등 훈련을 하면 할수록 능력이 늘어나 관찰을 잘 할 수 있습니다. 능력이 높아지면 부분적으로만 관찰할 수 있는 단계에서 자신의 행위 전부를 지켜보는 단계로 발전합니다. 이렇게 되면 자신의 삶 전체를 다른 사람과 사물을 돕는 삶으로 바꿀 수 있습니다.

자신의 생활 전부를 지켜보는 것은 윤리적 삶에서 중요합니다. 윤리와 일상생활이 분리되어 있지 않기 때문입니다. 윤리의 내용은 생활 전반에 미칩니다. 동양의 윤리인 삼강오륜은 말할 것도 없고 현대의 전문가 윤리에도 일상생활의 '품위유지'가 포함되어 있습니다. 일상생활의 품위유지가 윤리에 포함되어 있다는 것은 일상생활에 윤리가 있을 때 좋은 삶이 가능하다는 점을 보여줍니다.

'외부 – 외부와 관계하는 나 – 관찰하는 나'라는 수준도 높은 수준입니다만 여기에서 한 발 더 전진할 수 있습니다. 다른 이들의 관찰까지 모두 지켜보는 나가 있을 수 있습니다. 나를 관찰하는 나보다 나 자신도 지켜보지만 다른 이의 행위도 지켜보는 나는 더 높은 수준의 나입니다. 더 높은 수준에서 보게 되면 세상 사물들이 있는 그대로 보이게 될 것입니다. 이것은 진리 그 자체를 보는 단계이거나 아니면 진리 그 자체일 가능성이 높습니다. 이 단계에 들어서면 다른 사람의 고통에 아파하고 다른 사람의 고통을 해결해 주려고 노력할 것입니다. 나와 남의 구분이 없기 때문입니다. 참으로 윤리적인 삶의 단계이지 않을까 생각됩니다.

4. 거리두기

나의 행위, 즉 내가 외부와 관계하는 것을 관찰하려면 일정한 거리를 두어야 합니다. 그래야 객관적으로 관찰할 수 있습니다. 만일 행위하는 나와 관찰하는 내가 거리가 없다면 관찰이라는 것은 있을 수 없습니다. 관찰하려면 일정한 거리를 두고 냉정하게 보아야 합니다.

나와 외부 역시 일정한 거리가 있습니다. 원래 나와 외부 사이에 있는 거리를 무시하고 한 몸이 되어버리면 외부에 휩쓸리게 됩니다. 남이 좋아하는 것을 좋아하고 남이 싫어하는 것을 싫어하는 비주체적인 삶이 되어버립니다. 물건이 하나 생기면 좋아하고 물건이 하나 없어지면 슬퍼집니다. 다른 사람의 감정, 물건의 존재에 따라 자신이 변하니 참으로 비주체적인 삶입니다.

그렇다고 나와 외부가 너무 멀어지면 곤란합니다. 외부에 의지하지 않고는 내가 존재할 수 없고 내가 없으면 외부는 존재할 필요가 없습니다. 나와 외부의 거리가 너무 멀면 고립이 발생합니다. 세상의 상호의존성을 부인하니 생활이 괴로워집니다.

'외부 – 외부와 관계하는 나 – 관찰하는 나'라는 3개의 주체가 적절한 거리를 두어야 합니다. 여기에 더하여 세상 모든 일을 관찰하는 나까지 포함하면 4개의 주체가 모두 어느 정도 거리를 두어야 합니다. 이미 존재하는 적절한 거리를 인식하고 그 거리에 맞게 행동해야 합니다. 적절한 거리를 두면 관찰자는 피관찰자, 즉 상대방을 존중하게 됩니다. 왜냐하면 상대방의 움직임을 상대방의 입장에서 이해하기 때문입니다.

일정한 거리를 두면 먼저 외부의 움직임을 자신의 감정이나 선입견과 관계없이 정확하게 인식할 수 있습니다. 상대방을 이해할 수 있습니다. 상대방을 관찰하는 자신도 차분하게 살펴볼 수 있습니다. 상대방이 마음에 들거나 들지 않는다고 보자마자 무조건 흥분하는 것이 아니라 차분하게 자신에게 일어나는 현상을 지켜볼 수 있게 됩니다.

객관적으로 사물을 정확하게 인식하면 충실하게 살게 됩니다. 삶을 충실하게 살면 삶의 가치를 추구하게 됩니다. 삶의 가치를 추구하면 나와 남을 위해 사는 삶을 원하게 됩니다. 이 단계가 되면 이기심과 이타심을 구분하는 단계를 뛰어넘게 됩니다. 자신에게도 이롭고 상대방도 이롭게 하는 '자리이타自利利他'의 단계입니다. 위로는 진리를 구하고 아래로는 중생을 구제하는 단계, 즉 상구보리上求菩提 하화중생下化衆生의 단계입니다.

상대방과 나에 대한 존중은 윤리의 출발점이면서 깨달음의 출발점입니다. 상대도 역시 나와 같이 하나의 우주를 구성한다는 사실, 즉 일인일우주一人一宇宙를 인정하는 것은 곧 상대방을 존중하는 마음입니다. 존중은 상대를 아끼는 마음, 상대의 어려움에 안타까워하는 연민의 마음, 상대의 즐거움에 함께 즐거워하는 마음, 상대방을 불쌍히 여기는 마음, 나를 포함하여 상대방들을 모두 평등하게 대하는 마음으로 발전합니다.

CHAPTER 2

공동체에 대한 관심

◇◇◇◇◇

1. 사회윤리의 출발점

개인윤리는 사회와 국가가 뒷받침할 때 제대로 정립됩니다. 전쟁과 내전, 식민과 국가폭력이 난무하는 세계, 범죄와 거짓말, 욕설과 비난이 창궐하는 사회, 이기심과 욕심이 찬양되는 공동체에서는 개인이 아무리 좋은 삶을 살고 싶어도 살기 어렵습니다.

물론 개인윤리는 강한 힘을 가지고 있습니다. 개인윤리를 의식적으로 확장해 나간다면 사회윤리, 국가윤리를 만들고 발전시킬 가능성이 없는 것은 아닙니다. 그러나 개인의 변화를 통하여 사회와 국가를 바꾸는 것은 참으로 어렵습니다. 착한 개인이 많으면 착한 사회, 착한 국가가 될 가능성은 높아집니다. 하지만 착한 사람이 많다고 해도 사회 시스템, 국가 제도가 이를 뒷받침하지 않는다면 착한 사람은 좌절하고 실패하게 됩니다.

사회와 국가는 자체의 메커니즘으로 돌아갑니다. 국제사회도 자체의 원리가 지배합니다. 본질은 같지만 운영의 원리는 다릅니다. 국제사회를 살펴봅시다. 국제사회는 무정부 사회에 비유됩니다. 철저히 국익을 따져 서로 경쟁하는 사회라고 보는 것이 일반적입니다. 평화 지향적, 인권 지향적인 지도자도 국제사회에 나가면 철저히 국가의 이익에 따라 행동해야 한다고 이야기합니다. 서로 다른 나라를 공격하고 의무는 떠넘기기 바쁩니다. 이런 상태는 국가지도자의 개인윤리를 강조한다고 해결되지 않습니다. 국제사회를 윤리적으로 만들려면 국제사회의 규칙이 필요합니다. 개인윤리도 중요하지만 좋은 사회, 좋은 국가, 좋은 세계를 만들려면 사회윤리, 국가윤리, 세계윤리가 필요합니다.

좋은 사회윤리, 좋은 국가윤리 역시 적정한 거리를 두고 나와 공동체의 관계를 내가 관찰하는 데서 출발합니다. 공동체에 의존하고 관계맺는 나, 공동체와 관계 맺는 나를 관찰하는 나, 다른 이들의 관계까지 관찰하는 나를 있는 그대로 볼 때 윤리는 시작됩니다. 개인윤리와 본질은 같습니다. 여기에 더해 새로운 관점이 필요합니다. 바로 공동체에 대한 존중, 공동체에 대한 관심이 그것입니다.

공동체는 개인에게 막대한 영향을 미칩니다. 현대의 개인은 공동체로부터 자유롭다고 생각하는 경향이 있습니다. 공동체는 오히려 개인을 억압한다고 보아 공동체로부터 벗어나려고 노력합니다. 하지만 개인은 공동체로부터 벗어날 수 없습니다. 인간은 다른 사람과 함께 사회를 이루며 살아야 하는 사회적 존재입니다. 다른 사람이 없다면 자신도 존재할 수 없습니다. 상호의존성으로 인간은 생존해 왔고 번창했습니다. 개인의 정체성 대부분은 공동체가 제공하는 것이고 개인의 독자적인 정체성은 일부분일 뿐입니다. 그렇기 때문에 한국인은 개인으로서는 다양하지만 핵심적인 부분에서는 한국인으로서의 정체성을 가지고 있습니다.

공동체의 중요성은 공동체가 제공하는 효용에서 확인할 수 있습니다. 의료와 치안을 예로 들어 살펴봅시다. 한국의 의료시스템은 선진국 중에서도 잘되어 있는 시스템입니다. 코로나바이러스 19사태 당시 한국의 의료시스템의 우수성을 확인했습니다. 다른 나라에 비해 빠른 진단과 치료, 적은 확진자와 사망자는 그 직접적인 결과입니다.

치안도 비슷합니다. 한국은 다른 나라에 비하여 치안이 좋은 편입니다. 밤이 되어 어두운 거리를 걸어가도 되고 밤늦게 지하철이나 택시를 타도 안전한 편입니다. 물론 혐오범죄, 성범죄, 잔혹 범죄가 증가하고 있고, 여성이 느끼는 안전은 또 다르지만 외국과 비교해보면 안전한 편입니다. 높은 치안 수준은 공동체만이 제공할 수 있는 참으로 소중한 무형의 자산입니다.

최근에 비교할 수 있는 사례가 하나 더 생겼습니다. 시민의식입니다. 코로나바이러스 19사태로 공동체가 위기에 처하자 시민의식이 드러났습니다. 외국에서는 사재기가 발생하고 혼란이 생겼지만 한국에서는 사재기도 시위도 없었습니다. 시민들은 침착하게 대응했습니다. 서로 격려하고 어려움을 나누면서 극복을 위해 힘을 모았습니다. 시민의 높은 윤리의식은 의료인과 공무원들의 헌신, 질병관리본부와 국민건강보험체제라는 시스템, 청와대와 국무총리, 장관과 지방자치단체장으로 이어지는 리더십으로 더욱 빛났습니다. 코로나바이러스 19사태를 조기에 극복할 수 있는 힘 역시 공동체에서 나오는 것입니다.

공동체와 개인의 관계는 종합적이고 결정적입니다. 이 관계를 있는 그대로 보면 공동체를 존중하게 됩니다. 공동체를 존중하면 공동체에 의지하면서 공동체를 위하여 자신의 삶의 일부를 기꺼이 보탭니다. 공동체에 의하여 자신이 성장했고 자신의 성장으로 공동체가 풍요롭게 된다는 사실을 인식하는 순간 공동체에 기여하게 됩니다. 공동체의 구성원으로 삶에 충실하게 됩니다. 공동체 구성원이면서 개인으로서 충실하게 살기 위해서 삶의 가치를 추구하게 됩니다. 도움을 받으면 다시 도움을 주는 것이 인간의 자연스러운 마음입니다.

개인이 자신의 삶의 일부를 기꺼이 보태려고 하는 공동체는 억압적인 공동체가 아니어야 합니다. 모든 공동체는 개인을 구속하는 측면이 있습니다. 좋은 공동체는 개인의 자유를 적게 구속하고 또 바람직한 방향으로 행동하도록 격려하는 공동체입니다. 나쁜 공동체는 개인을 많이 구속하고 타락하게 하는 공동체입니다. 개인의 자유를 전적으로 구속하는 억압적인 공동체는 해체되어야 합니다. 중세 봉건시대의 공동체가 혁명으로 해체되었듯이 혁명과 개혁으로 해체되어야 합니다. 존속하는 다른 공동체는 억압적인 속성을 줄여야 합니다.

전통적인 공동체 중에서 존속시키고 발전시켜야 할 공동체도 있습니다. 가족공동체는 분명히 개인을 구속하는 측면이 있습니다. 친밀한 관계는 어느 정도의 간섭과 구속을 포함하고 있습니다. 그렇다고 가족공동체를 해체할 필요는 없습니다. 가족공동체가 가진 약한 간섭과 구속은 없앨 필요도 없습니다. 약한 간섭과 구속이 없다면 공동체라고 할 수 없습니다. 공동체에 대한 관심과 존중은 모든 공동체에 대한 관심과 존중을 말하는 것이 아닙니다. 좋은 삶과 나쁜 삶을 마구 섞을 필요는 없습니다. 좋은 공동체를 바탕으로 좋은 윤리를 만들어야 합니다.

2. 산업화 성공과 윤리

한국인의 윤리의 출발점을 생각해봅시다. 한국인의 윤리는 인간으로서 좋은 삶이면서 한국인으로서 좋은 삶입니다. 한국인 윤리의 출발점은 정의와 공정의 출발점과 거의 같습니다. 한국인의 윤리 역시 한국인의 특성, 그중에서도 성공의 경험에서 출발해야 합니다. 우리의 장점은 묻어 두고 굳이 약점을 캐내어 자기비하할 필요는 없습니다. 나쁜 점은 솔직하게 반성해야 하겠지만 이것 역시 좋은 점을 더 많이 성장시키는 과정에서 하는 것이 바람직합니다.

산업화와 민주화 성공, 이것이 한국인의 가장 큰 장점입니다. 최근 산업화와 민주화의 성공을 이야기하는 것이 줄어들었습니다. 과거만큼 산업화와 민주화의 성공을 말하지 않는 것은 현재의 상태가 그리 자랑스럽지 않기 때문입니다. 실제로 자랑스럽지 않은 측면도 있고 상대방을 비판하고 자신을 비하하느라고 자랑스러운 부분을 평가절하하기 때문이기도 합니다.

산업화의 결과, 잘 살게는 되었지만 정의와 공정이 위태로워진 것은 사실입니다. 민주화의 결과 군부독재의 위험이나 정보기관에 의한 지배는 벗어났지만 갈등은 증폭되었습니다. 산업화를 이룬 세력과 민주화를 이룬 세력이 서로를 배타시하면서 갈등하고 있습니다. 두 세력이 서로 싸우면서 산업화의 성과나 민주화의 성과를 약화시키고 있습니다. 실제로는 분리가 되지 않는데에도 말입니다.

이런 문제점에도 불구하고 산업화와 민주화 성공은 한국과 한국인을 특징짓는 가장 중요한 요소입니다. 산업화와 민주화의 성공은 지난 50년 동안 한국을 완전히 다른 나라로 만들었습니다. 식민지에서 독립하여 경제적으로 선진국의 대열에 들어간 나라는 한국을 제외하고는 거의 없습니다. 기아의 공포에서 벗어나 풍요로운 국가를 만들었습니다. 한국의 민주주의는 우리에게 민주주의를 가르쳐준 나라보다 높은 수준에 도달했습니다. G7을 구성하는 나라 중 몇 나라보다는 한국의 민주주의 수준이 높습니다. 산업화와 민주화의 성공은 한국인의 자부심이며 문제를 해결해 나갈 수 있는 큰 자산입니다. 아낌없이 상기하고 활용해야 합니다.

산업화의 성공은 윤리의 자산입니다. 물질적으로 풍요로워지면 여유가 생깁니다. 반드시 여유가 생기는 것은 아니지만 여유가 생길 수 있는 환경이 마련됩니다. 기아의 공포에서 벗어나기만 해도 마음의 자세가 달라집니다. 물질적 풍요는 좋은 점이 나쁜 점보다 훨씬 많습니다. 가난하더라도 편안하게 산다는 안빈낙도安貧樂道의 삶은 대다수 사람들에게는 해당하지 않습니다. 지식인도 극히 일부만 할 수 있는 삶입니다. 공자의 제자 중에서는 거의 유일하게 안회顔回가 여기에 해당할 것입니다.

물질적 풍요는 재물과 자신을 같은 것으로 보지 않고 거리를 두고 볼 수 있게 만듭니다. 먹는 것과 입는 것이 부족할 때에는 세상 모든 것이 먹는 것, 입는 것으로 보입니다. 심지어 사람도 먹는 것으로 보입니다.

다른 사람도 나를 먹을 것으로 봅니다. 세상 모든 사람들이 서로 먹고 먹히는 세상이 벌어집니다. 아귀의 세상과 같습니다.

재물이 부족할 때에는 세상 모든 것이 재물로 보입니다. 자신을 포함하여 사람을 재물로 봅니다. 사람을 자동차나 핸드폰보다 더 못한 것으로 봅니다. 그래서 유흥비를 마련하기 위하여, 핸드폰을 사기 위하여 강도를 하고 살인을 합니다. 물질적 여유가 없으면 인간은 아귀일 뿐 인간일 수 없습니다.

산업화의 성공은 한국인에게 진지한 삶의 자세와 협력의 경험을 주었습니다. 윤리의 중요한 자산입니다. 산업화 성공을 위해서 한국인들은 열심히 일하고 또 일했습니다. 열심히 일하는 것, 근면은 기본적으로 좋은 삶입니다. 열심히 일한다는 것은 공동체를 위하여 자신의 일부를 내놓는 것을 의미합니다. 개인이 공동체를 위하여 노력하면 그만큼 공동체는 풍부해집니다. 공동체가 풍부해지면 개인이 받는 혜택도 많아집니다. 공적 자산이 많은 공동체에 사는 사람일수록 적게 가지고 있더라도 행복하게 살 가능성이 높습니다. 생활유지에 필요한 많은 것들을 공동체에서 제공하기 때문입니다. 물론 여기의 공동체는 억압적, 착취적이지 않아야 합니다.

모든 것이 가벼워지는 현대사회에서 일에 대한 진지한 자세는 매우 중요합니다. 일에는 상대방에 대한 존중, 외부 사물에 대한 존중이 포함되어 있습니다. 일이란 관계의 일부입니다. 일에 대한 진지한 자세는 관계에 대한 진지한 자세를 의미합니다. 관계에 대한 진지한 자세란 서로가 서로에 의존하고 있다는 것을 정확하게 인식하는 것을 말합니다.

일에 대한 진지한 자세는 윤리의 출발점입니다. 어떤 일에 충실하면 장인에 도달하고 그러면 정신적 수준도 일정한 수준까지 고양됩니다. 일을 통하여 도에 이르는 경지에 도달합니다.

열심히 일한다는 것은 상대방과 협조하고 협력한다는 것을 말합니다. 사람은 혼자 일을 하지 않습니다. 다른 사람과 함께 일을 합니다. 일을 통해 사람은 자신의 외부와 좋은 관계를 만들고 그 관계를 발전시킴으로써 자신과 외부가 함께 발전합니다. 상대방과의 협조, 협력은 곧 상대방의 주체성 인정, 상대방에 대한 존중, 상대방을 위한 배려와 베풂으로 이어집니다. 상대방의 주체성 인정, 존중, 배려, 베풂은 윤리적 삶의 출발점입니다.

3. 민주화 성공과 윤리

민주화 성공의 경험은 산업화 성공의 경험보다 좋은 삶, 윤리에 더 큰 자산입니다. 한국 시민들은 민주주의에 대한 불퇴전의 결의를 가지고 있습니다. 그 결의가 있기 때문에 우리들은 4월 혁명, 광주민주화운동, 6월 항쟁, 촛불혁명 등을 이루었습니다. 민주주의에 대한 불퇴전의 결의는 좋은 공동체를 만들겠다는 의지입니다. 좋은 삶을 위한 출발점입니다.

민주주의는 공동체를 구성하는 원리 중의 하나입니다. 그것도 지금까지 인류가 발명하고 적용해본 원리 중에서 가장 좋은 원리입니다. 민주주의는 다수의 의사를 기반으로 하면서도 소수자 보호에도 관심을 가집니다.

민주주의는 다수의 의사로 공동체의 의사를 결정합니다. 다수의 의사가 최종적인 의사가 되려면 나의 결정이 다른 사람의 결정과 값이 같다는 것을 전제로 해야 합니다. 나와 네가 절대적으로 평등해야 합니다. 선거 과정을 보면 누구나 평등하게 한 표를 행사합니다. 실제 정치과정에서 각 사람이 평등하게 자신의 의사를 관철하는가 하는 점은 의문입니다. 평범한 직장인의 정치적 의사와 대기업 회장의 정치적 의사, 청년 학생의 정치적 힘과 관료, 전문가의 정치적 힘은 수준이나 영향력이 다릅니다. 오직 선거할 때에만 의사가 같다고 가정할 뿐입니다. 그렇지만 1인 1표 원칙은 민주사회에서는 절대적입니다. 이 원칙을 깨는 순간 우리는 황제나 임금이 다스리는 전제군주제로 가게 될 것입니다.

1인 1표 원칙은 평등을 상징하면서도 상대방에 대한 인정과 존중을 표현합니다. 내가 싫어하는 것은 다른 사람도 싫어할 수 있으므로 강요할 수 없다는 원칙은 상대방에 대한 존중을 말합니다. 이 원칙은 평등의 원칙에 비추어 보면 당연합니다. 사람은 본질적으로 같습니다. 평등이라는 토대에 서면 상대방을 존재 그대로 볼 수 있습니다. 자신의 감정에 물들어 미운 사람, 좋은 사람으로 존재하는 것이 아니라 미움과 좋음이라는 감정을 가지기 전의 사람 그 자체로 볼 수 있습니다.

외부 사람과 사물은 내가 좋아하거나 싫어하거나 관계없이 있는 그대로 존재합니다. 아무런 감정을 내뿜지 않고 존재합니다. 어떤 사람도 그 자체로 좋고 싫음의 감정을 내뿜지는 않습니다. 좋고 싫어함은 현상을 보는 사람이 만들어내는 감정입니다. 그 감정이 있기 때문에 특정한 사람이 어떤 사람에게는 좋은 사람으로, 어떤 사람에게는 나쁜 사람, 미운 사람으로 존재합니다. 감정에 지배받는 존재는 허상일 뿐입니다. 이 허상을 깨고 사물을 있는 그대로 볼 때 우리는 감정의 질곡, 갈등에서 벗어날 수 있습니다. 이것이 바로 관찰을 바탕으로 한 올바른 깨달음입니다.

민주주의는 이런 깨달음에 아주 가까운 제도입니다. 상대방을 인정하고 존중하므로 자신이 가진 감정이 상대방의 본질이 아니라는 점을 압니다. 그 감정이 나의 본질, 나의 것, 자아가 아님도 알게 됩니다. 감정은 항상 변하기 때문입니다. 상대방을 존중하면 사물과 어느 정도 거리를 두고 관찰할 수 있을 뿐 아니라 상대방의 괴로움도 볼 수 있게 됩니다. 상대방의 괴로움을 보면 인간인 이상 그 괴로움을 벗어나게 해 주려고 합니다. 누구나 다른 사람을 측은하게 여기는 연민의 마음, 자비의 마음을 가지고 있습니다.

인간은 다른 사람, 외부 세계와 관계를 맺어야만 살아갈 수 있습니다. 외부와 관계를 많이 맺으면 맺을수록 더욱 자유로워집니다. 자립적인 인간이 되려면 외부에 더 의존해야 합니다. 자신이 좋은 삶을 살려면 외부환경이 좋아야 합니다. 외부환경이 좋아지면 자신도 좋아집니다. 인간은 상대방의 괴로움, 환경의 괴로움을 보면 괴로움으로부터 벗어나기를 바라고 도움을 주려고 합니다. 그래야 자신이 그 관계에서 비롯되는 괴로움에서 벗어날 수 있고 자신도 좋은 삶을 살 수 있기 때문입니다.

민주주의의 사회적 약자 보호는 민주주의를 보완하면서도 민주주의를 완성합니다. 다수가 공동체의 의사를 결정하면 사회적 약자는 피해를 볼 가능성이 높습니다. 일반적으로 공동체의 통합 정도가 높으면 높을수록 사회적 약자는 소외됩니다. 단일 민족, 단일 인종, 단일 종교, 단일 이념, 단일 관습으로 무장한 공동체는 사회적 약자를 쉽게 배척합니다. 소외하고 탄압한다는 생각이 들지 않을 정도로 자연스럽게 배척합니다. 고대부터 근대까지의 공동체에서 여성, 장애인, 성소수자 등 사회적 약자들이 그토록 오랫동안 배척되었던 것은 공동체가 다양하지 않았기 때문입니다. 현대사회도 사회적 약자를 배제할 가능성이 있습니다.

사회적 약자가 현대사회에서 배제되지 않는 것은 민주주의 때문입니다. 민주주의는 다양성을 인정하고 인권을 보장합니다. 사회적 다양성 인정과 인권 보장은 사회적 약자를 사람으로 인정하고 존중한다는 것을 의미합니다. 나와 같은 민족, 인종, 종교, 이념, 관습을 가지지 않은 사람도 인정하고 존중합니다. 윤리의 출발점은 현실 세계에서 자신과 관계가 없어 보이는 사람을 존중하고 친절하게 대하는 것입니다. 사회적 약자를 인정하고 존중하는 민주주의 체제는 윤리와 매우 가깝습니다.

민주주의는 의사결정을 집단적으로 합니다. 내가 특정한 당을 선택했다고 해서 그 당이 반드시 집권당이 되지 않습니다. 내가 반대하는 당이 집권당이 되어 나의 운명을 결정할 수도 있습니다. 민주주의인 이상 피할 수 없는 결론입니다.

이것을 개인의 입장에서 말하면 자신에게 중요한 것, 즉 운명, 직업, 복지, 행위 등을 다른 사람, 자신과 반대 입장을 가진 사람이 결정할 수 있다는 것을 말합니다. 자신에게 중요한 결정을 타인, 특히 반대파에게 위임하는 것은 매우 높은 신뢰를 가지고 있을 때 가능합니다. 신뢰의 내용은 상대방이 자신을 최소한 위험에는 빠뜨리지 않는다는 것입니다. 민주주의 체제는 이것을 가능하게 만듭니다.

민주주의 사회에서는 다수가 소수로, 소수가 다시 다수로 될 가능성이 얼마든지 있습니다. 다수가 소수가 될 때 불이익은 어느 정도 불가피합니다. 예를 들어 복시확충을 주장하는 대통령과 정당에 투표했는데 반대당이 집권하면 복지확충이 안 될 것입니다. 그러면 개인에게도 부수적으로 불이익이 생길 수 있습니다.

투표 결과 개인에게 발생하는 불이익이 자신의 주장이 관철되지 않고 복지혜택이 늘어나지 않는 정도, 즉 투표에 따른 부수적인 피해라면 문제가 되지 않습니다. 하지만 그 불이익이 개인을 조사, 수사하여 지금까지 문제 삼지 않았던 혐의를 이유로 기소하고 처벌한다면 이것은 정도를 넘는 불이익입니다.

이런 과도한 불이익이 발생하지 않으려면 미리 사회적 약자, 소수자에 대한 보호 장치를 충실하게 준비해 두어야 합니다. 사회적 약자 보호 장치는 다수자일 때 해 두어야 합니다. 소수자가 되었을 때는 이미 늦습니다. 민주주의 체제는 바로 이러한 제도를 두고 있습니다. 다수파와 소수파가 언제나 정권교체를 통하여 바뀔 수 있기 때문에 소수자 보호에 많은 관심을 두는 것입니다. 이렇게 될 때 다수파와 소수파 사이에 정권교체가 일어난다고 하더라도 예상 밖의 불이익, 가혹한 불이익은 발생하지 않게 됩니다.

민주주의는 제도적으로 예상 밖의 불이익, 가혹한 불이익이 발생하지 않도록 준비를 합니다. 제도적 준비로 다수파와 소수파 사이에는 사회적 신뢰가 생기고 서로의 삶을 보장하는 좋은 태도가 생겨납니다. 다수파이든 소수파이든 좋은 삶을 살 수 있는 기초가 생겨납니다.

공동체가 기본 신뢰를 공유할 때 그 공동체는 개인에게 많은 혜택을 줍니다. 개인에게 근거 없는 불이익을 가하지 않고 인간의 존엄성을 보장하는 공동체는 개인 발전에 필수불가결한 요소입니다. 개인의 발전은 공동체가 제공하는 바탕 위에서 꽃핍니다.

한국인의 민주주의에 대한 불퇴전의 결의는 바로 좋은 공동체를 만들려는 의지입니다. 맹세이고 바람입니다. 공동체를 구성하는 개인을 인정하고 존중하는 마음이기도 합니다. 민주화 성공의 경험을 더 발전시키면 착하고 친절하고 마음 약한 사람들이 잘 살 수 있는 윤리적인 사회를 만들 가능성이 높아집니다.

CHAPTER 3

정의, 공정, 개혁과 윤리

◇◇◇◇◇

1. 정의, 공정과 윤리

정의와 공정은 윤리의 토대를 이룹니다. 정의와 공정이 없는 상태에서는 착하고 친절하고 마음 약한 사람들이 편안하게 살아갈 수 없습니다. 정의와 공정이 없으면 항상 행위에 비하여 적은 대가를 받습니다. 불만이 생기지 않을 수 없는 것이지요. 행위에 비하여 보수가 적으니 당장 생활이 불편해집니다. 이에 비해 상대편은 그만큼 행위에 비하여 많은 보수를 가져갑니다. 이런 상태가 지속되면 착한 사람들의 좋은 삶은 붕괴됩니다.

윤리는 정의와 공정의 기반이 됩니다. 정의는 의외로 냉정한 것이어서 잔혹하거나 비인간적으로 될 수 있습니다. 제도적으로 문제에 접근하고 이를 위반하는 경우 처벌을 우선합니다. 특히 과거지향적인 정의는 타협을 알지 못하고 행위에 대한 응보를 요구합니다. '눈에는 눈, 이에는 이'로 대응하는 것이 그것입니다.

사람을 죽였다고 사람을 사형에 처하는 것은 현대인의 눈에야 잔인하고 비인간적으로 보이지만 대부분의 인류 역사에서는 극히 당연한 것이었습니다. 지금도 많은 국가에서 사형을 폐지하지 않는 것은 정의에 차가운 성질이 있음을 보여줍니다. 정의는 또한 개인의 개인사나 사정을 용납하지 않는 경향이 있습니다. 어떤 이유로 이 지경에 이르렀는지를 문제 삼지 않습니다. 결과에 집중하여 그 행위에 대한 보상 또는 벌이 무엇인가를 따질 뿐입니다.

정의의 냉정함을 완화하는 것이 사람을 불쌍하게 여기고 나와 너의 좋은 삶을 지향하는 윤리입니다. 윤리는 어떤 이론에 근거하더라도 양심과 관련이 있습니다. 양심과 관련이 있다는 것은 곧 행위의 동기, 행위의 근본적인 원인에 관심이 있다는 것을 말합니다. 나쁜 행위 속에서도 조금이라도 좋은 동기가 있으면 이를 소중하게 여기고 다시 시작할 기회를 주려고 합니다. 이런 면에서 윤리는 잔인하고 비인간적일 수 있는 정의를 완화하는 역할을 합니다.

공정은 규칙과 기구로 구성되는 제도로 확보됩니다. 제도는 아무래도 딱딱한 느낌을 줍니다. 추상적인 가치는 법률, 강령, 규약, 규칙으로 구체화하는 과정에서 딱딱해집니다. 여러 경우를 모두 고려한 종합적인 판단보다는 개별 요소에 대한 판단을 더 중요하게 생각합니다. 나아가 규칙을 실현하는 기구를 만드는 과정에서 공정은 더욱 경직됩니다. 기구는 문제가 되는 사례를 모두 똑같이 대우해야 합니다. 개별적인 사정을 봐주기는 어렵습니다.

윤리는 공정이 제도화되는 과정에서 지나치게 경직되게 운영되는 것을 막아주는 역할을 합니다. 규칙과 기관과 같은 추상성이 아니라 눈앞에 있는 사람을 중시하기 때문입니다. 제도 바깥에 존재하는 양심, 감정을 중시합니다. 공정 역시 윤리와 함께할 때 더 따뜻하고 신뢰받는 가치가 됩니다.

2. 개혁과 윤리

윤리는 개혁과 함께하지 않으면 허약한 호소에 지나지 않습니다. 사회적 약자가 강자에게 자비를 구걸하는 것과 같습니다. 사회 개혁이 없다면 좋은 삶으로서 윤리는 토대를 잃고 정신승리에 그쳐 버립니다. 개혁이 없다면 과거 전통이라고 하여 구시대적, 개인 억압적 윤리를 강요하게 됩니다.

윤리는 현장에서 개혁과 함께해야 합니다. 경제개혁이 되지 않아 갑질 등 불공정행위가 만연한 상태에서 좋은 삶을 추구하는 것은 불가능합니다. 정치개혁이 되지 않아 국가 공권력이 불법 부당한 권력을 행사하고 독재를 추구하는 현장에서는 살아남기가 최우선의 과제입니다. 정치, 자본, 관료, 법조, 언론, 지식 등 권력이 부패카르텔을 만들어 사회의 부를 조직적, 체계적으로 약탈하는 현실에서는 착하고 친절하고 마음 약한 사람은 살기 어렵습니다.

개혁은 윤리의 필요조건이고 토대입니다. 경제개혁과 사회개혁이 이루어져 토대가 바뀌면 윤리는 정착될 수 있습니다. 한편 윤리는 개혁을 정착시키고 제도를 충실하게 만듭니다. 경제개혁, 사회개혁은 제도개혁이고 제도를 운영하는 것은 사람입니다. 윤리적인 사람들이 제도를 운영할 때 제도는 애초 의도대로 충실하게 운영됩니다. 윤리적인 사람들은 개혁을 실제 생활에 정착시켜 시민들에게 혜택이 돌아가게 합니다. 개혁과 윤리는 함께 하면서 서로 발전해야 합니다.

정치개혁, 경제개혁, 사회개혁을 하는 과정에서 개인윤리의 근본은 잘 지켜야 합니다. 최근 자신의 잘못은 보지 않고 남의 잘못만 지적하는 편향적인 주장이 넘쳐납니다. 흔히 "내로남불"이라고 불리는 주장과 태도입니다. 이런 태도로는 개혁을 추진할 수 없습니다. 비웃음만 사고 오히려 정치, 경제, 사회를 더 타락시킬 뿐입니다. 함께 범죄자가 되고 함께 거짓말쟁이가 되고 함께 불신을 받게 됩니다. 어두운 심연으로 갈 뿐입니다. 누군가 희생해서 이 고리를 끊지 않으면 좋은 삶은 없습니다. 알프레드 아들러의 말처럼 어떤 가치에 충실하게 사는 것은 그 가치를 위해 투쟁하는 것보다 훨씬 어려운 법입니다. 실제로 훨씬 윤리적입니다.

자신이 좋은 삶을 살지 않으면서 다른 사람에게 윤리를 요구하는 것은 거꾸로 된 사고방식입니다. 마치 가해자가 피해자에게 가서 세상에서 가장 훌륭한 가치는 용서이고 내가 나를 용서했으므로 당신도 나를 용서하라고 강요하는 상황과 같습니다. 용서는 훌륭한 가치이지만 가해자가 피해자에게 강요할 수 있는 것은 아닙니다. 피해자가 강제 받아서도 안 됩니다. 그냥 피해자가 선택할 수 있는 것일 뿐입니다.

관용도 같습니다. 관용은 좋은 가치입니다. 하지만 범죄를 저지른 사람이 피해자에게 관용을 요구하는 것은 잘못되어도 한참 잘못된 것입니다. 용서와 관용이 아무리 필요하다고 해도, 그리고 아무리 좋은 가치라고 해도 피해자에게 용서와 관용을 강요할 수는 없습니다. 그리고 가해자에게도 사과를 강요할 수 없습니다. 양심의 자유를 침해하기 때문입니다. 다만 불쌍히 여기고 가해자가 변하도록 도와주고 기다리는 수밖에 없습니다.

개혁과 함께 교육이 필요합니다. 교육은 개인의 역량을 높이는 중요하고 핵심적인 방법입니다. 윤리 교육도 필요합니다. 윤리에 대한 개인의 민감성, 감수성을 높이고 윤리적인 행위를 하도록 격려하고 권장하려면 교육을 해야 합니다. 교육은 개인윤리를 넘어 조직윤리, 국가윤리, 세계윤리까지 모두를 포괄해야 합니다.

그런데 아시다시피 윤리 교육은 효과가 거의 없습니다. 어쩌면 교육 자체가 효과가 없는지도 모릅니다. 한국도 세계도 모두 교육을 어떻게 변화시킬 것인가를 두고 고민하고 있습니다. 모든 국민을 대량으로 획일적으로 교육시키는 현행의 제도는 이제 전환기를 맞았다고 합니다. 새로운 시대의 요구에 부응하지 못하기 때문입니다. 교육개혁이 필요한 것은 틀림없는 사실이지만 어떻게 바꾸어야 하는지에 대해서는 아무도 모릅니다.

교육도 힘을 잃어가지만 윤리 교육은 실효성이 더 떨어집니다. 윤리의 고루하고 억압적인 성격은 학생들로부터 윤리를 멀어지게 만듭니다. 윤리 교육을 하지 않는 것보다야 윤리 교육을 하는 것이 더 나을 것입니다. 그러나 윤리 교육을 윤리 부족 시대에 윤리 발전의 유일한 방안, 핵심 방안으로 삼는 것은 잘못된 판단입니다.

윤리 교육은 윤리에만 머물지 않고 사회개혁과 함께 이루어져야 합니다. 사회개혁과 함께 사회개혁에 관한 교육도 이루어져야 합니다. 정의와 공정을 세우면서 정의와 공정에 대해 교육을 해야 합니다. 현실에 뿌리를 내리고 현실의 문제를 해결하는 윤리 교육, 현대사회의 고통을 해결하고 좋은 삶을 살 수 있는 방법을 제시하는 윤리 교육이 필요합니다. 교육의 내용이 개혁으로 가득찰 때 윤리 교육도 살고 윤리도 내용을 채워갈 것입니다.

3. 자기 개혁

개인윤리를 발전시키려면 개인의 개혁이 필요합니다. 공동체 윤리를 발전시키려면 당연히 공동체 개혁이 필요합니다. 출발점은 개인윤리이고 개인의 개혁, 변화입니다.

좋은 삶을 만들려면 나와 외부가 함께 바뀌어야 합니다. 먼저 바꿀 수 있는 것은 나 자신입니다. 외부는 자신이 마음대로 바꿀 수 없습니다. 외부의 모든 것은 모두 나와 같이 독립된 존재입니다. 세상은 모든 독립된 존재들이 상호관계를 맺고 있는 곳입니다. 타인은 나와 똑같은 하나의 우주입니다. 일인일우주一人一宇宙인 것입니다.

역사상 자신의 개혁, 변화에 대한 관심이 이렇게 높았던 때는 없었습니다. 자기 계발에 관한 책은 수없이 쏟아져 나오고 베스트셀러 진열대를 장식하고 있습니다. 최근 자기계발서 중 하나의 조류는 자신감, 자존감을 높여라, 자신에게 집중하라, 어쩔 수 없다, 너무 깊이 생각하지 마라, 너무 일을 많이 하지 마라, 여행을 떠나라, 당장 퇴직을 하라, 하고 싶은 일만 하라 등의 조언을 합니다. 소극적인 행위도 충분히 좋은 일이라고 가르칩니다. 그러면서 다른 한편으로는 성공을 위해서 집중을 하라, 인간관계를 만들어라, 네트워크를 만들어라, 자신을 발전시켜라, 긍정의 기운을 퍼뜨려라, 쉬지 않고 일을 하라 등 또 다른 측면의 충고를 합니다. 성공하기 위한 구체적인 방안을 제안합니다.

자기계발서 중 어떤 책은 번잡한 사회에서 벗어나 자신에 집중하라고 하고 어떤 책은 사회에 뛰어들어 적극적으로 활동하라고 합니다. 어느 쪽이든 일면의 진실을 담고 있습니다. 그러나 큰 지혜는 좀처럼 찾아보기 어렵습니다. 개인의 변화를 통한 좋은 삶, 윤리의 발전, 좋은 공동체의 건설에 대해서는 말하지 않습니다.

자기개혁을 위해서는 자기계발서의 내용보다 더 깊은 개혁, 변화가 필요합니다. 자기개혁은 철학과 종교의 문제입니다. 자기개혁의 문제를 인류 역사상 가장 먼저 정면으로 해결하고자 했던 분은 부처님입니다. 부처님의 가르침인 불교는 자기개혁, 자기변화의 내용을 가장 먼저, 가장 자세히 정리했습니다. 이를 참조하지 않을 수 없습니다.

불교의 관점에서 보면 개인의 개혁, 변화는 관찰에서 시작합니다. 즉, 내가 무엇인지, 내가 어떻게 존재하는지, 나의 행위가 어떤 결과를 낳는지 관찰하고 정확하게 인식하는 데서 출발합니다. 객관적이고 과학적인 관찰은 내가 외부와의 관계, 즉 인연 속에서 변화하면서 존재할 뿐 나라고 하는 실체는 없다는 사실, 모든 사물은 서로 인연에 의하여 찰나적으로 존재하고 변화한다는 사실, 내가 좋은 삶을 유지하려면 외부를 좋게 만들어야 한다는 사실, 남을 돕는 행위야말로 나의 좋은 삶에 핵심적인 요소라는 사실 등을 알려줍니다. 이런 사실이 모여 진리를 구성합니다.

올바른 견해, 바르게 보는 것이 우선입니다. 바르게 보지 않고 다른 사람이 나를 위해 존재하는 것으로 본다면 다른 사람은 나의 욕망 충족의 도구가 되어버립니다. 마구 착취해도 되는 물건과 같이 됩니다. 이런 생각이 극단적으로 발전하면 사람을 죽여도 전혀 양심에 가책을 느끼지 않게 됩니다. 사이코패스는 이렇게 탄생합니다. 외부 사물에 지극히 둔감할 때 정신이상자나 사이코패스가 생겨납니다. 올바른 견해는 좋은 삶의 출발점입니다. 올바른 견해를 바탕으로 올바른 생각을 해야 합니다. 좋은 관점을 바탕으로 생각을 하고 그 결과 진리를 찾아내야 합니다. 이것이 출발점입니다.

올바른 견해와 올바른 생각을 한 다음에는 올바른 행위를 해야 합니다. 올바른 행위에는 올바른 말, 올바른 행동, 올바른 직업이 있습니다. 올바른 말은 거짓말을 하지 않고, 욕설하지 않고, 이간질하지 않고, 쓸데없는 말을 하지 않는 것을 말합니다. 올바른 행동은 말할 것도 없이 남을 해하지 않고 오히려 남을 불쌍히 여기고 도와주는 것을 말합니다.

올바른 행동을 하려면 직업 역시 좋은 삶을 지향하는 직업을 가져야 합니다. 일상적인 삶이 자신과 외부에 미치는 영향을 생각해보면 가능한 한 남을 해치지 않는 직업을 갖는 것이 좋습니다. 정치인 중 일부는 말로 남을 해칩니다. 이런 일을 매일 반복하면 좋은 삶이 될 수 없습니다. 욕을 하지 않고 할 필요도 없는 직업, 생명을 해치지 않는 직업과 같이 좋은 직업에 종사하면 좋은 삶을 살 가능성이 높아집니다. 정치인들도 남을 공격하지 않는다면 좋은 삶을 살 수 있습니다. 남을 공격하는 직업을 가지고 있다면 그만큼 더 좋은 일을 해야 합니다.

올바른 말, 올바른 행위, 올바른 직업을 가진 다음에는 올바른 실천이 필요합니다. 불교에서는 실천으로 올바른 노력, 올바른 마음챙김(기억), 올바른 삼매를 말합니다. 올바른 노력은 꾸준하고 일관된 수행입니다. 올바른 마음챙김(기억)과 올바른 삼매는 선정을 통하여 자신의 내면을 닦는 것을 의미합니다. 지관수행이라고도 합니다.

실천에서 사회 내 활동이 언급되지는 않습니다만 사회 내 활동이 무시되는 것은 아닙니다. 실천의 핵심은 역시 좋은 사회를 만드는 것입니다. 그 내용은 중생을 구제한다는 하화중생下化衆生의 이념에서 잘 표현되고 있습니다. 이 정신을 자신의 사회적 위치에 따라 잘 적용하는 것이 필요합니다.

위 내용은 불교의 팔정도八正道입니다. 불교에서 깨달음에 이르는 올바른 길이라고 가장 강조하는 내용입니다. 부처님 당시의 초기불교부터 확립된 팔정도는 지금도 불교의 핵심 교리입니다. 지금 읽어보아도 여전히 훌륭한 진리입니다. 좋은 삶을 가장 정확하게 표현하고 있습니다. 팔정도는 개인에게만 적용되는 것은 아니지만 개인에게 특히 중요합니다.

팔정도는 대승불교에서는 육바라밀로 발전합니다. 육바라밀은 보시, 인욕, 지계, 정진, 선정, 반야(지혜)를 말합니다. 타인에게 연민을 느껴 물질이나 진리를 베풀고(보시), 남이 욕을 하거나 공격을 해도 참으며(인욕), 계율을 잘 지키는 것(지계)은 주로 행동의 측면에서 자신을 바꾸는 것입니다. 정진과 선정은 마음을 닦아 깨끗하게 만드는 것을 말합니다. 이런 모든 행위는 반야, 즉 지혜로 모아집니다. 육바라밀 역시 좋은 삶을 만들기 위한 실천목록입니다. 좋은 삶은 윤리적인 삶입니다. 이를 통하여 자신도 변하고 다른 사람을 도와 변하게 만들어 좋은 관계를 만들 수 있습니다.

4. 사회개혁

사회윤리, 공동체윤리, 국가윤리 역시 개혁과 함께할 때 제대로 성립하고 발전할 수 있습니다. 자기개혁에 관심을 기울이면 자연스럽게 사회개혁에 나서게 됩니다. 자신을 개혁하면 외부 사물이 있는 그대로 보이고 그렇게 되면 다른 사람을 도와주게 됩니다. 다른 사람이나 환경이 고통받는 것을 보기 때문입니다.

사회개혁은 큰 틀에서 말하면 정의와 공정을 위한 개혁입니다. 정의와 공정이 기본이 되지 않는 사회에서는 착하고 친절하고 마음 약한 사람들이 좋은 삶을 살아가는 것이 거의 불가능합니다. 윤리적인 삶을 영위하는 것이 불가능합니다.

사회개혁과 병행할 때 윤리는 현실에서 힘 있는 존재가 됩니다. 윤리를 주장할 수 있는 근거가 생기게 됩니다. 사회개혁을 하지 않고 부조리한 사회를 그대로 두고 윤리를 주장하는 것은 설득력이 없습니다.

사회개혁은 당연히 개인의 개혁과 함께 이루어져야 합니다. 자신은 좋은 삶을 살지 않으면서 사회개혁을 주장하는 것은 모순입니다. 사회개혁을 하는 사람은 좋은 미래를 만드는 사람입니다. 좋은 미래를 상징해야 합니다. 개혁가는 좋은 삶을 현실에서도 영위해야 합니다. 사회개혁가는 자신의 삶만큼 세상을 개혁합니다.

사회개혁은 전 세계의 문제입니다. 모든 사람들이 좋은 삶을 살아야 합니다. 하지만 개혁의 구체적인 내용은 시대에 따라, 장소에 따라 차이가 있습니다. 세계적인 문제는 세계차원의 개혁이 필요합니다. 평화, 환경, 과학기술, 질병, 자본, 정보, 인권 등은 모두 세계적인 문제이므로 세계가 협조하여 풀어야 합니다. 국가의 문제는 국가 단위에서, 민족의 문제는 민족 단위에서 해결해야 합니다.

우리의 경우에는 개혁과제를 크게 경제 분야 개혁과 정치사회 분야 개혁으로 나눌 수 있습니다. 경제 분야 개혁은 재벌개혁, 노동개혁, 공정경제 개혁, 복지개혁, 재정개혁, 금융개혁 등이 있습니다. 경제의 틀을 바꾸어 경제성장지상주의가 아닌 사람이 중심이 되는 경제체제를 만들어야 합니다. 최첨단 산업은 발전시키되 중소기업과 자영업의 문제도 함께 해결하는 개혁이 필요합니다. 이를 통해 공정한 경제와 함께 경제성장의 바탕을 마련할 수 있을 것입니다.

정치사회 분야 개혁에는 정치개혁, 검찰개혁 · 경찰개혁 · 국정원 개혁 등 공권력 개혁, 법원개혁으로 대표되는 사법개혁, 정부 혁신을 포함한 정부 개혁, 교육개혁, 언론개혁, 지방분권 등이 있습니다. 하나같이 중요한 개혁입니다. 국가권력의 남용과 부패를 막고 시민의 자유와 인권을 확대하는 개혁이고 정의와 공정을 확대하는 개혁입니다.

개혁은 사물을 좋은 방향으로 바꾸는 것입니다. 이 과정에서 사람과 사람, 사람과 사물, 사물과 사물의 관계가 선명하게 드러납니다. 변하게 하려면 먼저 현실을 정확하게 알아야 합니다. 사람과 사람의 관계, 사람과 사물의 관계에는 항상 정의와 공정이 필요하고 좋은 삶을 사는 윤리가 필요합니다. 서로가 서로에게 의존하고 있기 때문입니다. 개혁과정에서 자연스럽게 윤리는 확대될 것입니다.

개혁과 함께할 때 윤리는 참으로 박력 있는 가치가 되어 사회에서 주어진 역할을 제대로 할 수 있습니다. 평화를 진작시키기 위해서 나치 청산에 매진했던 독일 사례와 같이 윤리를 진작시키기 위해서는 개혁에 매진해야 합니다. 평화를 정착시키기 위하여 독일은 평화만을 노래하고 교육하지 않았습니다. 나치 청산을 철저하게 했습니다. 전쟁범죄의 상징인 나치를 청산함으로써 독일은 전쟁범죄를 청산했고 전쟁범죄를 청산함으로써 평화의 기반을 닦았습니다. 청산을 통해 평화의 기반을 닦자 사람들은 평화를 자연스럽게 말하기 시작했고 평화의 기운은 퍼져나갔습니다. 독일을 넘어 유럽에 평화를 정착시켰습니다.

개혁을 통해서 반칙과 특권, 권한 남용과 부패를 청산할 때 윤리의 기반은 자연스럽게 형성됩니다. 그렇다고 따로 윤리를 발전시키지 않아도 되는 것은 아닙니다. 중요한 것은 윤리가 고립하여 존재하는 것이 아니라 정의와 공정, 개혁과 같은 다른 가치와 서로 연결되어 있다는 점을 정확히 아는 것입니다. 윤리와 개혁, 윤리와 정의, 윤리와 공정은 함께 가는 것입니다.

• 참고문헌 •

- Homi Kharas and Kristofer Hamel, A global tipping point: Half the world is now middle class or wealthier, 2018
- 강상중, 노수경 옮김, 나를 지키며 일하는 법, 사계절, 2017 a
- 강상중, 노수경 옮김, 악의 시대를 건너는 힘, 사계절, 2017 b
- 강성태, 4차 산업혁명과 노동 – 한국형 노동 4.0 녹서를 중심으로, 제5차 미래비전포럼 발표문, 2019. 2. 14.
- 고바야시 유카, 이영미 옮김, 저지먼트, 예문아카이브, 2017
- 고익진 엮음, 한글 아함경, 담마아카데미, 2014
- 국가인권위원회, 기업과 인권에 관한 보고서, 국가인권위원회, 2013
- 기세춘, 묵점 기세춘 선생과 함께하는 장자, 바이북스, 2007
- 김덕균, 동양의 효문화 : 24효도, 문사철, 2010
- 김기정, 한국 외교전략의 역사와 과제, 서강대학교 출판부, 2019
- 김민형, 수학이 필요한 순간, 인플루엔셜, 2018
- 김병섭, 『대학연의』, 모범국가의 리더십을 말하다, 진덕수, 김병섭 편집, 정재훈 · 오항녕 · 정호훈 · 김광일 역주, 『대학연의』, 서울대학교 출판문화원, 2018
- 김신현경, 여자 아이돌/걸 그룹과 샤덴프로이데: 아이유의 《챗셔》 논란 다시 읽기, 휴머니스트, 더 나은 논쟁을 할 권리, 2018
- 김인회, 김인회의 사법개혁을 생각한다, 뿌리와 이파리, 2018a
- 김인회, 형사소송법(제2판), 피앤씨미디어, 2018b

- 김정년, 윤리경영이 글로벌 경쟁력이다, 율곡출판사, 2008
- 김태형, 가짜 자존감 권하는 사회, 갈매나무, 2018
- 김현진, 우리는 예쁨 받으려고 태어난 게 아니다, 이다북스, 2018
- 나카자와 신이치, 김옥희 옮김, 곰에서 왕으로 - 국가, 그리고 야만의 탄생, 동아시아, 2003
- 나카자와 신이치, 김옥희 옮김, 신의 발명 - 인류의 지와 종교의 기원, 동아시아, 2005a
- 나카자와 신이치, 김옥희 옮김, 대칭성 인류학, 동아시아, 2005b
- 나카자와 신이치, 김옥희 옮김, 신화 - 인류 최고의 철학, 동아시아, 2001
- 나카자와 신치치, 김옥희 옮김, 사랑과 경제의 로고스, 동아시아, 2004
- 너새니얼 브래든, 노지양 옮김, 자존감이 바닥일 때 보는 책, 프시케의 숲, 2018
- 누스바움, 강동혁 옮김, 분노와 용서 - 적개심, 아량, 정의, 뿌리와 이파리, 2018
- 누스바움, 강동혁 옮김, 혐오에서 인류애로 - 성적 지향과 헌법, 뿌리와 이파리, 2016
- 다케우치 미노루, 양억관 옮김, 절대지식 중국고전 - 4천년 중국문화의 원류를 읽는다, 이다미디어, 2015
- 대런 애쓰모글루 · 제임스 로빈스, 최환규 옮김, 국가는 왜 실패하는가, 시공사, 2012
- 레너드 케스터 · 사이먼정, 세계를 발칵 뒤집은 판결 31, 현암사, 2014
- 로버트 하틀리, e매니지먼트(주) 옮김, 윤리경영, 21세기 북스, 2006
- 마오쩌둥, 노승영 옮김, 마오쩌둥 : 모순론, 실천론, 프레시안북, 2009

- 매일경제 세계지식포럼 사무국, 변곡점을 넘어 새로운 번영을 향해, 매일경제신문사, 2018
- 매튜 버로스, 이미숙 옮김, 미래의 역습, 낯선 세상이 온다, 비즈니스북스, 2015
- 맹자, 박경환 옮김, 맹자, 홍익출판사, 2011
- 문국현, 제4차 산업혁명시대 한국경제의 재설계, 제5차 미래비전포럼 발표문, 2019.2.14.
- 미셸 푸코, 오생근 옮김, 감시와 처벌-감옥의 역사, 나남, 2010
- 미셸린 이샤이, 조효제 옮김, 세계인권사상사, 길, 2005
- 바이난트 용건, 문경록 옮김, 온라인 쇼핑의 종말, 지식노마드, 2019
- 박기찬 · 이윤철 · 이동현, 경영의 교양을 읽는다, 더난출판, 2005
- 박상안 · 김헌 · 임효창 · 홍길표, 기업의 사회적 책임 중시 경영, 한국학술정보, 2007
- 박상혁, 세계의 정의, 세계의 철학 – 2008년 세계철학대회 사회철학/윤리학 분과 논의에 대한 반성적 고찰, 한국철학회, 철학 103호, 2010.5.
- 박영숙 · 제롬글렌, 유엔미래보고서 2050, 교보문고, 2016
- 박진, 사회정의론과 시민사회 – 존 롤스의 정의론을 중심으로, 광주대학교 인문과학연구소, 인문과학, 7권, 2002
- 박찬구, 개념과 주제로 본 우리들의 윤리학(개정판), 서광사, 2015
- 배수찬, 배수찬의 서양고전 읽기 1, 지식을 만드는 지식, 2017
- 백승호, 4차 산업혁명과 사회보장체계의 혁신, 제5차 미래비전포럼 발표문, 2019.2.14.
- 보경 강설, 한권으로 읽는 법화경, 민족사, 2011

- 비구 보디, 전병재 옮김, 팔정도, 고요한 소리, 2019
- 빌 브라이슨, 이덕환 옮김, 거의 모든 것의 역사, 까치, 2003
- 서양중세사학회, 서양중세사강의, 느티나무, 2003
- 송다영, 인구구조, 가족, 젠더관계의 변화, 제2차 미래비전포럼 발표문, 2019.1.16.
- 송호근, 왜 기업시민인가 – 21세기 자본과 이중운동의 전위, 기업시민심포지움 발표문, 2019.4.18.
- 스티브 하이네, 이가영 옮김, 유전자는 우리를 어디까지 결정할 수 있나, 시그마 북스, 2018
- 신형덕, 경영학 입문을 위한 기업윤리와 사회적 책임, 시그마프레스, 2016
- 앙드레콩트 스퐁빌, 이현웅 옮김, 자본주의는 윤리적인가, 생각의 나무, 2010
- 앤드류 길리어, 박우성 · 이강성 · 이영면 · 조봉순 옮김, 윤리적으로 경영하라, 지필미디어, 2015
- 야스토미 아유무, 박동섭 옮김, 단단한 삶 – 자립하고 성장하는 사람이 되기 위하여, 유유, 2018
- 양난주, 인구변화와 저출산고령사회정책, 제2차 미래비전포럼 발표문, 2019.1.16.
- 요코야마 코이츠, 허암 옮김, 유식으로 읽는 반야심경, 민족사, 2016
- 우에노 지즈코, 박미옥 옮김, 여성은 어떻게 살아남을까 – 우에노 지즈코의 여성 생존전략서, 챕터하우스, 2018
- 우자와 히로후미, 차경숙 옮김, 경제학이 사람을 행복하게 할 수 있을까 – 경제적 불평등을 넘어, 파라북스, 2015

- 우치다 타츠루, 이지수 옮김, 거리의 현대사상 - 우리 주위에 만연한 허위 상식 뒤집기, 서커스, 2019
- 유발 하라리, 김명주 옮김, 호모 데우스, 김영사, 2017
- 유발 하라리, 전병근 옮김, 21세기를 위한 21가지 제언, 김영사, 2018
- 유발 하라리, 조현옥 옮김, 사피엔스, 김영사, 2015
- 윤순진, 미래환경의 변화, 제7차 미래비전포럼 발표문, 2019.2.28.
- 이상돈, 인구변화와 인력양성, 제2차 미래비전포럼 발표문, 2019.1.16.
- 이상수, 아큐를 위한 변명, 웅진지식하우스, 2009
- 이승규, 4차 산업혁명이 한국경제사회에 던지는 충격과 대응방안, 제5차 미래비전포럼 발표문, 2019.2.14.
- 이인, 성에 대한 얕지 않은 지식, 을유문화사, 2017
- 이정훈, 참좋은 윤리(상), 미래아카데미 북이그잼, 2017
- 이즈쓰 도시히코, 박석 옮김, 의식과 본질, 위즈덤하우스, 2013
- 일아 편역, 한권으로 읽는 빠알리 경전, 민족사, 2013
- 장 지글러, 유영미 옮김, 왜 세계의 절반은 굶주리는가? 갈라파고스, 2007
- 정용선, 장자 제자백가를 소요하다, 빈빈책방, 2018
- 조효제, 인권의 문법, 후마니타스, 2007
- 존 롤스, 황경식 옮김, 정의론, 이학사, 2003
- 진순신, 권순만 · 김태용 · 오정환 · 윤대균 · 진영보 옮김, 중국의 역사 1, 한길사, 1995a
- 진순신, 권순만 · 김태용 · 오정환 · 윤대균 · 진영보 옮김, 중국의 역사 2, 한길사, 1995b
- 진순신, 권순만 · 김태용 · 오정환 · 윤대균 · 진영보 옮김, 중국의 역사 4,

한길사, 1995c
• 진순신, 권순만 · 김태용 · 오정환 · 윤대균 · 진영보 옮김, 중국의 역사 5, 한길사, 1995d
• 체사레 베카리아, 한인섭 신역, 범죄와 형벌, 박영사, 2006
• 코이케 류노스케, 유윤한 옮김, 생각버리기 연습, 21세기 북스, 2010
• 타마나하, 이헌환 역, 법치주의란 무엇인가, 박영사, 2014
• 티모시 켈러, 전성호 옮김, 예수를 만나다, 베가북스, 2014
• 포스코, 포스코 기업시민보고서 2018, 2019
• 피터 싱어, 황경식 · 김성동 옮김, 실천윤리학(제3판), 연암서가, 2016
• 한상훈 · 안성조, 형법입문, 피앤씨미디어, 2018
• 한웅용 · 김주일, 2020년도 정부연구개발예산 현황분석, 한국과학기술평가원, 2020
• 핫토리 겐지 · 이토 타카오, 의료윤리학의 이론과 실제, 로도스, 2016
• 홍선미, 국민의 삶을 지원하는 사회서비스 어떻게 전달할 것인가? 정책기획위원회, 열린정책 2호, 2019

준평은 준엄하면서도 공정한 비평을 출판 철학으로 합니다.

윤리의 미래
"좋은 삶"

초판 1쇄 | 2020년 10월 28일
2쇄 | 2021년 1월 11일

지은이 | 김인회
펴낸이 | 진승혁
진행 | 박시현 · 박소해
진행지원 | 김세아

디자인 | 기민주
인쇄 | 상지사 피앤비
펴낸곳 | 도서출판 준평
주소 | 서울시 서초구 방배로19길 18, 남강빌딩 302호
전화번호 | 02) 6959-9921
팩스 | 070) 7500-2050
홈페이지 | http://pungseok.net
전자우편 | pungseok@naver.com

ISBN 979-11- 968279-1-5 03300